Schiffer/Rott/Pruns (Hrsg.) · Die Vergütung des Testamentsvollstreckers

Die Vergütung des Testamentvollstreckers

Herausgegeben von

Rechtsanwalt Dr. K. Jan Schiffer, Bonn
Testamentsvollstrecker (AGT)

Rechtsanwalt Eberhard Rott, Bonn
Fachanwalt für Erbrecht
Fachanwalt für Steuerrecht
Testamentsvollstrecker (AGT)

Rechtsanwalt Matthias Pruns, Bonn

Mit Beiträgen von

Rechtsanwalt Dr. Stefan Fritz, München
Rechtsanwalt Matthias Pruns, Bonn
Notar a.D. Prof. Dr. Wolfgang Reimann, Regensburg
Rechtsanwalt Dr. Peter Reinfeldt, Hamburg
Steuerberater Dipl.-Kfm. Ulrich Rieck, Bonn
Rechtsanwalt Eberhard Rott, Bonn
Rechtsanwalt Dr. K. Jan Schiffer, Bonn
Rechtsanwalt Norbert Schönleber, Köln
Rechtsanwalt Christoph J. Schürmann, Bonn

▶ nwb

Lizenzausgabe für den NWB Verlag GmbH & Co. KG, Herne
www.nwb.de

ISBN 3-482-65021-5
1. Auflage 2014

© zerb verlag GmbH, Bonn 2014

ISBN 978-3-941586-79-6

Alle Rechte vorbehalten.

Das Werk einschließlich aller seiner Teile ist urheberrechtlich geschützt. Jede Verwertung, die nicht ausdrücklich vom Urheberrechtsgesetz zugelassen ist, bedarf der vorherigen Zustimmung des Verlages. Dies gilt insbesondere für Vervielfältigungen, Bearbeitungen, Übersetzungen, Mikroverfilmungen und Einspeicherung und Verarbeitung in elektronischen Systemen.

Satz: Cicero Computer GmbH, Bonn
Druck: Medienhaus Plump, Rheinbreitbach

Vorwort

Aktuell werden die Vermögen der Nachkriegsgeneration vererbt. So ist jährlich in zehntausenden von Unternehmen und bei noch sehr viel mehr privaten Immobilien die Nachfolge zu regeln. Nur die wenigsten Menschen beschäftigen sich jedoch wirklich ausreichend mit ihrem Tod und dessen Folgen. Die Absicherung ihrer Familie liegt ihnen aber dennoch sehr am Herzen. Zwischen diesen beiden Punkten hin und her gerissen, fühlen sich viele Menschen bei der Frage nach ihrem letzten Willen wie gelähmt. Hier kann eine einfühlsame Beratung Wunder wirken. Ein Testamentsvollstrecker kann die Umsetzung des Erblasserwillens absichern.

Testamentsvollstreckung ist eine Dienstleistung, und zwar, wie unsere Erfahrungen zeigen, eine sehr anspruchsvolle. Sie ist ein besonderes Tätigkeitsfeld (§ 1) und erfordert vor allem Verantwortungsbewusstsein, Durchsetzungsvermögen sowie wirtschaftlichen und rechtlichen Sachverstand. Die zunehmende Qualifizierung der Testamentsvollstrecker als zertifizierte Testamentsvollstrecker (AGT e.V.) oder Fachberater für Testamentsvollstreckung und Nachlassverwaltung (DStV e.V.) trägt dem Rechnung. Es steht daher außer Frage, dass eine derart verantwortungsvolle Tätigkeit grundsätzlich zu vergüten ist. Die gesetzliche Regelung ist kurz und einfach gehalten. § 2221 BGB bestimmt: *„Der Testamentsvollstrecker kann für die Führung seines Amtes eine angemessene Vergütung verlangen, sofern nicht der Erblasser ein anderes bestimmt hat."*

Der Ausgangspunkt der gesetzlichen Regelung erscheint zunächst sehr einfach. Der Erblasser bestimmt, ob und ggf. welche Vergütung ein Testamentsvollstrecker erhält. Trifft der Erblasser in seinem Testament keine Aussagen, erhält der Testamentsvollstrecker nach § 2221 BGB eben eine angemessene Vergütung. Wohl gerade weil die gesetzliche Regelung so kurz ist, führt sie in der Praxis immer wieder zu vehementen Streitigkeiten. Der Testamentsvollstrecker fühlt sich für seine Tätigkeit häufig nicht ausreichend vergütet. Die Erben hingegen meinen, der Nachlass werde über Gebühr belastet. Gerichte und Notare fühlen sich oft überfordert, weil sie die „rasante" Entwicklung,[1] die insbesondere die geschäftsmäßige Testamentsvollstreckung in der letzten zehn Jahren genommen hat, bislang oftmals noch gar nicht wahrgenommen haben. Der Erblasser selbst trifft eine passende Regelung nur selten. Zumeist wird bei dem Entwurf der letztwilligen Verfügung gar nicht über den Punkt Testamentsvollstreckerhonorar gesprochen oder es läuft in etwa so:

---

1 Tagungsbericht zum 1. Deutschen Testamentsvollstreckertag in Bonn, 29.11.2007, Tagungsband der AGT zum 3. Deutschen Testamentsvollstreckertag 2009, S. 99.

Rechtsanwalt: *„Und dann müssen wir noch über die Vergütung des Testamentsvollstreckers reden?"*

Erblasser: *„Was ist denn da üblich?"*

Rechtsanwalt: *„Oft verweist man auf die rheinische Notartabelle, die sich u.a. nach dem Wert des Nachlasses richtet."*

Erblasser: *„Dann mache ich das auch so. Das wird dem XY schon reichen."*

Chance verpasst, oder?

Die sich im Zusammenhang mit der Vergütung stellenden Fragen offen mit dem künftigen Erblasser zu erörtern, setzt vor allem viel Detailkenntnis des Testamentsgestalters von den Aufgaben eines Testamentsvollstreckers, von der sich daraus ergebenden angemessenen Vergütung und gerade auch von den bestehenden auch modernen Vergütungsmöglichkeiten (§ 2 bis § 7) voraus. Die Praxis zeigt uns, dass es daran ganz oft fehlt (§ 10 gibt dazu erhellende empirische Erkenntnisse). Dem wollen wir mit dieser Schrift zum Nutzen der in der Praxis wirkenden (potentiellen) Testamentsvollstrecker, der Gerichte sowie vor allem der (potentiellen) Erblasser und der Erben entgegenwirken, wobei sich nachfolgend ganz bewusst nicht nur die Sicht der Rechtsanwälte findet, sondern auch die der Notare (§ 4) und der Banken (§ 5).

Nur wer Bescheid weiß, kann sich hier im Einzelfall passend entscheiden. Es mag zwar einfach sein, ist aber eben in aller Regel nicht passend, sondern häufig sogar Streit fördernd, die Frage der Vergütung des Testamentsvollstreckers überhaupt nicht anzusprechen und die Auseinandersetzung mit der Thematik auf die Zeit nach dem Ableben des Erblassers zu vertagen. Nachfolgend findet der geneigte Leser deshalb zahlreiche Formulierungsbeispiele zur Testamentsvollstreckervergütung und zur Durchsetzung der Testamentsvollstreckervergütung (insb. § 7). Die auch angesprochenen Fragen der Besteuerung der Testamentsvollstreckervergütung (§ 8) sind für das tatsächliche wirtschaftliche Ergebnis der Tätigkeit eines Testamentsvollstreckers mitentscheidend.

In unserer täglichen Arbeit und bei unserer Vortragstätigkeit werden uns aus der Praxis immer wieder typische Einzelfragen zur Testamentsvollstreckervergütung gestellt. Solche Fragen (und Antworten!) finden sich in § 9. Gerne können Sie uns Ihre weiteren einschlägigen Fragen, soweit sie von allgemeinem Interesse sind, zur Beantwortung auf der Homepage der Arbeitsgemeinschaft Testamentsvollstreckung und Vermögenssorge (AGT e.V.)[2] über *info@agt-ev.de* schicken. Auch sonst sind uns Ihre Anregungen und Ihre Kritik immer sehr willkommen.

Wir danken ganz herzlich den Mitautoren für ihre ebenso fachlich fundierte wie engagierte Mitwirkung sowie Frau Albers, Frau Blaschko und Herrn Zens vom zerb verlag, ohne deren Geduld und Einsatz dieses Buch nicht rechtzeitig fertig

---

2 www.agt-ev.de.

geworden wäre. Unseren Familien danken wir einmal mehr ganz besonders für ihre Geduld mit unseren fachschriftstellerischen Ambitionen.

Bonn, im September 2013 *Dr. K. Jan Schiffer*
Eberhard Rott
Matthias Pruns

Inhaltsübersicht

Vorwort	V
Verzeichnis der Formulierungsbeispiele	XI
Autorenverzeichnis	XIII
§ 1 Testamentsvollstreckung als ein besonderes Tätigkeitsfeld	1
§ 2 Grundlagen und aktuelle Erscheinungsformen der Testamentsvollstreckervergütung	33
§ 3 Vergütungstabellen	57
§ 4 Vergütung des Testamentsvollstreckers aus der Sicht der Notare	75
§ 5 Formulierungsbeispiele zur Testamentsvollstreckervergütung und zur Durchsetzung der Vergütung	83
§ 6 Die Testamentsvollstreckervergütung in der Bankpraxis	95
§ 7 Zeitvergütung für den Testamentsvollstrecker	111
§ 8 Besteuerung der Testamentsvollstreckervergütung	129
§ 9 Oft gestellte Fragen aus der Testamentsvollstreckerpraxis	147
§ 10 Empirisches	163
Literaturspiegel für Testamentsvollstrecker	175
Stichwortverzeichnis	187

Verzeichnis der Formulierungsbeispiele

Einsetzung eines Testamentsvollstreckers	2
Vergütungsanordnung bei einer geschäftsmäßigen Abwicklungstestamentsvollstreckung	85
Vergütungsanordnung bei einer geschäftsmäßigen Dauertestamentsvollstreckung (z.B. Banken und Vermögensverwalter)	86
Vergütungsanordnung bei einer geschäftsmäßigen Dauertestamentsvollstreckung (Variante)	87
Vergütungsvereinbarung mit den Erben	88
Schreiben eines Testamentsvollstreckers an die Erben zu seiner Vergütungsentnahme aus dem Nachlass	89
Vergütungsklage des Testamentsvollstreckers	91
Vergütung nach Zeitaufwand	120
Anordnung einer Zeitvergütung in der letztwilligen Verfügung	123

Autorenverzeichnis

Dr. Stefan Fritz
Rechtsanwalt und
Leiter Stiftungsmanagement einer deutschen Geschäftsbank, München

Matthias Pruns
Rechtsanwalt, Bonn

Prof. Dr. Wolfgang Reimann
Notar a.D., Regensburg

Dr. Peter Reinfeldt
Rechtsanwalt, Hamburg

Dipl.-Kfm. Ulrich Rieck
Steuerberater, Bonn

Eberhard Rott
Rechtsanwalt, Fachanwalt für Erbrecht,
Fachanwalt für Steuerrecht, Bonn

Dr. K. Jan Schiffer
Rechtsanwalt, Bonn

Norbert Schönleber
Rechtsanwalt, Köln

Christoph J. Schürmann
Rechtsanwalt, Bonn

§ 1 Testamentsvollstreckung als ein besonderes Tätigkeitsfeld

Übersicht: Rn
- A. Einführung ... 1
- B. Einsetzung eines Testamentsvollstreckers ... 2
- C. Aufgaben des Testamentsvollstreckers ... 4
  - I. Gesetzliche Grundlagen ... 4
  - II. Übersicht zu tatsächlichen Aufgaben in der Praxis ... 8
- D. Ein Blick auf besondere Tätigkeitsfelder in der Testamentsvollstreckung ... 10
  - I. Testamentsvollstreckung und Unternehmensnachfolge ... 11
  - II. Testamentsvollstreckung und Estate Planning ... 17
  - III. Testamentsvollstreckung im Bereich privater Vermögen ... 20
  - IV. Testamentsvollstreckung und Stiftung ... 25
- E. Erfolgsfaktoren bei der Testamentsvollstreckung ... 28
  - I. Anforderungsprofil für einen Testamentsvollstrecker ... 29
  - II. Wer wird Testamentsvollstrecker? ... 30
    - 1. Rechtsanwälte und Notare sowie Steuerberater ... 30
    - 2. Bankkaufleute und Finanzdienstleister ... 32
    - 3. „Neue Dienstleister" nach dem Rechtsdienstleistungsgesetz ... 35
  - III. Wesentliche Erfolgsparameter bei der Testamentsvollstreckung ... 36
    - 1. Fachliche Fähigkeiten und Zertifizierung ... 37
    - 2. Allseitiges Vertrauen ... 42
    - 3. Durchsetzungsfähigkeit ... 45
    - 4. Menschliche Aspekte ... 47
    - 5. Unabhängigkeit ... 48
    - 6. Bonität ... 50
    - 7. Professionelle Infrastruktur ... 55
  - IV. Berufstypische Besonderheiten ... 57
    - 1. Berufsrechtliche Zulässigkeit ... 58
    - 2. Problem der Eigenmandatierung ... 60
- F. Gerne übersehen: Haftungsgefahren für Testamentsvollstrecker ... 61
  - I. Haftungsproblem ... 62
  - II. Potentielle Anspruchsteller und Haftungsgegner ... 64
    - 1. Erben und die Vermächtnisnehmer ... 64
    - 2. Finanzverwaltung ... 67
    - 3. Sonstige dritte Personen ... 68
  - III. Haftungsträchtige Punkte: Beispiele aus der Praxis ... 69
  - IV. Haftungsstreit ... 72
    - 1. Zuständiges staatliches Gericht ... 72
    - 2. Letztwilliges Schiedsgericht? ... 74
  - V. Haftungsvermeidungsstrategien für Testamentsvollstrecker ... 77
    - 1. Entlastung des Testamentsvollstreckers? ... 78
    - 2. Aufrechnung ... 80
    - 3. Haftungsbegrenzungsvereinbarungen ... 81
    - 4. Haftpflichtversicherung ... 82

A. Einführung

Gegenwärtig werden die Vermögen der Nachkriegsgeneration vererbt. Beispielsweise ist jährlich in zehntausenden von Unternehmen und bei noch sehr viel mehr privaten Immobilien die Nachfolge zu regeln. Nur die wenigsten Menschen beschäftigen sich jedoch mit ihrem Tod und dessen Folgen. Die Absicherung ihrer Familie liegt ihnen aber dennoch sehr am Herzen. Zwischen diesen beiden

Punkten hin und her gerissen fühlen sich viele Menschen bei der Frage nach ihrem letzten Willen wie gelähmt. Hier kann eine einfühlsame Beratung Wunder wirken. Ein Testamentsvollstrecker kann die Umsetzung des Erblasserwillens absichern.[1]

In diesem Kapitel wollen wir insbesondere betrachten, was ein Testamentsvollstrecker gegebenenfalls tut. Das ist ein Blick auf das, wofür der Testamentsvollstrecker vergütet wird. Erst dieser Blick ermöglicht eine fundierte Betrachtung der Testamentsvollstreckervergütung. Der Blick auf die etwaigen Tätigkeiten eines Testamentsvollstreckers erscheint uns auch deshalb angebracht, weil selbst unter Fachleuten (Richter, Notare, Rechtsanwälte, Steuerberater, Wirtschaftsprüfer etc.) oftmals keine wirklich konkrete Vorstellung dazu besteht, wie teilweise höchst umfangreich und komplex die Aufgabenstellungen eines Testamentsvollstreckers in der Praxis sind. Vom „Normalfall" oder einer „durchschnittlichen" Testamentsvollstreckung als Ausgangspunkt für die Vergütungsbemessung zu sprechen, kann der Problematik allenfalls ansatzweise gerecht werden.

B. Einsetzung eines Testamentsvollstreckers

2   Der Erblasser kann einen oder, etwa in umfangreichen Erbsachen z.B. zur Regelung der Unternehmensnachfolge, auch mehrere Testamentsvollstrecker ernennen. Es handelt sich stets, d.h. auch bei einem Erbvertrag oder einem gemeinschaftlichen Testament, um eine einseitige, jederzeit frei widerrufbare Verfügung des Erblassers. Der Erblasser darf die Auswahl der Person des Testamentsvollstreckers einem Dritten zuweisen (Beispiele: Präsident des örtlichen OLG oder Testamentsvollstrecker bestimmt seinen Nachfolger).

3   Für den Fall, dass ein ernannter Testamentsvollstrecker wegfällt, sollte der Erblasser Vorsorge treffen und zugleich einen **Ersatztestamentsvollstrecker** bestimmen.

> **Formulierungsbeispiel: Einsetzung eines Testamentsvollstreckers**
> Hiermit ordne ich Testamentsvollstreckung an. Zu meinem Testamentsvollstrecker ernenne ich Herrn X. Für den Fall, dass Herr X vor oder nach Annahme des Testamentsvollstreckeramtes wegfällt, ernenne ich zum Ersatztestamentsvollstrecker Herrn Y. Für den Fall, dass beide wegfallen, soll die Arbeitsgemeinschaft Testamentsvollstreckung und Vermögenssorge in Bonn

---

1   Siehe zu den nachfolgenden Ausführungen schon *Rott/Schiffer*, in: Pruns (Hrsg.), Tagungsband 3. Deutscher Testamentsvollstreckertag 2009, S. 105 ff.; siehe etwa auch *J. Mayer*, in: Mayer/Bonefeld, Testamentsvollstreckung, 3. Aufl. 2011, § 2.

(AGT) e.V. (www.agt-ev.de)[2] aus dem Kreise der von ihr zertifizierten Testamentsvollstrecker,[3] hilfsweise das Nachlassgericht (§ 2000 BGB), eine geeignete Person zum Testamentsvollstrecker bestimmen.

C. Aufgaben des Testamentsvollstreckers

I. Gesetzliche Grundlagen

Der vom Erblasser in seiner letztwilligen Verfügung bestimmte Testamentsvollstrecker (§§ 2197 ff. BGB) hat dessen Anordnungen zur Ausführung zu bringen (§ 2203 BGB). Testamentsvollstrecker kann gem. § 2201 BGB jede natürliche Person werden, die bei Amtsantritt nicht geschäftsunfähig oder in der Geschäftsfähigkeit beschränkt ist oder die nach § 1896 BGB einen Betreuer zur Besorgung ihrer Vermögensangelegenheiten erhalten hat. Auch juristische Personen können, unabhängig von ihrer Rechtsform, Testamentsvollstrecker werden. Der Erblasser kann die Auswahl der konkreten Person auch einem Dritten überlassen (§ 2198 BGB).

4

Das Testamentsvollstreckeramt **beginnt**, wenn der Ernannte das Amt durch – regelmäßig privatschriftliche – Erklärung gegenüber dem Nachlassgericht angenommen hat (§ 2202 BGB). Da das Amt mit dem Tod des Testamentsvollstreckers, bei juristischen Personen mit deren Liquidation oder Verschmelzung (§§ 36 Abs. 1 S. 1, 20 Abs. 1 Nr. 2 S. 1 UmwG) erlischt, ist die Bestimmung eines Ersatztestamentsvollstreckers so überaus wichtig.

5

Im Übrigen **endet** das Amt mit der Erfüllung der Aufgaben bzw. zu dem vom Erblasser bestimmten Termin oder Ereigniseintritt. Bei der sog. **Auseinandersetzungsvollstreckung** (§ 2204 BGB) hat der Testamentsvollstrecker die Auseinandersetzung des Nachlasses und die Verteilung an die Miterben zu bewirken. Bei der **Dauertestamentsvollstreckung** (§ 2205 BGB) gilt es, den Nachlass nach der Inbesitznahme entsprechend den Anordnungen des Erblassers auf längere Zeit zu verwalten (§ 2216 BGB).

6

Soweit es für die ordnungsgemäße Verwaltung des Nachlasses erforderlich ist, ist der Testamentsvollstrecker berechtigt, **Verbindlichkeiten für den Nachlass** einzugehen (§ 2206 BGB). Auch **einzelkaufmännische Unternehmen und Gesellschaftsbeteiligungen** können grundsätzlich der Testamentsvollstreckung unterliegen. Allerdings sind hier die Einzelheiten für die Verwaltungsvollstreckung kompliziert und je nach Gesellschaftsform z.T. umstritten. Denkbar sind vor

7

---

2 Der Hinweis auf die homepage einer im Testament genannten Organisation ermöglicht es dem Nachlassgericht, i.d.R. schnell und zuverlässig, die aktuellen Kontaktdaten zu ermitteln.
3 An dieser Stelle kann alternativ oder ergänzend bspw. auch auf die Fachberater Testamentsvollstreckung und Nachlassverwaltung (DStV e.V.) hingewiesen werden.

allem Vollmacht- und Treuhandgestaltungen und die Beschränkung der Testamentsvollstreckung auf einzelne Gegenstände. Immer ist darauf zu achten, welche Regelungen der **Gesellschaftsvertrag** zur Testamentsvollstreckung enthält.

II. Übersicht zu tatsächlichen Aufgaben in der Praxis

8 Vorweg: Ein Testamentsvollstrecker sollte, um die nachfolgend angesprochenen Aufgaben erfüllen zu können, über eine professionelle Infrastruktur verfügen, die ihn in die Lage versetzt, jeweils umgehend und präzise agieren und reagieren zu können.[4]

Was tut der Testamentsvollstrecker typischerweise, wenn er von dem Tod des Erblassers erfahren hat, der ihn zum Testamentsvollstrecker eingesetzt hat?

9 Man kann die Maßnahmen und Aufgaben zugleich im Sinne einer **Checkliste**, die allerdings wegen der vielfältigen Sachverhaltskonstellationen keinen Anspruch auf Vollständigkeit erheben kann, wie folgt unterscheiden:[5]

a) Sofortmaßnahmen
– Testamentsvollstreckerakte anlegen
– Passenden Bankenkontakt herstellen und Anderkonto als Sonderkonto für den Nachlass anlegen und verzinsliche Tages-/Festgeldkonten ermöglichen
– ggf. Testamentseröffnung veranlassen
– Testamentsvollstreckerzeugnis beantragen, soweit erforderlich
– ggf. Bestattung veranlassen
– Postnachsendeauftrag einrichten

b) Inbesitznahme des Nachlasses und Bestandsaufnahme[6]
– Inbesitznahme von Immobilien (Wohnung, Haus etc.), ggf. Schlösser austauschen
– Kontaktaufnahme insbesondere zu Verwandten, Arbeitgeber, Vermieter, Steuerberater, Berufsgenossenschaft, Kfz-Meldestelle, Kirche, Krankenkasse, Bank etc.
– Ermittlung der Nachlassaktiva. Das ist in unserem globalisierten Reisezeitalter nicht selten recht schwierig, weil das Vermögen auch im Ausland verstreut ist. Von „verschwiegenem Vermögen" ganz zu schweigen.
– Ermittlung der Nachlasspassiva
– Beendigung von Vertragsverhältnissen, damit der Nachlass nicht mit unnötigen kosten belastet wird.

---

4 Siehe dazu etwa *Rott/Kornau/Zimmermann*, Testamentsvollstreckung, 2. Aufl. 2012, S. 171.
5 Siehe dazu ganz ausführlich *Rott/Kornau/Zimmermann*, Testamentsvollstreckung, 2. Aufl. 2012, S. 172 ff.
6 Hier hilft es ganz besonders, wenn der Erblasser die erforderlichen Informationen in einer Notfallakte zusammengestellt hat, siehe dazu etwa *Schiffer*, StuB 2007, 120.

c) Errichtung des Nachlassverzeichnisses

Das ist eine der „Kardinalpflichten" des Testamentsvollstreckers (§§ 2215, 2220 BGB).

d) Führung der Geschäfte für den Nachlass

Der Testamentsvollstrecker führt die Geschäfte für den Nachlass nach den letztwilligen Anordnungen des Erblassers entsprechend dem Zweck der Vollstreckung und den Umständen des konkreten Einzelfalles.

e) Informationspflichten des Testamentsvollstreckers

Nach den §§ 2218, 666 BGB hat der Testamentsvollstrecker zu benachrichtigen, Auskunft zu erteilen und Rechnung zu legen.

f) Auseinandersetzung des Nachlasses

Hier ist besonders auf die Möglichkeit vertraglicher Vereinbarungen zur Erbauseinandersetzung, aber auch oft ein ggf. letztwillig nach § 1066 ZPO angeordnetes oder ad hoc unter den Kontrahenten vereinbartes Schiedsgericht hinzuweisen.[7]

g) Klärung von Steuerfragen

Es stellen sich i.d.R. vielfältige steuerliche Fragen, die sich keineswegs in einer (einfachen) Erbschaftsteuererklärung erschöpfen. Regelmäßig sind zumindest Einkommensteuererklärungen für zurückliegende Zeiträume vor dem Tod des Erblassers zu erstellen, bei unternehmerischer Tätigkeit auch Umsatzsteuererklärungen. Auch die nach Erklärungspflichten nach § 153 AO im Zusammenhang mit tatsächlich nicht erklärten Einkünften spielen in der Praxis eine große Rolle, ebenfalls die richtige steuerliche Behandlung der Erbauseinandersetzung. Auf die Frage, ob und ggf. wann hier Steuerberater beauftragt werden können/sollten und welche Auswirkung dieser Umstand auf die Vergütungsfrage hat, wird nachfolgend unter Rn 30 ff. eingegangen.

D. Ein Blick auf besondere Tätigkeitsfelder in der Testamentsvollstreckung

Alles das, was vorstehend angedeutet wurde, kann im Einzelfall in besonderen Tätigkeitsfeldern ein ganz besonderes Ausmaß annehmen. Dabei meinen wir noch nicht einmal bestimmte „Sondernachlässe" und „Sonderfragen",[8] wie etwa den Umgang mit digitalen Nachlässen, Kunstnachlässen, Prozessführungen,

---

7 *Schiffer* (Hrsg.), Mandatspraxis Schiedsgerichtsbarkeit und Mediation, 2. Aufl. 2005, S. 160 ff.; *Schiffer*, Schiedsverfahren: Letztwillige Schiedsklauseln, in: Frieser (Hrsg.) Formularbuch des Fachanwalts Erbrecht, 2. Aufl. 2013, S. 1020 ff.
8 Siehe dazu *Rott/Kornau/Zimmermann*, Testamentsvollstreckung, 2. Aufl. 2012, S. 187 ff.

Pflichtteilsfragen⁹ und z.B. überschuldete Nachlässe, sondern die nachfolgend angesprochenen Sonderkonstellationen.

I. Testamentsvollstreckung und Unternehmensnachfolge

11   Eine Testamentsvollstreckung liegt insbesondere im Zusammenhang mit einer Unternehmensnachfolge nahe. Dieses Tätigkeitsfeld ist angesichts der regelmäßig höheren Werte, um die es dabei geht, typischerweise auch besonders lukrativ.

Es gibt keinen feststehenden Begriff der „Unternehmensnachfolge". Typischerweise wird darunter der Übergang der Unternehmerstellung – insbesondere eines einzelkaufmännischen Unternehmens oder einer Gesellschaftsbeteiligung – an einen Nachfolger verstanden.

12   Das Institut für Mittelstandsforschung (IfM) Bonn schätzt seit Beginn der 1990er Jahre in regelmäßigen Abständen die Anzahl der anstehenden Unternehmensübertragungen in Deutschland. Nach aktuellen Schätzungen steht im Zeitraum von 2010 bis 2014 in knapp 110.000 Familienunternehmen die Übergabe an (ca. 3 % aller Familienunternehmen). Dies entspricht 22.000 Übergaben pro Jahr. Von den Übertragungen werden im Fünf-Jahres-Zeitraum 1,4 Mio. Beschäftigte oder 287.000 Beschäftigte pro Jahr betroffen sein. Das Erreichen des Ruhestandsalters stellt mit einem Anteil von 86 % den häufigsten Übergabegrund dar, gefolgt durch Übergaben aufgrund von Tod (10 %) und Krankheit des Eigentümers (4 %).¹⁰

13   Wie jeder andere Vermögensübergang ist der Übergang des unternehmerischen Vermögens durch lebzeitige Übertragung oder durch Übergang von Todes wegen möglich. Das menschliche Sein bringt es mit sich, dass es häufig nicht in der Macht des Unternehmers liegt, welche der beiden Wege er beschreitet. Richtigerweise müsste er also auf beide Situationen gleichermaßen vorbereitet sein. Dass dies eine Illusion ist, zeigt ein Blick auf die Statistik: Jede vierte Unternehmensnachfolge führt zu einer Unternehmenskrise, jede sechste endet innerhalb von fünf Jahren in der Insolvenz.¹¹

---

9   Die Regulierung von Pflichtteilsansprüchen gehört zwar nicht zu den einem Testamentsvollstrecker kraft Gesetzes zugewiesenen Aufgaben (vgl. § 2213 Abs. 1 S. 3 BGB), wird ihm aber bei gut gestalteten Nachlassregelungen häufig per sog. Pflichtteilsvollmacht zugewiesen. Zu den Vorteilen einer solchen Gestaltung vgl. instruktiv LG Stuttgart, Beschl. v. 17.7.2009,1 T 61/09, ZErb 2009, 306–308.
10 Nachzulesen auf www.ifm-bonn.org Stichworte „Statistik" und „Unternehmensnachfolge".
11 Vgl. Creditreform 12/2006 „Spezial Unternehmensnachfolge", S. 1 unter Hinweis auf eine Studie der KfW Mittelstandsbank, Frankfurt.

Wesentliche **Gründe** für ein **Scheitern der Unternehmensnachfolge** sind u.a.:
- Die Nachfolge wird nicht rechtzeitig angegangen. Mindestens fünf Jahre sind für eine Erfolg versprechende Nachfolge einzuplanen.
- Die Nachfolgeplanung genießt nicht den Charakter eines Unternehmensziels; ihr liegt kein Businessplan zu Grunde.
- Die Nachfolge wird vom Unternehmer in finanzieller Hinsicht nur halbherzig angegangen.
- Emotionale Gründe behindern die Beschäftigung mit der eigenen Nachfolge.
- Streit unter den Erben und Nachfolgern – insbesondere mangels klarer und abgestimmter Regelung.

Bei der Unternehmensnachfolge nur das Unternehmen zu betrachten greift viel zu kurz. In persönlicher Hinsicht ist der Unternehmer regelmäßig in ein vorgegebenes **familiäres Umfeld** eingebunden, das nicht unberücksichtigt bleiben darf. Auch der Übergang der privaten Vermögenswerte des Unternehmers muss mit der gleichen Sorgfalt behandelt werden wie die unternehmerische Nachfolge.[12] Die Testamentsvollstreckung ist auch und gerade bei der Unternehmensnachfolgegestaltung ein wichtiges und verbreitetes Mittel, um Streitigkeiten unter den Miterben zu vermeiden und die Nachlassabwicklung professionell zu gestalten.

Je größer die Zahl der Erben, je schutzbedürftiger ein Erbe, je komplizierter der Nachlass ist, je weniger einträchtig die Erben vermutlich sein werden, desto näher liegt der Gedanke an die Einsetzung eines Testamentsvollstreckers. Sofern bei dem plötzlichen Ableben des Erblassers der vorgesehene Erbe die Unternehmerfunktion voraussichtlich nicht voll wahrnehmen werden kann, bietet sich die Dauertestamentsvollstreckung an. Der Testamentsvollstrecker übernimmt zeitlich begrenzt die Unternehmensführung oder die Ausübung des Stimmrechts für eine Gesellschaftsbeteiligung.

II. Testamentsvollstreckung und Estate Planning

Eine erfolgreiche Testamentsvollstreckung kann nur in dem **ganzheitlichen** Zusammenhang der postmortalen Vermögenssorge gesehen werden (Estate Planning). Ohne vorhergehende Strukturierung des Nachlasses macht eine Testamentsvollstreckung nur in den seltensten Fällen Sinn. Nachlassvermögen, das der Testamentsvollstreckung nicht unterliegt, muss ggf. umgewandelt werden, weil die Testamentsvollstreckung sonst ins Leere läuft (z.B. Lebensversicherungsverträge oder Grundvermögen im Ausland, wo die Testamentsvollstreckung nicht anerkannt wird; nicht oder nur sehr schwierig zu vollstreckende Unternehmensformen).

Es versteht sich von selbst, dass diese vielfältigen Aufgaben mit den üblichen Ausbildungsgängen nicht in Gänze optimal zu bewältigen sind. Auch wird es

---

12 Vgl. hierzu bereits *Schiffer*, BBV 2006, 254.

betriebswirtschaftlich in den seltensten Fällen Sinn machen, für alle denkbaren Fallkonstellationen das jeweils erforderliche spezielle Know-how vorzuhalten. Für den langfristigen Erfolg des geschäftsmäßigen Testamentsvollstreckers ist es daher u.e. von entscheidender Bedeutung, Zugriff auf ein **interprofessionelles Netzwerk** zu haben, das ihn in die Lage versetzt, das richtige Team an Spezialisten für den jeweiligen Nachlass verfügbar zu machen und dieses gekonnt zu koordinieren (z.b. die AGT in Bonn).

19 Die gewollte Wirkung kann eine Testamentsvollstreckung dabei nur entfalten, wenn sie
- im Erbvertrag/Testament präzise, auf den konkreten Einzelfall hin gestaltet und formuliert ist,
- im ganzheitlichen Zusammenhang mit der postmortalen Vermögenssorge (Estate Planning) gesehen wird und
- eine fachlich und persönlich geeignete Person zum Testamentsvollstrecker bestimmt ist.

III. Testamentsvollstreckung im Bereich privater Vermögen

20 Die Gründe, warum Erblasser sich entschließen, im Privatbereich eine Testamentsvollstreckung zu verfügen, sind vielfältig und ebenso unterschiedlich wie die Erblasser selbst. Auch das sind bei näherer Betrachtung oftmals besondere Fälle, weshalb wir auch diese hier kurz beleuchten möchten.

21 Gründe für die letztwillige Anordnung einer Testamentsvollstreckung mögen im Einzelfall auch eher irrationale Gründe sein, wie die Vorstellung, die Erben noch aus dem Grab heraus mit „kalter Hand" dirigieren zu wollen. In der Praxis sehr viel häufiger stehen jedoch die wohlverstandenen Interessen des Nachlasses im Vordergrund.

22 Derartige **Gründe** für eine Testamentsvollstreckung im privaten Vermögensbereich sind beispielsweise:
- immer werthaltigere und komplizierter strukturierte Vermögen (Fonds, Beteiligungen; Auslandsvermögen);
- immer weniger oder gar fehlende Abkömmlinge;
- fehlendes Vertrauen in die vorhandenen Abkömmlinge;
- Patchwork-Familienstrukturen, die die Gefahr in sich bergen können, dass bei unvorhergesehener Versterbensreihenfolge das Vermögen in den „falschen" Stamm abwandert;
- karitative Erwägungen;
- Wunsch nach einer Versorgung behinderter Abkömmlinge;
- das materielle Interesse, den Nachlass vor dem Zugriff von Eigengläubigern der Erben zu schützen (beispielsweise bei Verbraucherinsolvenz oder in Hartz IV-Fällen);

– Vereinfachung und Sicherstellen der Nachlassabwicklung (z.␣b., wenn die bedachten Abkömmlinge ihren Lebensmittelpunkt in Übersee haben und mit den Formalitäten in Deutschland nicht belastet werden sollen).

Der Schlüssel zu diesen Regelungen liegt in dem Umstand begründet, dass die Testamentsvollstreckung zu einer Trennung von Nachlass- und Eigenvermögen des Erben führt (§§ 2205, 2211, 2214 BGB), und zwar bereits ab dem Zeitpunkt des Erbfalls. Durch die geschickte Anordnung der richtigen Form der Testamentsvollstreckung ist es daher möglich, die persönlichen Gläubiger des Erben für die Dauer der Testamentsvollstreckung vom Nachlass fern zu halten.

> **Übersicht: Das Dreistufenkonzept der Nachfolgegestaltung**
> Idealerweise erfolgt die Nachfolgegestaltung anhand folgender drei Stufen:
> 1. Entwicklung eines ganzheitlichen Nachfolgekonzepts
>   – für das Unternehmen und für den Privatbereich,
>   – im Wege der vorweggenommenen und der letztwilligen Erbfolge.
> 2. Vorsorge für die rechtliche Umsetzung des Nachfolgekonzepts insbesondere durch
>   – Vorsorgevollmachten,
>   – Gesellschaftsvertrag,
>   – Ehevertrag,
>   – Erbvertrag/Testament,
>   – steuerliche Gestaltung.
> 3. Durchsetzung der Nachfolgeregelung, soweit noch nicht zu Lebzeiten geschehen
>   – über letztwillige Anordnungen (Erbeinsetzungen, Vermächtnisse, Auflagen etc.),
>   – Testamentsvollstreckung.

IV. Testamentsvollstreckung und Stiftung

Stifter und Erblasser sind gleichermaßen von dem Wunsch nach der Perpetuierung des eigenen Vermögens und des eigenen Willens getragen. In der Praxis kann der Testamentsvollstrecker als Gehilfe und/oder als Organ der Stiftung eingesetzt werden. Auch eine Kontrollfunktion des Testamentsvollstreckers gegenüber den Stiftungsorganen ist möglich. In welcher Funktion der Testamentsvollstrecker dabei konkret eingesetzt wird, bedarf sorgfältiger Abwägung, bei welcher i.d.R. Sinn und Zweck der Stiftung den Ausschlag geben werden.

Ein Testamentsvollstrecker kann im Zusammenhang mit Stiftungen beispielsweise wie folgt tätig werden:[13]

---

13 Siehe Unterlagen zum Seminar „Stiftung, Erbrecht und Testamentsvollstreckung", der Deutschen Stiftungsakademie (DSA) vom 6.4.2013 (Referenten: Rott/Schiffer); *Rott/Kornau/Zimmermann*, Testamentsvollstreckung, 2. Aufl. 2012, S. 197 ff.; *Schiffer*, Die Stiftung in der Beratungspraxis, 3. Aufl. 2013, § 9 Rn 42 ff.

– Er errichtet die Stiftung für den Erblasser.
– Er „schützt" eine bereits errichtete Stiftung – etwa indem er sie gegen Pflichtteilsansprüche der Erben „verteidigt".
– Er stattet eine bereits errichtete Stiftung mit Nachlassvermögen aus (Erbeinsetzung, Vermächtnis).
– Er wird Mitglied eines Stiftungsorgans.

27 In gewisser Weise kann man die Dauertestamentsvollstreckung als Alternativgestaltung für eine Stiftung sehen, denn auch sie läuft lange und lässt sich nach § 2210 S. 1 BGB auf 30 Jahre und ggf. nach § 2210 S. 2 BGB auch auf einen längeren Zeitraum erstrecken. Da die Testamentsvollstreckung aber durch die gesetzlichen Höchstfristen immer zeitlich begrenzt ist, empfiehlt sich für eine darüber hinausgehende langfristige Sicherung des Unternehmens die stiftungsrechtliche Lösung.[14]

> **Zwischenruf**
> **Stiftungen und Dauertestamentsvollstreckung**[15]
> *Rechtsanwalt Dr. K. Jan Schiffer (www.stiftungsrecht-plus.de)*
> Die Dauertestamentsvollstreckung ist langfristig angelegt. Stiftungen sind mitunter sogar auf ewig angelegt. Stiftungen werden nicht selten von Todes wegen mit Hilfe eines Testamentsvollstreckers errichtet. Da wundert es nicht, dass beide Themen in der Praxis mitunter noch dichter zueinanderfinden. Allerdings ist die Dauertestamentvollstreckung bei Stiftungen wohl ebenso umstritten wie wohl auch lukrativ. Das OLG Frankfurt/M. hat die Dauertestamentsvollstreckung bei einer Stiftung bezogen auf einen speziellen Fall in seiner Entscheidung vom 15.10.2010 (4 U 134/10) jedenfalls kritisch gesehen:
> In abgeänderter Ausführung eines Testamentsvollstreckerauftrages war aufgrund eines Vergleiches eine Stiftung errichtet worden. Mit der Stiftung von Todes wegen sei eine Dauertestamentsvollstreckung für die Verwaltung des Nachlasses nicht vereinbar, weil dies mit der Aufgabe des Vorstandes, das Stiftungsvermögen in Eigenverantwortung zu verwalten, und der staatlichen Aufsicht darüber in Widerspruch stehe, befand das OLG Frankfurt/M. Andernfalls würde die zentrale Bestimmung zur Aufgabe des Stiftungsvorstandes teilweise leerlaufen. Der Vorstand müsse in Eigenverantwortung das Stiftungsvermögen verwalten.
> Würde das Stiftungsvermögen nicht in Eigenverantwortung vom Vorstand, sondern einem Dritten verwaltet, so das OLG, bestünde für die Aufsichtsbehörde keine Möglichkeit zu prüfen, ob das Vermögen im Einklang mit den Grundsätzen des § 6 Hessischen Stiftungsgesetzes verwaltet wird. Folglich müsse ein Testamentvollstrecker, dessen Aufgabe die Errichtung einer Stiftung von Todes wegen war, nach der Anerkennung der Rechtsfähigkeit der Stiftung

---

14 Siehe etwa: *Reimann*, GmbHR 2011, 1297, 1304 ff.
15 Siehe dazu auch schon *Schiffer*, Stiftungsbrief 2012, 223.

die Verfügungsbefugnis über den als Stiftungsvermögen zugewendeten Teil des Nachlasses zugunsten der Stiftung freigeben.
Muscheler hat dazu auf dem 6. Testamentsvollstreckertag (2012) in Bonn, auf dem das Thema kurz diskutiert wurde, einen Beitrag angekündigt. *Ponath/Jestaedt* haben sich dazu jüngst in einem lesenswerten Beitrag gegenteilig geäußert.[16] Sie halten die Dauertestamentvollstreckung über das der Stiftung zugewandte Vermögen grundsätzlich für zulässig. Das soll hier nicht im Einzelnen hinterfragt werden. Betonen möchte ich aber doch, dass es einer sehr genauen Prüfung des jeweiligen Einzelfalls bedarf.
Dabei wird aus meiner Sicht insbesondere genau zu beachten sein, welche Rolle der Testamentsvollstrecker jeweils innehat. Zweifel habe ich etwa, wenn er zugleich Testamentsvollstrecker sein soll/will und Mitglied des Stiftungsvorstandes und dann ggf. beides noch entgeltlich und das u.U. bei einer gemeinnützigen Stiftung. Eine Ausschaltung des Verwaltungsrechts und der Verwaltungspflicht der Stiftungsorgane und auch der Stiftungsaufsicht kann und darf es durch eine Verfügung des Erblassers jedenfalls nicht geben. Das ist dem OLG Frankfurt/M. aus meiner Sicht zu folgen.
Im Fall einer gemeinnützigen Stiftung sind zudem ggf. noch besondere steuerrechtliche Vorgaben als „Preis" für die ganz weitgehende Steuerbefreiung zu beachten:
Bei einer „unangemessenen" Honorierung von Organmitgliedern einer gemeinnützigen Stiftung droht der Verlust der Gemeinnützigkeit. Bei der Vergütung der Vorstandsmitglieder haben diese ihre Treuepflicht gegenüber der Stiftung und das gemeinnützigkeitsrechtliche Verbot der Zahlung unverhältnismäßig hoher Vergütungen (§ 55 Abs. 1 Nr. 3 AO in Verbindung mit § 8 und § 10 Abs. 6 der Stiftungssatzung) zu beachten. Es gelten das Verbot der eigennützigen Ausnutzung der Organstellung und auch das Verbot, sich selbst zu begünstigen.
Fazit: Es ist wie eigentlich immer:
Trägt jemand mehrere Hüte, kann das leicht zu Interessenkollisionen führen. Das ist im jeweiligen Einzelfall genau zu betrachten. Da gilt es dann u.U., auf einen Hut und auch auf das eine oder andere Honorar zu verzichten, weil eben nur ein Hut passt!

E. Erfolgsfaktoren bei der Testamentsvollstreckung

Der Erfolg jeder Testamentsvollstreckung steht und fällt mit der konkreten Person des Testamentsvollstreckers. Entscheidend ist die fachliche und persönliche Kompetenz eines Testamentsvollstreckers.

28

---

16 *Ponath/Jestaedt*, ZErb 2012, 253 ff.

I. Anforderungsprofil für einen Testamentsvollstrecker

29 Die Anforderungen an einen Testamentsvollstrecker sind zahlreich. Idealerweise sollte ein Testamentsvollstrecker
– das volle und umfassende Vertrauen des Erblassers und möglichst auch der Erben (!) genießen;
– über bestimmte menschliche Qualifikation verfügen (insbesondere Standfestigkeit im Rahmen der Auseinandersetzung mit den Erben);
– ausreichende Kenntnisse der konkreten wirtschaftlichen, rechtlichen, steuerlichen und menschlichen Zusammenhänge bezogen auf den Erbfall besitzen;
– sein Amt unabhängig von Eigeninteressen oder den Interessen eines Arbeitgebers führen;
– über eine ausreichende, im Idealfall durch eine Vermögensschadenhaftpflichtversicherung abgesicherte Bonität im Schadensfall verfügen;
– ein Alter und einen Gesundheitszustand haben, die die Aufgabenerfüllung noch während der – voraussichtlichen – Dauer der Testamentsvollstreckung erwarten lassen;
– hinreichend organisatorischen Background sowie Zeit haben, um sich dem Amt zu widmen.

II. Wer wird Testamentsvollstrecker?

1. Rechtsanwälte und Notare sowie Steuerberater

30 Augenscheinlich hat die Anwaltschaft den Kampf um ihr früheres Privileg der Testamentsvollstreckung aufgegeben. Heute werden keine Stimmen mehr laut, die sich gegen die vollständige Freigabe der geschäftsmäßigen Testamentsvollstreckung durch die Regelungen des Rechtsdienstleistungsgesetzes (RDG) wenden. Zugleich lässt das Interesse der Anwälte an Fortbildungen im Bereich der Testamentsvollstreckung nach. Auf Seiten der **Steuerberater** ist hingegen eine **deutliche Zunahme der Zertifizierungen** zu verzeichnen.

31 Die Notare äußern sich in der Öffentlichkeit zu der Thematik so gut wie gar nicht. Dies hängt sicherlich damit zusammen, dass sie nach §§ 27, 7 Nr. 1 BeurkG einem Verbot zur Übernahme von Testamentsvollstreckungen aufgrund einer von ihnen beurkundeten letztwilligen Verfügung und gem. § 29 BNotO einem sehr restriktives Werbeverbot unterliegen.

2. Bankkaufleute und Finanzdienstleister

32 In der Erschließung neuer Tätigkeitsfelder ist die Kreditwirtschaft den freien Berufen oftmals um Jahre voraus. Dies zeigt bereits die lange und teilweise unerfreuliche Diskussion um die Einführung des Fachberaters bei den Steuerberatern oder die Einführung des Fachanwalts für Erbrecht im Bereich der Anwaltschaft.

So hat die Kreditwirtschaft die Testamentsvollstreckung – und auch die darauf gerichtete Gestaltungsberatung – schon seit geraumer Zeit als Mittel entdeckt, ihre Geschäftsbeziehungen mit vermögenden Kunden und ihren Angehörigen auch nach dem Tode zu erhalten. Den Kunden wird der Eindruck vermittelt, der Vollzug ihrer letztwilligen Verfügungen, die Verwaltung ihres Nachlasses für die Erben und die Einhaltung ihrer Auflagen und Wünsche werde mit besonderem Sachverstand durchgeführt.

Des Weiteren erscheint gewährleistet, dass die Bank „bis in alle Ewigkeit" besteht, während eine zum Testamentsvollstrecker bestimmte natürliche Person noch vor dem Erblasser versterben kann. So verwundert es nicht, dass die **Grundsatzentscheidungen des BGH** zur geschäftsmäßigen Testamentsvollstreckung, von der auch die Steuerberater profitieren, ganz wesentlich auf das Betreiben der Banken zurückgingen.[17] Bis dahin wurde die Rechtmäßigkeit dieser Dienstleistung wegen Verstoßes gegen das Rechtsberatungsgesetz in Zweifel gezogen.[18]

33

Gleichwohl wird man die Konkurrenz der Kreditinstitute **nicht überbewerten** dürfen. Schon wenige Jahre nach den von den Finanzinstituten maßgeblich herbeigeführten Urteilen machte sich unter den Banken und Sparkassen Ernüchterung breit. Die Institute, die die Testamentsvollstreckung schon vor den Entscheidungen des BGH betrieben, fühlen sich bestätigt und gehen nach unserer Beobachtung das Tätigkeitsfeld seither offensiver an. Hier finden sich auch teilweise den speziellen Bedürfnissen dieser Art von Testamentsvollstreckung angepasste Vergütungsstrukturen. Die übrigen Institute zeigen sich zwar interessiert und schicken ihre Mitarbeiter zu Fortbildungsveranstaltungen, bleiben in der praktischen Umsetzung aber sehr zurückhaltend. Die bei großen Unternehmen typischen Ängste vor einem nicht zu bewältigenden administrativen Aufwand, Controlling, Haftung und internem Kompetenzgerangel werden als Gründe ausgemacht.[19]

34

3. „Neue Dienstleister" nach dem Rechtsdienstleistungsgesetz

Die völlige Freigabe geschäftsmäßiger Testamentsvollstreckung nach Einführung des RDG im Jahre 2008 (siehe § 5 Abs. 2 Nr. 1 RDG) lässt erwarten, dass in Zukunft eine Vielzahl miteinander konkurrierender Dienstleister einen lukrativen Markt für diese Dienstleistung weiterentwickeln werden. Ansätze hierzu sind bereits erkennbar. Beispielsweise empfehlen sich Bestatter für „weitergehende Dienstleistungen wie Testamentsvollstreckung und Erbenermittlung".

35

---

17 Vgl. BGH, Urt. v. 11.11.2004, I ZR 213/01 = Testamentsvollstreckung durch Banken; Urt. v. 11.11.2004, I ZR 182/02 = Testamentsvollstreckung durch Steuerberater.
18 Vgl. OLG Karlsruhe, Urt. v. 27.5.1993, 4 U 303/92, NJW-RR 1994, 236.
19 *Rott/Kornau*, Bankmagazin 2007, 50.

Diese neuen Dienstleister, die sich der geschäftsmäßigen Testamentsvollstreckung annehmen werden, unterliegen weder Ausbildungs- und Fortbildungsnachweispflichten, noch einem Werbeverbot. Nicht sachbezogene Werbung für die Dienstleistung der Testamentsvollstreckung ist damit möglich – und erfahrungsgemäß auch zu erwarten. Das neu entstehende Dienstleistungsangebot der geschäftsmäßigen Testamentsvollstreckung unterliegt keinerlei Versicherungspflicht. Ferner gibt es keine außergerichtlichen Sanktionsmechanismen. Es versteht sich von selbst, dass diese von kostenintensiven Restriktionen freien Dienstleister ihre Dienstleistungen „günstiger" anbieten können als die klassischen Berufsgruppen der Rechtsanwälte, Notare und Steuerberater. Bei der Bemessung der Vergütungsfrage kann dies nicht unberücksichtigt bleiben.

III. Wesentliche Erfolgsparameter bei der Testamentsvollstreckung

36 Neben den rechtlichen und steuerlichen Fachkenntnissen zur Testamentsvollstreckung sind nach unseren Erfahrungen etliche „weiche" Erfolgsfaktoren für das Gelingen einer Testamentsvollstreckung im Sinne des Erblassers von entscheidender Bedeutung.

1. Fachliche Fähigkeiten und Zertifizierung

37 Die fachlichen Anforderungen an einen Testamentsvollstrecker sind von Fall zu Fall unterschiedlich:
– So spielen wirtschaftliche Fragen teilweise kaum eine Rolle, z.B. wenn der Nachlass lediglich aus liquidem Vermögen besteht. Hier mag die Zerstrittenheit der Erbengemeinschaft der Grund dafür sein, weshalb eine **Auseinandersetzungsvollstreckung** angeordnet wurde. Der Testamentsvollstrecker wird sich dann auf die eher schwierig zu handhabenden Ausgleichungsvorschriften nach §§ 2050 ff. BGB konzentrieren, also vornehmlich im rechtlichen Bereich tätig sein.
– In anderen Fällen wird der Testamentsvollstrecker die Aufgabe haben, im Rahmen einer **Dauervollstreckung** das Vermögen der minderjährigen Erben neu zu strukturieren, laufende Erträgnisse für den Lebensunterhalt zu generieren und an die Begünstigten auszuschütten sowie den Nachlass bei Erreichen eines vorgegebenen Alters der Erben auszukehren. Bei einer derartigen Aufgabengestaltung stehen sicherlich wirtschaftliche Kenntnisse im Vordergrund.

38 Gleichwohl geht das Gesetz davon aus, dass eine **besondere Qualifikation** des Testamentsvollstreckers für seine Aufgabenerfüllung nicht erforderlich ist[20] – weder eine wirtschaftliche, noch eine rechtliche.

Jeder, der sich mit dem Gedanken trägt, seinen Mandanten eine qualitativ hochwertige Testamentsvollstreckung anzubieten, sollte u.E. den zeitlichen Aufwand

---

20 Vgl. hierzu BGH, Urt. v. 11.11.2004, I ZR 182/02.

für eine vernünftige **Aus- und Fortbildung** in diesem Bereich nicht scheuen. Sicherlich mag es „Testamentsvollstrecker-Crash-Kurse" geben, die es ermöglichen, in einem vergleichsweise kurzen Zeitraum ein „Zertifikat" zu erlangen, das vom Veranstalter selbst stammt. Es besteht jedoch die Gefahr, dass sich der Testamentsvollstrecker, der ein solches Zertifikat führt, **wettbewerbswidrig** verhält. Sofern in der Bezeichnung nicht zum Ausdruck kommt, dass die Zertifizierung nur für Mitglieder erfolgt oder ein von der gleichen Institution angebotener kostenpflichtiger Lehrgang die Grundlage dieses Zertifikatrats darstellt, ist die Werbung irreführend. Gleiches gilt, wenn die Lehrgänge nicht eine gewisse Länge und einen gewissen Schwierigkeitsgrad aufweisen.[21]

Bis zu dem Urteil des Bundesgerichtshofs vom 11.11.2004 war die Testamentsvollstreckung nahezu ausschließlich den Rechtsanwälten und Notaren vorbehalten. Seither steht fest, dass die erbrechtlichen Vorschriften des BGB keine besonderen Anforderungen an die Qualifikation eines Testamentsvollstreckers vorsehen. Erst recht setzen sie keine „Berufserfahrung" als Testamentsvolltrecker voraus. Jedermann kann Testamentsvollstreckungen übernehmen.

Ein von der AGT zertifizierter Testamentsvollstrecker unterscheidet sich von einem „Jedermann-Vollstrecker" nicht nur durch den Nachweis theoretischer Kenntnisse und das Vorliegen einer Vermögensschadenhaftpflichtversicherung, sondern auch durch seine individuellen praktischen Fertigkeiten. Bei einem Richter, Notar, Rechtsanwalt, Steuerberater, vereidigten Buchprüfer, verkammerten Rechtsbeistand oder Certified Estate Planner werden die für eine Testamentsvollstreckung notwendigen praktischen Fertigkeiten vermutet, wenn er mindestens seit zwei Jahren in seinem Beruf tätig ist. Dies liegt darin, dass diese Berufsgruppen tagtäglich mit der Lösung praktischer Aufgabenstellungen zu tun haben, wie sie auch bei Testamentsvollstreckungen häufig anstehen. Diese Auffassung hat Kritik erfahren.

So hat der Bundesgerichtshof am 9.6.2011 (Az. I ZR 113/10) entschieden, dass eine zweijährige Berufstätigkeit als Rechtsanwalt, Notar oder Richter nicht genügt, um neben der Bezeichnung „Testamentsvollstrecker (AGT)" auch den Zusatz „Zertifizierter Testamentsvollstrecker (AGT e.V.)" führen zu dürfen. Vielmehr seien praktische Erfahrungen auf dem Gebiet der Testamentsvollstreckung erforderlich, wobei deren genauer Umfang noch klärungsbedürftig ist. Zwei Vollstreckungen sollen jedenfalls dann nicht ausreichen, wenn sie sich nach Art und Umfang nicht von einer üblichen Testamentsvollstreckung unterscheiden.

---

21 *Grunewald/Henssler*, NJW 2003, 1099, 1100; vgl. auch *Kleine-Cosak*, Stbg 2007, 86; siehe jetzt aber BGH, Urt. v. 9.6.2011, I ZR 113/10 und dazu sogleich den Zwischenruf von *Rott* (siehe Rn 41).

41 Zwischenruf
Zu den Urteilsgründen des BGH in der Zertifizierungsentscheidung vom 9.6.2011 (I ZR 113/10)
von Eberhard Rott vom 30.11.2011[22]
Der offizielle Leitsatz der Entscheidung des BGH vom 9.6.2011 (I ZR 113/10) liegt nun vor. Er lautet: „Der Verkehr erwartet von einem Rechtsanwalt, der sich als „zertifizierter Testamentsvollstrecker" bezeichnet, dass er nicht nur über besondere Kenntnisse, sondern auch über praktische Erfahrungen auf dem Gebiet der Testamentsvollstreckung verfügt." Wie umfassend die „praktischen Erfahrungen auf dem Gebiet der Testamentsvollstreckung" im Einzelfall sein müssen, hat der BGH offen gelassen. Der BGH geht von einer nach Art und Umfang „üblichen" Testamentsvollstreckung[23] aus (vgl. Urteilsgründe Rn 17), ohne im Einzelnen darzulegen, was er hierunter versteht. Es liegt nahe, hier an den gesetzlichen Regelfall der Abwicklungsvollstreckung nach §§ 2203, 2204 BGB anzuknüpfen. Dafür sprechen die Ausführungen des Bundesgerichtshofs, dass zwei Testamentsvollstreckungen ausnahmsweise als ausreichend angesehen werden können, wenn sie nach Art und Umfang oberhalb des üblichen Rahmens liegen. Wann dieser Rahmen überschritten wird, hat der BGH ebenfalls offen gelassen. Als Anhaltspunkt lässt sich möglicherweise auf obergerichtliche Rechtsprechung zurückgreifen. In einem Vergütungsrechtsstreit hat das OLG Köln mit Urt. v. 8.7.1993 (1 U 50/92, FamRZ 1994, 328–330) die Abwicklung eines Nachlasses mit einem Bestand von zwei Grundstücken, einem Wertpapierdepot, einem Bankguthaben, einer Haushaltseinrichtung sowie Schmuck als nicht über das Maß dessen hinausgehend angesehen, was „üblicherweise" bei derartigen Testamentsvollstreckungen erforderlich sei. In dem angesprochenen Fall waren zur Bestimmung des Nachlassumfangs keine schwierigen Ermittlungen erforderlich. Auch das Nachlassverzeichnis konnte ohne Schwierigkeiten erstellt werden. Es gab keine Streitigkeiten zwischen Miterben.
Im konkret entschiedenen Fall genügten dem BGH zwei durchgeführte Testamentsvollstreckungen nicht. Wie sich aus seinem weiteren Ausführungen in den Entscheidungsgründen ergibt, konnte er nicht prüfen, ob diese beiden Testamentsvollstreckungen nicht möglicherweise ausnahmsweise ausreichen konnten, weil in den Tatsacheninstanzen zu Art und Umfang der beiden Testamentsvollstreckungen nichts vorgetragen worden war. Aus dieser sowie der anderer Stelle (Entscheidungsgründe Rn 22) gemachten Aussagen des BGH lassen sich aber immerhin zwei Schlussfolgerungen ableiten:

---

[22] Nachzulesen auf der Homepage der AGT www.agt-ev.de unter dem Stichwort „Zertifizierung".
[23] Zur Kritik an diesem Verständnis vgl. bereits oben Rn 1.

(1) Allein an einer bestimmten Mindestzahl von Testamentsvollstreckungen lassen sich die Voraussetzungen für die Führung der Bezeichnung „zertifiziert" nicht festmachen.

(2) Ohne eine einzige Testamentsvollstreckung wird der Zusatz „zertifiziert" – jedenfalls derzeit – nicht in wettbewerbsrechtlich zulässiger Weise geführt werden können.

Die Entscheidung des BGH wird die Diskussion um die Zertifizierung von Testamentsvollstreckern nicht beenden. Hierzu war der entschiedene Rechtsstreit zu sehr von den Besonderheiten des Einzelfalls geprägt. So war der BGH als Revisionsgericht daran gebunden, die im Wesentlichen auf tatsächlichem Gebiet liegenden Feststellungen des Berufungsgerichts zur Verkehrsauffassung lediglich auf Verstöße gegen Denkgesetze und Erfahrungswerte hin zu überprüfen zu können. Er konnte sich daher beispielsweise nicht mit den Überlegungen auseinandersetzen, die das Bundesverwaltungsgericht bereits zwei Jahre zuvor (Urt. v. 24.9.2009, 3 C 4.09, GewArch 2010, 87 „MacDent") angestellt hatte, als es darum ging, dass ein Zahnarzt (letztendlich mit Erfolg) ein Logo verwendete, mit dem schlagwortartig auf die Einhaltung geprüfter Qualitätsstandards eines privatrechtlichen Franchise Unternehmens hingewiesen wurde. Das Bundesverwaltungsgericht stellte darauf ab, dass ein durchschnittlich informiert er Verbraucher auch das Internet als Informationsquelle heranzieht. Sind dort die Qualitätsstandards einsehbar, sei dies ausreichend. Der Bundesgerichtshof konnte sich mangels entsprechenden Sachvortrages in den Tatsacheninstanzen mit diesem Umstand leider nicht beschäftigen. Offen bleibt auch, wie die vom Bundesgerichtshof im Leitsatz seiner Entscheidung bewusst offen gehaltene Formulierung über Praktische Erfahrungen auf dem „Gebiet der Testamentsvollstreckung" in der Praxis sich mit Leben füllen lassen wird. Das „Gebiet der Testamentsvollstreckung" erfährt ein Anwalt auch dann überaus praktisch, wenn er einen Testamentsvollstrecker im Hintergrund seiner Tätigkeit berät. Praktische Erfahrungen „wie ein Testamentsvollstrecker" lassen sich auch sammeln, wenn die Nachlassabwicklung aufgrund einer Nachlassvollmacht durchgeführt wird. Auch die Führung von Entlassungsverfahren gegen Testamentsvollstrecker führen zu umfänglichen „praktischen Erfahrungen auf dem Gebiet der Testamentsvollstreckung". Die Beispielsfälle lassen sich nahezu beliebig erweitern, führen letztendlich auch zu der Frage, welche Rolle die zahlreichen praktischen Fälle spielen, die Fachanwälte für Erbrecht ihren Kammern gegenüber bereits nachgewiesen haben. Es ist daher durchaus nachvollziehbar, dass Rechtsanwaltskammern, die bis dahin zu einer eher restriktiven Handhabung gegenüber der Zertifizierung neigten, sehr schnell nach dem Bekanntwerden der Entscheidung ihre Auffassungen deutlich relativierten (die AGT berichtete am 15.7.2011). Denn eines hat der BGH – sehr zum Leidwesen einiger Kammervertreter – unmissverständlich klargestellt: Es gibt kein Zertifizierungsmonopol der Rechtsanwaltskammern.

2. Allseitiges Vertrauen

42 Das oft über Jahrzehnte währende Mandatsverhältnis, in dem der künftige Erblasser viele sehr persönliche Dinge über sich und seine Familie preisgibt, unterstreicht das hohe Vertrauen, das der Erblasser in „seinen" Steuerberater setzt. Dies gilt erst recht, wenn das Mandat sich nicht auf die jährlich wiederkehrende Fertigung der Steuererklärungen beschränkt, sondern einen finanzplanerischen Ansatz verfolgt. Idealerweise genießt ein Testamentsvollstrecker etwa als „**Freund der Familie**" auch das Vertrauen der Erben. Kennt er auch die potenziellen Erben schon lange, kann sich ein passendes Vertrauensverhältnis aufbauen.

Dies zeichnet etwa einen Steuerberater gegenüber der „**Konkurrenz**" aus:
- Die **Anwaltschaft** verfügt nach wie vor regelmäßig nicht über solche langjährig gewachsenen Mandatsverhältnisse.
- Die **Kreditinstitute** leiden hier mitunter darunter, dass Kunden im Laufe ihres Lebens zwiespältige Erfahrungen machen.[24] So kommt es eher selten vor, dass Bankkunden bereit sind, ihre gesamten liquiden Vermögensbestandteile bei nur einem Kreditinstitut zu konzentrieren.
- **Freie Vermögensverwalter** und Steuerberater befinden sich hier in einer vergleichbaren Vertrauenssituation. Eine Auswertung der Anträge zum Zertifizierten Testamentsvollstrecker (AGT) lässt allerdings die Schlussfolgerung zu, dass diese Berufsgruppe das Tätigkeitsfeld der geschäftsmäßigen Testamentsvollstreckung bisher für sich noch nicht in zahlenmäßig signifikanter Weise erschlossen hat.

43 **Praxishinweis**
Wählt der Erblasser seinen Testamentsvollstrecker nach dem Gesichtspunkt des persönlichen Vertrauens aus, ist er erfahrungsgemäß regelmäßig geneigt, einer Person dieses Amt anzudienen, die ein höheres oder allenfalls annähernd gleiches **Lebensalter** aufweist. So verständlich diese Entscheidung menschlich gesehen auch ist, so unglücklich kann sie für die Testamentsvollstreckung sein. Der Testamentsvollstrecker sollte zumindest „statistisch" dazu in der Lage sein, die ihm zugewiesenen Aufgaben nach dem Tode des Erblassers in einer gesundheitlich guten Verfassung erledigen zu können.

44 Banken machen sich diese Sorge der künftigen Erblasser zu Nutze, indem sie die „**Unsterblichkeit**" des Kreditinstituts als juristische Person als ein entscheidendes Auswahlkriterium für die Testamentsvollstreckerernennung hervorheben.[25] Aus der Sicht der **freiberuflichen Testamentsvollstrecker** ist hierzu dreierlei anzumerken:

---

24 Vgl. hierzu beispielsweise Spiegel-Online, Ausgabe v. 22.6.2007 „Vernichtendes Urteil für Deutsche Kreditinstitute".
25 *Lang*, in: Lange/Werkmüller, Der Erbfall in der Bankpraxis, 2002, § 24 Rn 23.

1. Diese Argumentation gilt auch für Steuerberatungs- und Rechtsberatungsgesellschaften.
2. Die allenthalben zu beobachtende Fusionswelle unter den Banken und Sparkassen schafft jedenfalls dann Probleme, wenn das aufnehmende Kreditinstitut Testamentsvollstreckungen als Dienstleistung gar nicht anbietet.
3. Durch die sorgfältige Gestaltung der Ersatztestamentsvollstreckerregelung (vgl. oben unter Rn 3) kann bei der Einsetzung natürlicher Personen ohne weiteres vermieden werden, dass eine Testamentsvollstreckung am Alter oder der Gesundheit des Testamentsvollstreckers scheitert.

3. Durchsetzungsfähigkeit

„Verbindlich im Ton – bestimmt in der Sache" ist eine traditionelle Anforderung an Berater; nichts Anderes gilt für einen Testamentsvollstrecker. Wer als Steuerberater die tägliche Auseinandersetzung mit dem Fiskus nicht scheut, dem traut der künftige Erblasser auch die notwendige Standfestigkeit im Umgang mit den Erben zu.

Im Vergleich zum Steuerberater mögen die **Rechtsanwälte** aus der Sicht des künftigen Erblassers vielleicht ein kleines Plus bei der Frage der Standfestigkeit in rechtlichen Auseinandersetzungen haben. Da der Testamentsvollstrecker nach der Rechtsprechung des BGH[26] aber ohnehin gehalten ist, einen Anwalt einzuschalten, wenn es um die Klärung rechtlicher Verhältnisse geht, und er schon aus Gründen der Vermeidung seines Haftungsrisikos diesen Weg beschreiten wird, dürfte dieser Gesichtspunkt wohl kaum einen Mandanten davon abhalten, „seinen" Steuerberater zum Testamentsvollstrecker zu bestellen.

Einen klaren Nachteil bei der Standfestigkeit im Falle von Auseinandersetzungen um den Nachlass haben die **Banken** und **freien Vermögensverwalter**. Sie kompensieren diesen Nachteil dadurch, dass sie in aller Regel nur solche Testamentsvollstreckungen übernehmen, die sich für sie weitgehend problemlos (und finanziell erfolgreich) gestalten. Das Gesetz macht es ihnen leicht: Zur Annahme des Amtes als Testamentsvollstrecker besteht keine Rechtspflicht, auch nicht bei einer Ernennung durch das Nachlassgericht. Selbst mittelbare Sanktionen wie eine Schadenersatzpflicht bestehen nicht.[27]

---

26 Vgl. BGH, Urt. v. 11.11.2004, I ZR 213/01.
27 Vgl. Palandt/*Weidlich*, 72. Aufl. 2013, § 2202 Rn 2; Umstritten ist die Frage, ob der Testamentsvollstrecker durch vertragliche Vereinbarung mit dem Erblasser oder den Erben zur Annahme des Amtes gezwungen werden kann und dann auch ggf. schadensersatzpflichtig ist, siehe dazu etwa: *Winkler*, Der Testamentsvollstrecker, 20. Aufl. 2010, Rn 102 m.w.N.

4. Menschliche Aspekte

47 Die Krux einer erfolgreichen Testamentsvollstreckung liegt sehr häufig in verschiedenen menschlichen Aspekten. Erben fühlen sich ungerecht behandelt, tragen menschliche Verletzungen oft schon Jahrzehnte mit sich herum; Ehepartner eines Erben ergreifen Partei für ihren Partner; viele reden mit, usw. Das sind nur einige wenige Beispiele und Aspekte, wie Menschliches in eine Testamentsvollstreckung hineinspielen kann. Der Testamentsvollstrecker muss dafür offen sein. Idealerweise verfügt er über entsprechende **Lebens- und Streitschlichtungserfahrung**.[28]

5. Unabhängigkeit

48 Die Unabhängigkeit von eigenen Interessen oder den eines Arbeitgebers ist bei der Testamentsvollstreckung eine Selbstverständlichkeit. Hier liegen **Steuerberater, Rechtsanwälte und Notare** gleichauf. Diese Berufsgruppen unterliegen einem funktionierendem **Ehrenrecht**, mit dem beispielsweise die Wahrnehmung widerstreitender Interessen sanktioniert und eine ausreichende finanzielle, durch Pflichtversicherungen abgedeckte Vermögensmasse zur Abdeckung für fehlerhaftes Handeln sichergestellt werden kann.

49 **Banken** werden aus der Sicht des künftigen Erblassers typischerweise deutlich kritischer betrachtet. Zum einen befindet sich der Bankangestellte, der in seiner Person die Aufgaben des Testamentsvollstreckers wahrnimmt, nahezu ausnahmslos in einem Anstellungsverhältnis. Er ist daher grundsätzlich Weisungen unterworfen, während ein Testamentsvollstrecker dem Erblasserwillen gerade unabhängig Geltung verschaffen soll. Zum anderen sieht eine Bank, jedenfalls wenn man der Literatur glauben darf, eine doppelte „Profitstruktur".[29] Sie möchte die Entgelte, die im Rahmen der Verwaltung des Vermögens anfallen, ebenso vereinnahmen, wie zusätzlich die Testamentsvollstreckervergütung.

6. Bonität

50 Einen Kontrapunkt zur starken Stellung, die dem Testamentsvollstrecker im deutschen Erbrecht zukommt, stellt die in § 2219 BGB normierte Haftung für Pflichtverletzungen dar. In den **Berufshaftpflichtversicherungen** der Steuerberater, Wirtschaftsprüfer, Rechtsanwälte und Notare ist das Risiko der Tätigkeit als Testamentsvollstrecker – jedenfalls derzeit – mit eingeschlossen.

51 Dringend anzuraten ist dennoch die **Prüfung im Einzelfall**, und zwar, ob der Umfang des Versicherungsschutzes ausreicht bzw. die Deckungssumme erhöht

---

28 Daher auch das Thema des IV. Veranstaltungsblockes des 7. Deutschen Testamentsvollstreckertages am 12.11.2013, www.testamentsvollstreckertag.de.
29 So *Lang*, in: Lange/Werkmüller, Der Erbfall in der Bankpraxis, 2002, § 25 Rn 63.

werden muss. Vorsicht ist weiterhin geboten, weil die Berufshaftpflichtversicherung der Steuerberater keine Deckung für Testamentsvollstreckungen übernimmt, wenn diese die überwiegende Tätigkeit des Steuerberaters darstellen.

Auch die **unternehmensbezogene Testamentsvollstreckung** kann vom Versicherungsschutz ausgeschlossen sein.[30] Eine Haftung für Steueransprüche, wie sie insbesondere nach § 69 AO bei nicht oder nicht vollständig abgeführter Erbschaftsteuer in Betracht kommen kann, dürfte bei sämtlichen Versicherungen ausgeschlossen sein.[31]

52

Ein besonderes Augenmerk verdiente die Leistungsfähigkeit der eigenen Vermögensschadenhaftpflichtversicherung und die Verwahrung der bei der Testamentsvollstreckung angefallenen Unterlagen lange Zeit auch deshalb, weil die Haftung des Testamentsvollstreckers bis zur Erbrechtsreform 2010 vom BGH als der **dreißigjährigen Verjährungsfrist** unterliegend angesehen wurde.[32] Ob der BGH dabei einer Fehlinterpretation des gesetzgeberischen Willens unterlag, sei hier dahingestellt. Jedenfalls kraft ausdrücklicher Klarstellung durch den Gesetzgeber gilt nunmehr auch für Ansprüche zwischen Testamentsvollstrecker und Erben die regelmäßige 3-jährige Verjährungsfrist, wenn diese nach dem 1.1.2010 entstanden sind.

53

Aus der Sicht des künftigen Erblassers werden die rechts- und steuerberatenden Berufe im Bonitätsvergleich gleichgewichtig abschneiden. Die neu zu erwartenden Dienstleister, die sich der geschäftsmäßigen Testamentsvollstreckung annehmen werden, unterliegen keinerlei Versicherungspflicht.

54

Bei der Testamentsvollstreckung durch Banken mag dies für den künftigen Erblasser im Hinblick auf die grundsätzlich anzunehmende Haftungsmasse keine relevante Rolle spielen. Dies gilt allerdings nur in den Fällen, wenn auch die Bank als juristische Person selbst zur Testamentsvollstreckerin bestimmt wird und nicht etwa einer ihrer Mitarbeiter.

7. Professionelle Infrastruktur

Erbfälle treten in aller Regel unvorhergesehen ein. Daraus folgt, dass der professionell agierende Testamentsvollstrecker rechtzeitig eine Infrastruktur schaffen muss, die ihn in die Lage versetzt, **sofort** und **präzise** zu reagieren. Je besser die Vorbereitung des Testamentsvollstreckers in organisatorischer Weise ist, desto erfolgreicher wird die Testamentsvollstreckung sein. Viele **grundsätzliche Fragen** können unabhängig von einer konkreten Testamentsvollstreckung vorab geklärt werden. Hierzu gehört beispielsweise

55

---

30 Vgl. *Mayer,* in: Mayer/Bonefeld, Testamentsvollstreckung, 3. Aufl. 2011, § 25 Rn 5 m.w.N.
31 *Bengel,* in: Bengel/Reimann, Handbuch der Testamentsvollstreckung, Rn 151 f.
32 Vgl. hierzu BGH, Urt. v. 18.4.2007, IV ZR 279/05.

- die Kenntnis des Versicherungsumfangs der Vermögensschadenhaftpflichtversicherung,
- die Vereinbarung von „Spielregeln" zur Benachrichtigung der Versicherung,
- das grundlegende Procedere für die reibungslose und zügige Anlegung von Sonderkonten,
- die Schaffung eines Netzwerks an Hilfspersonen, die bei Bedarf schnell und unbürokratisch Hilfe leisten können (z.b. bei der Öffnung einer Wohnung, ihrer Bewachung während der Beisetzung oder schlicht der Durchführung der Bestattung),
- Vorbereitung des eigenen Büros, um die Anfrage auf Übernahme einer Testamentsvollstreckung sachgerecht beantworten zu können,
- angemessene Selbstkritik gegenüber den eigenen Kenntnissen und Fähigkeiten. Hierbei gilt es, für sich selbst beispielsweise die folgenden Fragen zu beantworten: Ist es mir aus zeitlicher Sicht möglich, eine Dauervollstreckung zu übernehmen? Verfüge ich über die hinreichenden Kenntnisse, ein Unternehmen abzuwickeln oder einen Künstlernachlass optimal zu verwerten?

56 Es ist nachdrücklich davor zu warnen, nur wegen einer vermeintlich hohen Testamentsvollstreckervergütung eine die eigenen Kenntnisse und Fähigkeiten übersteigende Vollstreckung zu übernehmen. Die in solchen Fällen zu erwartenden **Auseinandersetzungen**, insbesondere mit den Erben, lassen das Honorar schnell dahinschmelzen. Dies gilt speziell für das nach den tradierten Vergütungstabellen anfallende Honorar, das nur dann zu einer angemessenen Vergütung des Testamentsvollstreckers führt, wenn die Testamentsvollstreckung reibungslos abläuft.

IV. Berufstypische Besonderheiten

57 Steuerberater haben als Testamentsvollstrecker einige berufstypische Besonderheiten zu beachten:

1. Berufsrechtliche Zulässigkeit

58 Die **treuhänderische Tätigkeit**, und als eine solche stellt sich die Testamentsvollstreckung dar, gehört gem. §§ 57 Abs. 3 Nr. 3 StBerG, § 39 Abs. 1 Nr. 6 BOStB zum Berufsbild des Steuerberaters. Eine **Ausnahme** besteht allerdings bei gewerblicher Tätigkeit (§ 57 Abs. 4 Nr. 1 StBerG). Die Führung eines Einzelunternehmens oder die Übernahme der vollen persönlichen Haftung bei einer Personengesellschaft werden nach überwiegender Auffassung aufgrund der damit verbundenen Gewerblichkeit der Tätigkeit gem. § 57 Abs. 4 Nr. 1 StBerG als mit dem Berufsbild unvereinbar angesehen.[33]

---

33 Vgl. *Mayer*, in: Mayer/Bonefeld, Testamentsvollstreckung, 3. Aufl. 2011, § 375 Rn 2 m.w.N., unter Hinweis auf die abweichende Meinung von *Heilgeist*, DStR-KK 2005, 5, der eine übergangsweise Tätigkeit für zulässig erachtet.

> **Praxishinweis**
> Eine **Anfrage** bei der zuständigen Kammer vor der Übernahme einer „kritischen" Testamentsvollstreckung wird nach unseren Erfahrungen regelmäßig zugunsten des Steuerberaters beantwortet, wenn es sich hierbei um eine einzelne Testamentsvollstreckung handelt und der zeitliche Umfang darüber hinaus überschaubar ist.

Die **allgemeinen Berufspflichten** des Steuerberaters nach § 57 StBerG gelten auch für seine Tätigkeit als Testamentsvollstrecker. Bei Pflichtverletzungen sind berufsrechtliche Sanktionen nach §§ 81, 89 StBerG möglich.[34]

2. Problem der Eigenmandatierung

Bei der Frage der Vergütung des Testamentsvollstreckers stellt sich immer wieder die Frage, inwieweit der Steuerberater als Testamentsvollstrecker bei einzelnen Tätigkeitsbereichen sich selbst bzw. seine eigene Steuerberatungskanzlei beauftragen kann, z.B. mit der Fertigung von Steuererklärungen. Grundsätzlich ist dieser Weg gangbar. Voraussetzung ist allerdings, dass in der letztwilligen Verfügung durch den **Erblasser** der Wille bekundet wurde, dass **§ 181 BGB abbedungen** sein soll. Empfehlenswert ist es daher immer, ausdrücklich für eine solche Regelung Sorge zu tragen. Andernfalls ist der Testamentsvollstrecker auf das weite Feld der Testamentsauslegung verwiesen. Im Einzelfall sind durchaus Fallgestaltungen vorstellbar, bei denen es nahe liegt, von einer stillschweigenden Abbedingung der Regelung des § 181 BGB auszugehen.

F. Gerne übersehen: Haftungsgefahren für Testamentsvollstrecker

Wer die Testamentsvollstreckung als Tätigkeitsfeld betrachtet, muss auch einen Blick auf die Haftungsgefahren bei der Ausübung eines Testamentsvollstreckeramtes werfen. Das ist vor allem deshalb erforderlich, weil nach unseren Erfahrungen diese Haftungsgefahren noch immer gerne übersehen werden. Überdies hat diese Frage Auswirkung auf die Vergütung des Testamentsvollstreckers. Maßnahmen der Haftungsvermeidung, bspw. durch eine qualifizierte Aus- und Fortbildung sowie eine ausreichend bemessene Vermögensschadenhaftpflichtversicherung kommen unmittelbar dem Nachlass zugute. Es versteht sich von selbst, dass ein Testamentsvollstrecker, der hier Vorsorge zu Gunsten der Erben oder Vermächtnisnehmer trifft, vergütungsmäßig jedenfalls nicht schlechter gestellt werden darf, als ein Testamentsvollstrecker, der diese Vorsorge nicht trifft.

---

34 Vgl. hierzu *Mayer*, in: Mayer/Bonefeld, Testamentsvollstreckung, 3. Aufl. 2011, § 25 Rn 3.

I. Haftungsproblem

62 Nach § 2219 BGB haftet der Testamentsvollstrecker, wenn er die ihm obliegenden Verpflichtungen in seinem Amt schuldhaft verletzt, den Erben, den Vermächtnisnehmern und ggf. auch dritten Personen für den daraus entstandenen Schaden.[35] Mehrere Testamentsvollstrecker haften ggf. als Gesamtschuldner. Dies ist **zwingendes Recht**, so dass der Erblasser den Testamentsvollstrecker nicht davon befreien kann (§ 2220 BGB). Nur die Erben selbst können auf den Schutz des § 2220 BGB verzichten.[36] Hier ist nicht der Raum dafür, die einzelnen Voraussetzungen für eine etwaige Haftung des Testamentsvollstreckers darzustellen.[37]

63 **Praxishinweis**
Es kann daher nur generell angeraten werden, vor Annahme des Amtes immer gesondert eine möglichst **konkrete Deckungszusage** einzuholen **oder** das Risiko durch eine **spezielle Testamentsvollstreckerhaftpflichtversicherung** abzusichern.

II. Potentielle Anspruchsteller und Haftungsgegner

1. Erben und die Vermächtnisnehmer

64 Die weitaus überwiegende Anzahl von Haftpflichtprozessen gegen Testamentsvollstrecker wird von den Erben initiiert. Dieser Umstand lässt sich bereits aus der besonderen **psychologischen Konfliktsituation** heraus erklären:
– Auf der einen Seite fühlen sich viele Erben gegängelt, wenn der Erblasser Testamentsvollstreckung anordnet, und übertragen ihren Unwillen dann auf die Person des Testamentsvollstreckers.
– Auf der anderen Seite schöpfen Testamentsvollstrecker mitunter die ihnen durch den Erblasser in die Hand gegebene Machtfülle im Verhältnis zu den Erben in unsensibler Weise aus.

In solchen Situationen sind Streitigkeiten beinahe zwangsläufig vorgegeben:
– Solange eine Testamentsvollstreckung noch läuft, führen die Streitigkeiten meist zu einem **Amtsenthebungsverfahren** nach § 2227 BGB.
– Scheitert ein solches Verfahren, kann der Testamentsvollstrecker fast sicher sein, dass die Erben **nach Abschluss der Testamentsvollstreckung** mit aller

---

35 Siehe dazu schon *Rott/Kornau/Zimmermann*, Testamentsvollstreckung, 2. Aufl. 2012, § 10 S. 303 ff.; *Rott/Schiffer*, in: Pruns (Hrsg.), Tagungsband 3. Deutscher Testamentsvollstreckertag 2009, S. 121 ff.
36 *Palandt/ Weidlich*, 72. Aufl. 2013, § 2220 Rn 1.
37 Ausf. dazu siehe die Nachweise in Fn 36 sowie: *Winkler*, Der Testamentsvollstrecker, 20. Aufl. 2010, Rn 559 ff.; *Mayer*, in: Mayer/Bonefeld, Testamentsvollstreckung, 3. Aufl. 2011, § 20.

Akribie nach weiteren Pflichtverletzungen suchen werden, um ihn schadenersatzpflichtig zu machen.

Die erste und zugleich sehr wirkungsvolle Schutzmaßnahme gegen einen Schadenersatzprozess ist daher der zwar **bestimmte, aber vertrauensvolle Umgang mit den Erben.**

Der Schadenersatzanspruch gegen den Testamentsvollstrecker wird entsprechend **§ 2041 S. 1 BGB** als Surrogat dem Nachlass zugehörig angesehen. Bei mehreren Erben ist er deshalb von diesen gemeinschaftlich geltend zu machen (§§ 2039, 2040 BGB). Anderes gilt allerdings, wenn nur ein Erbe geschädigt wurde.

Der Testamentsvollstrecker ist als Nachlassschuldner von der Vertretung des Nachlasses ausgeschlossen. Ist ein Nachfolger des schädigenden Testamentsvollstreckers bestimmt, unterliegt die Geltendmachung des Schadenersatzanspruchs der Erben gegen den früheren Testamentsvollstrecker seiner Befugnis.[38]

> **Hinweis zur Haftung des Erben für Pflichtverletzungen des Testamentsvollstreckers**
> Bei Fehlern des Testamentsvollstreckers im Rahmen der Erfüllung von Nachlassverbindlichkeiten haftet der Erbe über **§ 278 BGB** mit.[39] Mit der schrankenlosen Zulassung der geschäftsmäßigen Testamentsvollstreckung durch unqualifizierte und nicht versicherte Testamentsvollstrecker nach dem RDG droht daher Gefahr sowohl für den Erblasser als auch den Erben. Die Wahl eines qualifizierten Testamentsvollstreckers ist somit für beide von besonderer Bedeutung.

Nach h.M. kann der Vermächtnisnehmer seinen Schadenersatzanspruch gegen den Testamentsvollstrecker selbst geltend machen, **ohne** vorher den Erben (der eigentlich Schuldner der gehörigen Erfüllung des Vermächtnisanspruchs ist) in Anspruch nehmen zu müssen.[40]

2. Finanzverwaltung

Für den regelmäßig vorkommenden Fall der Erbschaftsteuer haftet der Testamentsvollstrecker zwar grundsätzlich nicht persönlich. Anderes gilt jedoch, wenn er grob fahrlässig oder gar vorsätzlich die ihm nach § 32 Abs. 1 S. 2 ErbStG obliegende Pflicht verletzt, für die Zahlung der Erbschaftsteuer zu sorgen und die Steuer deshalb nicht oder nicht rechtzeitig festgesetzt oder erfüllt werden kann. In diesem Fall haftet der Testamentsvollstrecker nach § 69 AO i.V.m. § 34 Abs. 3 AO als **Vermögensverwalter** persönlich für die nicht einzutreibende Steuer.

---

38 Vgl. hierzu die Darstellung bei NK-BGB/*Weidlich*, 3. Aufl. 2010, § 2219 Rn 11 ff. m.w.N.
39 Vgl. NK-BGB/*Weidlich*, 3. Aufl. 2010, § 2219 Rn 20.
40 Vgl. NK-BGB/*Weidlich*, 3. Aufl. 2010, § 2219 Rn 14.

Der Testamentsvollstrecker sollte daher den Nachlass solange nicht vollständig auskehren, bis die Erbschaftsteuer festgesetzt **und** auch tatsächlich aus dem Nachlass bezahlt worden ist.[41] Bemerkt der Testamentsvollstrecker zudem, dass der Erblasser eine unrichtige Steuererklärung abgegeben hat und berichtigt er diese nicht nach § 153 AO, macht er sich selbst auch wegen Steuerhinterziehung nach § 370 AO strafbar.

3. Sonstige dritte Personen

68 Dritten, am Nachlass nicht beteiligten Gläubigern steht der Anspruch aus § 2219 BGB nicht zu. In Betracht kommen für sie Ansprüche aus unerlaubter Handlung nach §§ 823 ff. BGB; diskutiert werden z.T. auch Ansprüche unter dem Gesichtspunkt der **Drittschadensliquidation**.[42] In der Praxis sind derartige Fälle aber eher selten.

III. Haftungsträchtige Punkte: Beispiele aus der Praxis

69 Betrachten wir einige Beispiele für die **Gefahr einer Haftung** von Testamentsvollstreckern:
– Zum Zwecke der Erbteilung muss ein Grundstück verwertet werden. Obwohl zuvor freihändig ein höherer Preis geboten wurde, wählt der Testamentsvollstrecker (ein Notar) die freiwillige Versteigerung und erteilt den Zuschlag zu einem niedrigeren als dem freihändig gebotenen Wert. Der Testamentsvollstrecker haftet für den **Differenzschaden**.[43]
– Gehört ein Grundstück zum Nachlass, treffen den Testamentsvollstrecker u.a. auch die **Verkehrssicherungspflichten**, wie z.B. das Streuen bei Schnee- und Eisglätte. Kommt eine Person zu Schaden, weil die Verkehrssicherungspflicht nicht erfüllt wurde, haftet der Testamentsvollstrecker.[44]
– Der Testamentsvollstrecker darf sich nicht nur mit einem mäßigen Erfolg seiner Tätigkeit begnügen, wenn **Möglichkeiten zu einem besseren Erfolg** bestehen. Der BGH hat daher einen Testamentsvollstrecker für schadensersatzpflichtig gehalten, der grundlos mehrere zum Nachlass gehörende Wohnungen hat leer stehen lassen.[45]
– **Letztwillige Verfügungen** hat der Testamentsvollstrecker auf ihre Wirksamkeit hin zu überprüfen; erkennbar unwirksame Vermächtnisse dürfen nicht erfüllt werden.[46]

---

41 Zur Haftung des Testamentsvollstreckers in diesen Fällen siehe: FG Hessen, Urt. v. 23.2.1995, 10 K 2509/90, EFG 1996 S. 666.
42 NK-BGB/*Weidlich*, 3. Aufl. 2010, § 2219 Rn 15 m.w.N.
43 Vgl. *Bengel/Reimann*, Handbuch der Testamentsvollstreckung, XII. 1 Rn 89.
44 Vgl. *Bengel/Reimann*, Handbuch der Testamentsvollstreckung, XII. 1 Rn 89.
45 Vgl. BGH, Urt. v. 18.9.2002, IV ZR 287/01, FamRZ 2003, 92.
46 MüKo-BGB/*Zimmermann*, 5. Aufl. 2010, § 2219 Rn 14.

– Sämtliche zum Nachlass gehörenden **Rechte** sind geltend zu machen.
– Erforderliche **Prozesse** sind zu führen, erkennbar überflüssige hingegen zu unterlassen.[47]

Grundsätzlich erfordert die Testamentsvollstreckung eine höchstpersönliche Amtsführung. Es gilt das sog. Substitutionsverbot. Das schließt allerdings nicht aus, dass sich der Testamentsvollstrecker für einzelne Tätigkeiten bestimmter Gehilfen bedient. Dabei können **zwei Fallgruppen** unterschieden werden: die Haftung für Erfüllungsgehilfen und die Haftung für eingeschaltete Fachleute: 70

1. Für **Gehilfen** haftet der Testamentsvollstrecker in gleichem Maße, als hätte er die Pflichtverletzung selbst begangen (§§ 2218, 664, 278 BGB). **Beispiel**: Der Testamentsvollstrecker lässt das Nachlassverzeichnis durch seine Sekretärin erstellen, die eine wesentliche Nachlassposition vergisst.
2. Schaltet der Testamentsvollstrecker **Fachleute** ein (z.B. einen Rechtsanwalt für eine Prozessführung), haftet er nur eingeschränkt, und zwar für die
   – sorgfältige Auswahl des Fachmanns,
   – sachgerechte und richtige Information des Fachmanns sowie
   – die Beaufsichtigung des Fachmanns.

Auch die Haftung wegen **nicht ausreichender Überwachung** sollte in der Praxis nicht unterschätzt werden. Sie wird insbesondere relevant bei anspruchsvoll strukturierten Nachlässen, in denen Vermögen zu verwalten ist.[48] Die Rspr. hat hier beispielsweise die Haftung eines Testamentsvollstreckers bejaht, der den noch vom Erblasser selbst eingeschalteten Vermögensverwalter weiterhin beauftragt, aber nicht zusätzlich überwacht hat.[49] 71

IV. Haftungsstreit

1. Zuständiges staatliches Gericht

Klagen gegen den Testamentsvollstrecker wegen Pflichtverletzungen sind vor den Zivilgerichten auszutragen. Zuständig ist nach §§ 12, 13 ZPO das **Zivilgericht**, bei dem der Testamentsvollstrecker seinen allgemeinen Gerichtsstand hat. Dieser wird üblicherweise durch den Wohnort bestimmt. Darüber hinaus kann der Kläger auch den besonderen Gerichtsstand der Erbschaft nach § 27 ZPO wählen.[50] 72

Regelmäßig ist ein **bezifferter Leistungsantrag** zu stellen. Nur in Ausnahmefällen, in denen z.B. der Schaden der Höhe nach noch nicht fest steht, aber sicher 73

---

47 Siehe etwa: *Winkler*, Der Testamentsvollstrecker, 20. Aufl. 2010, Rn 559; BGH WM 1967, 25; OLG Karlsruhe NJW-RR 2005, 452.
48 *Rott*, in: Frieser (Hrsg.), Fachanwaltskommentar Erbrecht, 4. Aufl. 2013, § 2219 Rn 10.
49 BGH, Urt. v. 4.11.1998, IV ZR 266/97, FamRZ 1999, 435.
50 *Vollkommer*, in: Zöller, ZPO, 29. Aufl. 2012, § 27 Rn 3.

ist, dass er in Zukunft eintreten wird und möglicherweise Verjährung droht, kann ein Feststellungsurteil in Betracht kommen. Die positive Feststellungsklage führt regelmäßig zu einer Hemmung der Verjährung über den ganzen Anspruch.[51]

> **Hinweis**
> Für Schadenersatzklagen gegen den Testamentsvollstrecker ist **niemals** das **Nachlassgericht** zuständig. Dies gilt selbst dann, wenn der Erblasser dies – wie in der Praxis häufiger anzutreffen – ausdrücklich in seiner letztwilligen Verfügung angeordnet hat.

2. Letztwilliges Schiedsgericht?

74 Einen in der Praxis leider viel zu selten beschrittenen Weg der Herbeiführung einer Erbauseinandersetzung bildet die **Schiedsgerichtsbarkeit**. Nach § 1066 ZPO kann der Erblasser durch Verfügung von Todes wegen einseitig (!) bestimmen, dass alle oder aber auch nur bestimmte Streitigkeiten, die ihren Grund in dem Erbfall haben, unter Ausschluss der ordentlichen Gerichte auf ein Schiedsgericht übertragen werden sollen.[52] Die Anordnung der **Schiedsklausel** im Testament bedarf grundsätzlich nur der Form der letztwilligen Verfügung.

75 Mit der Regelung des § 1066 ZPO besteht für den Erblasser eine **interessante Gestaltungsmöglichkeit**, die Streitigkeiten innerhalb seiner Familie allzu neugierigen **Blicken der Öffentlichkeit** zu **entziehen**. Insbesondere bei prominenten Familienmitgliedern oder im Zusammenhang mit Unternehmen, die Streitgegenstand sind, ist dies ersichtlich ein besonders wichtiger Punkt. Darüber hinaus lässt sich die Gefahr von Fehlentscheidungen durch die Benennung eines auf dem Gebiet des Erbrechts **spezialisierten Fachmanns** als Schiedsrichter erheblich reduzieren. In der staatlichen Gerichtsbarkeit werden auch Erbrechtsprozesse in aller Regel durch nicht spezialisierte Richter entschieden.

76 Enthält das Testament keine Schiedsgerichtsklausel, können im Streitfall die beteiligten Miterben – soweit wenigstens insoweit Einigkeit besteht – den Streit der Öffentlichkeit immer noch dadurch entziehen, dass sie nunmehr – nachträglich – die Entscheidung der Auseinandersetzung in einem schiedsrichterlichen Verfahren vereinbaren. Zu beachten ist die in § 1031 ZPO vorgeschriebene **besondere Schriftform der Schiedsvereinbarung**. Aus § 1032 Abs. 3 ZPO ergibt sich, dass ein Schiedsverfahren sogar noch dann anhängig gemacht werden kann, wenn bereits eine Klage vor dem staatlichen Gericht anhängig ist. Die vor dem staatlichen Gericht anhängig gemachte Klage müsste jedoch dann alsbald zurückgenommen, zumindest aber in der Hauptsache für erledigt erklärt werden.

---

51 *Greger*, in: Zöller, ZPO, 29. Aufl. 2012, § 256 Rn 17.
52 Siehe hierzu ausführlich: *Schiffer*, in: Schiffer (Hrsg.), Schiedsverfahren und Mediation, 2. Aufl. 2005, S. 160 ff.; *ders.*, RPS, Beilage Nr. 5 zu BB 1995, S. 2; *ders.*, in: Frieser (Hrsg.), Formularbuch des Fachanwalts Erbrecht, 2. Aufl. 2013, Kap. C Rn 389 ff.

Es versteht sich von selbst, dass ein Testamentsvollstrecker, der die doch recht umfangreiche Palette alternativer Streitschlichtungsmöglichkeiten im Interesse einer einvernehmlichen Nachlassauseinandersetzung ausschöpft, vergütungsmäßig anders beurteilt werden muss, als ein Testamentsvollstrecker, der sich dieser Mühewaltung nicht unterzieht und die gerichtlichen Instanzen ausschöpfend einen Prozess nach dem anderen führt und damit dem Nachlass häufig genug Steine statt Brot beschert.[53]

V. Haftungsvermeidungsstrategien für Testamentsvollstrecker

Angesichts der vorstehend skizzierten Haftungsgefahren für einen Testamentsvollstrecker stellt sich ihm die Frage nach möglichen Haftungsvermeidungsstrategien, die über eine möglichst sorgfältige Tätigkeit im Einzellfall hinausgehen.

77

1. Entlastung des Testamentsvollstreckers?

Oft überschätzt wird die Frage der Entlastung des Testamentsvollstreckers. Es herrscht verbreitet die Ansicht, wer entlastet sei, hafte nicht mehr. Dies ist indessen falsch, denn eine Entlastung gilt immer nur für die Sachverhalte, die denjenigen, die entlastet haben, auch **bekannt** waren. Streitgegenstand sind aber i.d.R. gerade Sachverhalte, die erst später bekannt werden und für die die Entlastung gerade nicht erteilt worden ist.

78

Nach bislang noch herrschender Auffassung[54] hat der **Testamentsvollstrecker gegen die Erben keinen Anspruch** auf Entlastung. Bei Meinungsverschiedenheiten über die ordnungsgemäße Erledigung der Testamentsvollstreckung oder von Einzelgeschäften bleibt daher nur die Möglichkeit, gegenüber dem Erben, der eine Entlastungserklärung beharrlich verweigert, **Klage auf Feststellung** zu erheben, dass der Testamentsvollstrecker seine Pflichten ordnungsgemäß erfüllt hat und daher keine Schadenersatzansprüche gegen ihn bestehen. Da die **Entlastung formlos möglich** ist, kann sie auch konkludent in der vorbehaltslosen Zahlung des Vollstreckerhonorars oder der Aufwendungen des Testamentsvollstreckers gesehen werden.[55] Ob dieser Ansatz praxisrelevant werden wird, erscheint u.E. jedoch zweifelhaft, wenn der Testamentsvollstrecker, was häufig der Fall ist, seine Vergütung selbst aus dem Nachlass entnimmt.

79

> **Praxishinweis**
> **Mehrere Testamentsvollstrecker**, die im Regelfall das Amt gemeinsam führen, haften, sofern bei beiden die Haftungsvoraussetzungen vorliegen, als Gesamtschuldner (§ 2219 Abs. 2 BGB, §§ 421 ff. BGB). Eine interne Aufga-

---

53 Instruktiv OLG Köln, Urt. v. 14.11.2006, 24 U 83/06, ErbR 2008, 20–23.
54 Siehe hierzu: MüKo-BGB/*Zimmermann*, 5. Aufl. 2010, § 2218 Rn 15; *Voss*, ZEV 2007, 363.
55 A.A. entgegen der h.M.: *Bonefeld*, in: Mayer/Bonefeld, Testamentsvollstreckung, 3. Aufl. 2011, § 42 Rn 9.

benverteilung ändert an der betreffenden Außenhaftung nichts; sie führt jedoch zu einem internen Gesamtschuldnerausgleich.

2. Aufrechnung

80 Die Aufrechnung des Testamentsvollstreckers gegenüber einem Schadensersatzanspruch des Erben mit der Vergütungsforderung des Testamentsvollstreckers nach § 2221 BGB ist zulässig.[56] Bei einer Aufrechnung gegenüber einem **Vermächtnisnehmer oder einem Miterben** ist jedoch zu beachten, dass diese nur soweit gehen kann, wie sie der Vermächtniserfüllung bzw. der Erbquote entspricht.[57]

3. Haftungsbegrenzungsvereinbarungen

81 Um die missliebigen Folgen nahezu „endloser" Haftung zu vermeiden, sollten Testamentsvollstrecker nach Möglichkeit sog. Haftungsbegrenzungsvereinbarungen herbeiführen. Gem. **§ 2220 BGB** kann der **Erblasser** den (künftigen) Testamentsvollstrecker nicht von seiner Haftung befreien. Die Vorschrift ist **zwingend**; sie erfasst nach h.M. auch Umgehungsgeschäfte. Wie die Haftungsverpflichtung selbst bildet sie den Gegenpol zu der starken Stellung des Testamentsvollstreckers im deutschen Recht. Gleichwohl kann an die Aufnahme eines entsprechenden Wunsches in die letztwillige Verfügung des Erblassers gedacht werden. Denn wenn der Erblasser einen solchen Wunsch äußert, wird das regelmäßig nicht ohne Eindruck auf die Erben bleiben.

Ein **Verzicht der Erben** auf den Schutz des § 2220 BGB ist nach allgemeiner Auffassung – jedenfalls nach Eintritt des Erbfalls – zulässig.[58] Zu beachten ist, dass bei mehreren Erben nach § 2040 Abs. 1 BGB alle einem entsprechenden Verzicht zustimmen müssen.[59]

4. Haftpflichtversicherung

82 Jedem Testamentsvollstrecker, insbesondere solchen Personen, die nicht bereits als Berufsträger ausreichend versichert sind, ist die Absicherung des Haftpflichtrisikos durch den Abschluss einer **zusätzlichen Vermögensschadenhaftpflichtversicherung** dringend anzuraten. Solche Versicherungen werden von verschiedenen Versicherungsgesellschaften angeboten. Für kleine und mittlere Nachlässe bestehen häufig feste Tarife; die Versicherungsprämien für größere Nachlässe werden regelmäßig individuell ausgehandelt.

---

[56] Vgl. Staudinger/*Reimann*, 2003, § 2219 Rn 23.
[57] BGH, Urt. v. 22.1.1997, ZR 283/95, LM-BGB, § 2221 Nr. 7.
[58] Vgl. Palandt/*Weidlich*, 72. Aufl. 2013, § 2220 Rn 1.
[59] MüKo-BGB/*Zimmermann*, 5. Aufl. 2010, § 2220 Rn 4.

Ob die Versicherungsprämien Aufwendungen darstellen, die **mit der Testa-** 83
mentsvollstreckervergütung abgedeckt sind **oder** ob es sich um **Auslagen** handelt, die nach §§ 2218, 670 BGB zusätzlich aus dem Nachlass entnommen werden können[60] ist streitig.[61]

Richtigerweise ist u.E. zu **differenzieren:**
– Besteht für den Testamentsvollstrecker das Erfordernis einer Haftpflichtversicherung, um seinen Beruf überhaupt ausüben zu dürfen, gilt: Der sich durch die Einsetzung des Berufsträgers als Testamentsvollstrecker dokumentierte Wille des Erblassers wird regelmäßig dahingehend zu verstehen sein, dass er bis zur Höhe der von dem Berufsträger typischerweise unterhaltenen Deckungssumme die Aufwendungen für die Haftpflichtversicherung nicht dem Auslagenersatzanspruch zugerechnet wissen will.
– Im Übrigen würde eine Abgrenzung von den allgemeinen Bürokosten auch an der praktischen Schwierigkeit einer Aufteilung scheitern. Wird hingegen, was insbesondere bei besonders werthaltigen oder risikoreichen Testamentsvollstreckungen dingend anzuraten ist, eine auf diese Vollstreckung beschränkte Zusatzversicherung (sog. Excedentenversicherung) abgeschlossen, wird von einem entsprechenden Auslagenerstattungsanspruch des Testamentsvollstreckers auszugehen sein.

Hinweis
In den **Berufshaftpflichtversicherungen der Rechtsanwälte, Notare, Wirtschaftsprüfer und Steuerberater** ist das Risiko der Tätigkeit als Testamentsvollstrecker nach derzeitiger Rechtslage mit eingeschlossen. Eine Änderung erscheint u.e. allerdings nicht unwahrscheinlich:
Denn spätestens nach in Kraft treten des RDG am 01.07.2008 ist die geschäftsmäßige Testamentsvollstreckung als stets erlaubnisfreie Nebenleistung immer zulässig.[62] Folglich wird u.E. die Argumentation, die Testamentsvollstreckung gehöre zum Kernbereich der rechtsanwaltlichen und steuerberatenden Dienstleistungen und sei deshalb in den Versicherungsschutz der Berufshaftpflichtversicherung aufzunehmen, nicht mehr auf Dauer aufrechterhalten werden können. Der Zwang zu Sparmaßnahmen bei den Versicherungsgesellschaften wird schließlich ein Übriges tun.

Wie bei allen Versicherungen darf der Abschluss allein nicht zur Unvorsichtigkeit 84
verleiten. Denn verschiedene Haftungssituationen sind sich hierdurch nicht versi-

---

60 So etwa: *Birk*, Vergütung und Aufwendungsersatz des Testamentsvollstreckers, Diss., Konstanz 2002, S. 150; *Bengel*, in: Bengel/Reimann, Handbuch der Testamentsvollstreckung, Rn 150.
61 Siehe Staudinger/*Reimann*, 2003, § 2219 Rn 35 m.w.N.
62 Siehe hierzu bereits *Schiffer/Rott*, BBEV 2007, 351; vgl. auch BGH Urt. v. 11.11.2004, I ZR 182/02.

chert. So dürfte eine Haftung für Steueransprüche gem. § 69 AO bei sämtlichen Versicherungsformen ausgeschlossen sein.[63]

Fazit
Auch als Testamentsvollstrecker gilt es, zahlreiche Haftungsfallen zu vermeiden. Mit den folgenden praktischen Handlungsoptionen können sie viele Risiken vermeiden:
1. Einen bestimmten, aber vertrauensvollen Umgang mit den Erben pflegen.
2. Durch permanente Fortbildung auf dem aktuellen Stand bleiben.
3. Rechtsprechung und Gesetzesentwicklung fortlaufend beobachten.
4. Nach Beendigung der Vollstreckung eine Entlastungsvereinbarung mit den Erben herbeiführen.
5. Ausreichende Haftpflichtversicherung bereithalten.
6. Unterlagen (einschließlich der Versicherungsunterlagen!) mindestens 10 Jahre[64] aufbewahren.

---

63 *Bengel*, in: Bengel/Reimann, Handbuch der Testamentsvollstreckung, Rn 151 f.
64 Schadensersatzansprüche gegen den Testamentsvollstrecker verjähren nach der Reform des Verjährungsrechts grundsätzlich innerhalb der regelmäßigen Verjährungsfrist von drei Jahren ab Entstehung des Anspruch(§§ 195, 199 BGB), spätestens aber zehn Jahre nach der Entstehung des Anspruchs (§ 199 Abs. 3 Nr. 1 BGB). Deshalb sollten Unterlagen länger als drei Jahre und zwar nach unserer Ansicht mindestens zehn lang nach Abschluss der Testamentsvollstreckung aufbewahrt werden.

§ 2 Grundlagen und aktuelle Erscheinungsformen der Testamentsvollstreckervergütung

Übersicht: Rn
A. Einführung und gesetzliche Grundlagen 1
B. Grundsätze zur Bestimmung der Angemessenheit der Vergütung 6
   I. Formel der Rechtsprechung 7
   II. Sicht des Testamentsvollstreckers 9
   III. Sicht der Erben 11
   IV. Sicht des Erblassers 12
C. Die verschiedenen Modelle zur Angemessenheitsbestimmung 13
   I. Tabellenmäßige Vergütung 13
     1. Grundvergütung 14
     2. Vergütungsempfehlungen des Deutschen Notarvereins aus dem Jahr 2000 19
     3. Zuschlag für besonders qualifizierte Testamentsvollstrecker? 20
     4. Zuschlag wegen besonderer sozialer Verantwortung? 22
     5. Sonderfall: Testamentsvollstreckung an Unternehmen 26
     6. Zwischenfazit 28
   II. Sonderfall: Bankentabellen 29
   III. Anwendung der Insolvenzverwaltervergütungsverordnung? 30
   IV. Pauschalhonorar? 31
   V. Zeithonorare 32
   VI. Sonderfall: Vergütungsmodelle für interprofessionell agierende Testamentsvollstrecker 33
   VII. Erfolgshonorar 34
D. Vergütungsanspruch des vermeintlichen Testamentsvollstreckers 37
   I. Ursprünglich wirksame, später weggefallene Testamentsvollstreckung 38
   II. Von Anfang an unwirksame Testamentsvollstreckung 39
     1. Gutgläubiger Testamentsvollstrecker 40
     2. Bösgläubiger Testamentsvollstrecker 41
     3. Der vom Nachlassgericht legitimierte Testamentsvollstrecker 42
E. Resümee 44

A. Einführung und gesetzliche Grundlagen

Testamentsvollstreckung ist eine Dienstleistung, und zwar eine sehr anspruchsvolle. Sie erfordert Verantwortungsbewusstsein ebenso wie Durchsetzungsvermögen sowie wirtschaftlichen und rechtlichen Sachverstand. Soweit entsprechende Kenntnisse fehlen, hat sich der Testamentsvollstrecker diese zu verschaffen, und zwar ggf. auf Kosten des Nachlasses.[1] Es steht daher außer Frage, dass eine derart verantwortungsvolle Tätigkeit grundsätzlich zu vergüten ist. Die gesetzliche Regelung ist kurz und einfach gehalten. § 2221 BGB bestimmt Folgendes: *„Der Testamentsvollstrecker kann für die Führung seines Amtes eine angemessene Vergütung verlangen, sofern nicht der Erblasser ein anderes bestimmt hat."*

---

1 BGH, Urt. v. 11.11.2004 – I ZR 213/01, ZEV 2005, 122 – 123 für die Hinzuziehung rechtlichen Sachverstandes.

2 Gerade weil die Regelung so kurz ist, führt sie in der Praxis immer wieder zu vehementen Streitigkeiten.[2] Der Testamentsvollstrecker fühlt sich für seine Tätigkeit häufig nicht ausreichend vergütet, die Erben hingegen meinen, der Nachlass werde über Gebühr belastet.[3]

> **Praxishinweis**
> Der Grund für Streitigkeiten um die Testamentsvollstreckervergütung liegt zum einen durchaus in der „Geiz-ist-geil-Mentalität", zum anderen aber auch in der Unkenntnis der Beteiligten von der tatsächlichen und rechtlichen Komplexität einer Testamentsvollstreckung. Im Regelfall hat weder der künftige Erblasser jemals einen Nachlass vollständig abgewickelt noch der ihn beratende Anwalt oder Notar (wenn sich der Erblasser denn überhaupt professioneller Hilfe bedient). Die Juristenausbildung klammert die Testamentsvollstreckung aus den im Erbrecht nachzuweisenden Lehrveranstaltungen ausdrücklich aus.[4] Entsprechend wenig erfahren sind auch die letztendlich zur Entscheidung berufenen Richter, die noch weniger als Anwälte und Notare über praktische Erfahrungen bei der Abwicklung von Nachlässen verfügen. Die Nachlassgerichte sind für den Vergütungsrechtsstreit nicht zuständig, in den Eingangsinstanzen Amtsgericht oder Landgericht gibt es regelmäßig keine „geschäftsplanverteilungsmäßigen" Zuständigkeiten für Erbrechtsstreitigkeiten.[5] Hier liegt es an der Beraterzunft, sowohl im Einzelfall als auch ganz generell immer wieder aufzuklären.

3 Der Ausgangspunkt der gesetzlichen Regelung erscheint zunächst sehr einfach. Der Erblasser bestimmt, ob und ggf. welche Vergütung ein Testamentsvollstrecker erhält. Trifft der Erblasser in seinem Testament keine Aussagen, erhält der Testamentsvollstrecker gem. § 2221 BGB eben eine angemessene Vergütung.

4 Der Erblasser hat also folgende Möglichkeiten: Er kann
– entweder die Vergütung ausschließen oder
– eine Vergütung nach Höhe und Zahlungsweise festlegen.

---

2 *Lieb*, Die Vergütung des Testamentvollstreckers, 2004, Rn 2 weist auf den generalklauselartigen Charakter der Vorschrift hin und merkt an, dass das Gesetz den Rechtsanwender in vielen Einzelfragen im Stich lässt.
3 *Rott/Kornau/Zimmermann*, 2. Auflage 2012, S. 270. Exemplarisch sei auf LG Köln, Urt. v. 26.9.2006, 18 O 140/05, RNotZ 2007, 40–46, verwiesen: Der Testamentsvollstrecker forderte eine Vergütung in Höhe von 317.956 EUR, die Erben hielten 40.000 EUR für angemessen, das LG Köln (bestätigt durch OLG Köln, 2 U 126/06) erkannte auf 205.366 EUR, alle Beträge einschließlich Umsatzsteuer.
4 Vgl. exemplarisch § 4a Nr. 1c) JOA NW i.d.F. v. 8.11.1993, GV.NRW.1993, 932.
5 So erklären sich auch Äußerungen in gerichtlichen Entscheidungen wie „Es ist nicht ersichtlich, dass sich diese Testamentsvollstreckungen nach Art oder Umfang in der Weise von einer üblichen Testamentsvollstreckung unterschieden hätten (…)." (BGH, Urt. v. 9.6.2011, I ZR 113/10, ZEV 2012, 105–107). Eine „übliche Testamentsvollstreckung" kann es nicht geben, siehe auch § 1.

Eine solche erblasserseitige Anordnung ist der gerichtlichen Überprüfung entzogen. Sie gilt kraft Bestimmung durch den Erblasser sowohl für den Testamentsvollstrecker als auch für den Erben als angemessen,[6] selbst wenn sie außergewöhnlich hoch sein sollte. Die allgemeinen Schranken, beispielsweise Sittenwidrigkeit, § 138 BGB,[7] oder Anpassungen im Wege ergänzender Auslegung des Testamentes in Fällen, in denen sich der Umfang der Aufgaben deutlich reduziert hat,[8] gelten selbstverständlich auch im Falle der Anordnung durch den Erblasser.

Praxishinweis
Im Einzelfall müssen natürlich immer die konkreten Gegebenheiten berücksichtigt werden. Hat der Erblasser eine Pauschalvergütung bestimmt, sei es in Form eines Fixbetrages, sei es in Form eines bestimmten Prozentsatzes vom Nachlasswert, und erledigen sich die Aufgaben des Testamentsvollstreckers beispielsweise dadurch, dass er den Nachlass nicht mehr auseinanderzusetzen braucht, weil die Erben gemeinschaftlich die Fortführung der Erbengemeinschaft beschlossen haben,[9] und hat der Erblasser für diesen Fall keine Regelung im Testament getroffen, wird es schwierig sein, Anhaltspunkte dafür zu finden, dass der Erblasser mutmaßlich davon ausgegangen sein würde, dass sich die Vergütung des Testamentvollstreckers entsprechend reduziert. Immerhin ist jeder Pauschalvergütung immanent, dass sie unabhängig vom tatsächlich geleisteten Arbeitsumfang anfällt. In der Praxis dürfte es daher eher reine Spekulation sein, welchen Willen der Erblasser mutmaßlich gehabt haben würde. Spekulationen, die in die eine wie die andere Richtung angestellt werden können, führen aber nicht zu einem mutmaßlichen Erblasserwillen.[10] In einem solchen Fall wird ein Erblasserwille in Richtung einer Reduzierung der Pauschalvergütung nicht angenommen werden können,[11] so dass es letzt-

---

6 Soweit ersichtlich vollkommen unstreitig, vgl. nur *Lenzen*, in: Frieser (Hrsg.), Fachanwaltskommentar Erbrecht, 4. Auflage 2013, § 2221 BGB Rn 4.
7 Einen solchen Sonderfall sittenwidrig überhöhter Testamentsvollstreckervergütung behandelt OLG Köln, Beschl. v. 2.12.2009, 2 U 79/09 (n.v., zit. nach juris). Streitig war, ob der der Erblasser seinem früheren Rechtsbeistand zusätzlich zu der gesonderten Vergütung für die einzelnen anwaltlichen Tätigkeiten noch sein gesamtes Barvermögen als Testamentsvollstreckervergütung zuwenden konnte, obwohl der testamentarischen Verfügung eindeutig zu entnehmen war, dass der Nachlass dem später unter Betreuung stehenden Sohn als Alterssicherung dienen sollte.
8 Vgl. *Zimmermann*, Die angemessene Testamentsvollstreckervergütung, ZEV 2001, 334–340 (334).
9 OLG Nürnberg, Beschl. v. 8.3.2010, 12 U 2235/09, WM 2010, 1286–1290.
10 OLG Düsseldorf, Beschl. v. 27.1.2012, 3 Wx 231/11, FamRZ 2012, 1758–1759.
11 Vgl. OLG Köln, Urt. v. 17.10.2012, 17/12, BeckRS 2013, 08393: „Die Klausel in einer Honorarvereinbarung, die dem Rechtsanwalt für den einer nicht von ihm zu vertretenden Kündigung des Mandatsverhältnisses durch den Mandanten stets und unabhängig vom Umfang der bislang erbrachten Dienste das gesamte vereinbarte Pauschalhonorar belässt, ist nicht sittenwidrig".

endlich unabhängig vom tatsächlich durch den Testamentsvollstrecker wahrgenommenen Aufgabenumfang bei der letztwillig verfügten Vergütung verbleibt. Dafür spricht auch, dass es der durch die Anordnung der Abwicklungsvollstreckung testierte Wille des Erblassers war, dass sein Nachlass auseinandergesetzt wird und der Testamentsvollstrecker einen entsprechenden Mehraufwand haben wird, diesen Willen des Erblassers gegen die Erben zu verteidigen.

5 Die sich im Zusammenhang mit der Vergütung stellenden Fragen offen mit dem künftigen Erblasser zu kommunizieren, setzt viel Detailkenntnis des Testamentsgestalters von den Aufgaben eines Testamentsvollstreckers und vom Bestand des zu vollstreckenden Nachlasses voraus (siehe § 1 Rn 4 ff.), aber auch ein hinreichendes Fingerspitzengefühl, um den Testierenden individuell zu beraten. Für die meisten Berater erweist es sich regelmäßig schlicht als einfacher und damit – aus Ihrer Sicht – wirtschaftlich vernünftiger, die Frage der Vergütung des Testamentsvollstreckers überhaupt nicht anzusprechen und die Auseinandersetzung mit der Thematik auf die Zeit nach dem Ableben des Erblassers zu vertagen.[12]

Gestaltungshinweis
Geht der Erblasserwille dahin, einen qualifizierten Testamentsvollstrecker außerhalb des Familien- und Freundeskreises zu gewinnen, wird er in der Praxis nicht umhinkommen, eine Vergütung anzubieten und diese in seiner letztwilligen Verfügung festzuschreiben. Damit muss richtigerweise bereits in der Beratungspraxis die Frage gelöst werden, wie die Vergütung des (künftigen) Testamentsvollstreckers zu bemessen ist.

B. Grundsätze zur Bestimmung der Angemessenheit der Vergütung

6 Im Rahmen der Angemessenheitsbestimmung nach § 2221 BGB geht es darum, einen Betrag zu finden, der sowohl die Interessen des Testamentsvollstreckers an einer auskömmlichen Vergütung als auch die Interessen der Zahlungspflichtigen, also regelmäßig der Erben, in praktische Konkordanz bringt.[13]

---

12 *Schiffer/Rott*, Testamentsvollstreckung: Grundlagen der richtigen Gestaltung der Vergütung, in BBEV 2008, 13–20, *Rott/Schiffer*, in: Pruns (Hrsg.), Moderne Formen der Vergütung von Testamentsvollstreckern, Tagungsband zum 3. Deutschen Testamentsvollstreckertag, Bonn 2010, 135–168; *Rott/Kornau/Zimmermann*, Testamentsvollstreckung, 2. Auflage 2012, S. 271.
13 *Zimmermann*, Die angemessene Testamentsvollstreckervergütung, ZEV 2001, 334–340 (335).

I. Formel der Rechtsprechung

Die Rechtsprechung greift hierbei auf eine Formel zurück, die der Bundesgerichtshof vor mittlerweile über 50 Jahren entwickelt hat.[14] Danach gilt Folgendes:

> *"Für die Vergütung des Testamentsvollstreckers (ist) der ihm im Rahmen der Verfügung von Todes wegen nach dem Gesetz obliegende Pflichtenkreis, der Umfang der ihn treffenden Verantwortung und die von ihm geleistete Arbeit maßgebend, wobei die Schwierigkeit der gelösten Aufgaben, die Dauer der Abwicklung oder der Verwaltung, die Verwertung besonderer Kenntnisse und Erfahrungen und auch die Bewährung einer sich im Erfolg auswirkenden Geschicklichkeit zu berücksichtigen sind".*

Nach herkömmlichem Verständnis erfolgt damit die Angemessenheitsbestimmung funktionell bezogen auf die vom Testamentsvollstrecker durchzuführenden „Arbeiten".[15] Es fragt sich allerdings, ob das bloße Abstellen auf den konkreten Pflichtenkreis des Testamentsvollstreckers und die von ihm geleistete Arbeit angesichts der rasanten Entwicklung, den die Testamentsvollstreckung in den letzten Jahren in Richtung eines besonderen Tätigkeitsfeldes gemacht hat, nicht zu einer Modifikation dieses Gedankens zwingt.[16]

II. Sicht des Testamentsvollstreckers

Aus der Sicht des Testamentsvollstreckers ist festzustellen, dass sich die tatsächlichen und rechtlichen Rahmenbedingungen in den zurückliegenden zehn Jahren deutlich geändert haben. Die bisherige Rechtsprechung datiert überwiegend aus Zeiten, als die Testamentsvollstreckung entweder als reiner Freundschaftsdienst angesehen oder ausschließlich durch Rechtsanwälte und Notare berufsmäßig ausgeübt wurde. Das Bild der geschäftsmäßigen Testamentsvollstrecker war weitgehend einheitlich von einer vergleichbaren juristischen Grundausbildung geprägt. Dem familiär orientierten Testamentsvollstrecker wurde eine eher niedrigere Vergütung zugemutet.[17]

Mit der Zulassung der geschäftsmäßigen **Testamentsvollstreckung durch Nichtjuristen**[18] hat sich für weite Berufskreise ein Tätigkeits- und Geschäftsfeld aufge-

---

14 BGH, Urt. v. 28.11.1962, V ZR 225/60, NJW 1963 S. 487; bestätigt durch Beschl. v. 27.10.2004, IV ZR 243/03, FamRZ 2005, 207.
15 *J. Mayer*, in: Mayer/Bonefeld, Testamentsvollstreckung, 3. Auflage 2011, § 21 D, Rn 10 (S. 270).
16 Vgl. die Ausführungen in § 1 Rn 8 ff. sowie *Rott/Kornau/Zimmermann*, Testamentsvollstreckung, 2. Auflage 2012, S. 271–273.
17 *Zimmermann*, Die angemessene Testamentsvollstreckervergütung, ZEV 2001, 334–340 (335).
18 Zunächst durch BGH, Urt. v. 11.11.2004, I ZR 213/01, ZEV 2005, 122–123 und anschließend durch das RDG zum 1.7.2008 (§ 5 Abs. 2 Nr. 1 RDG).

tan, das bei den bisherigen Diskussionen um die angemessene Testamentsvollstreckervergütung noch keine Berücksichtigung hat finden können. Hier zeigt sich bereits heute eine erhebliche Bandbreite von Dienstleistern. Sie reicht von den Anbietern geschäftsmäßiger Testamentsvollstreckungen, die völlig ohne eine Ausbildung[19] und die Unterhaltung eines sie unterstützenden Büros agieren, bis hin zu hochprofessionellen Testamentsvollstreckern mit nachgewiesener Ausbildung, steter Fortbildungsverpflichtung und Abschluss einer Vermögensschadenhaftpflichtversicherung.[20] Es liegt auf der Hand, dass die Anwendung eines einheitlichen Vergütungssatzes für geschäftsmäßige Testamentsvollstrecker ohne Berücksichtigung ihrer in der heutigen Rechtswirklichkeit sehr unterschiedlichen Qualifikationen nicht mehr dem Angemessenheitskriterium des § 2221 BGB entsprechen kann. Schon um die „Stimmigkeit des Preis-Leistungsverhältnisses"[21] zu erhalten, aber auch um nicht willkürlich ungleiche Sachverhalte gleich zu behandeln, kann ein Testamentsvollstrecker, der keinerlei Sonderqualifikation aufweist, keine letztendlich auch dem Schutz des Nachlasses dienende Vermögensschadenhaftpflichtversicherung unterhält, sich nicht fortbildet und keinen standesrechtlichen Restriktionen wie beispielsweise Rechtsanwälte, Steuerberater und Notare unterliegt, nicht in demselben Umfang vergütet werden, wie die Angehörigen der Berufsgruppen, die diesen Restriktionen unterliegen oder sich ihnen auch nur freiwillig unterwerfen.

Anmerkung
Bei der Neufassung des Gesetzes über die Vergütung von Vormündern und Betreuern vom 21.4.2005 wurden diese Gedanken umgesetzt. Nach § 4 VBVG erhalten Betreuer, die über besondere Kenntnisse verfügen, die für die Führung der Betreuung nutzbar sind, eine höhere Vergütung. Es ist daher auch für Testamentsvollstrecker nach differenzierteren Kriterien zu suchen, damit

---

19 Vgl. BGH, Urt. v. 11.11.2004, I ZR 213/01, ZEV 2005, 122–123: „Die erbrechtlichen Vorschriften des Bürgerlichen Gesetzbuches sehen eine besondere Qualifikation für das Amt des Testamentsvollstreckers nicht vor." Recherchen im Internet zeigen, dass sich beispielsweise Bestatter, aber auch verschiedene Privatpersonen, bereits als Testamentsvollstrecker anbieten; siehe auch *Rott/Kornau/Zimmermann*, Testamentsvollstreckung, 2. Auflage 2012, S. 272.
20 Zu nennen sind hier insbesondere die Zertifizierung von Testamentsvollstreckern durch die AGT (Arbeitsgemeinschaft Testamentsvollstreckung und Vermögenssorge e.V.), Bonn (www.testamentsvollstreckerzertifikat.de) sowie der Fachberater für Testamentsvollstreckung und Nachlassverwaltung des Deutschen Steuerberaterverbandes (www.dstv.de).
21 *J. Mayer*, in: Mayer/Bonefeld, Testamentsvollstreckung, 3. Auflage 2011, § 21 D, Rn 12 (S. 271).

der Qualifikation des jeweils beteiligten Testamentsvollstreckers angemessen Rechnung getragen werden kann.[22]

III. Sicht der Erben

Aus der Sicht des Erben als regelmäßig Zahlungspflichtigem haben sich ebenfalls wesentliche Änderungen ergeben. Durch die Neufassung des § 2306 BGB seit dem 1.1.2010 ist es ihnen nunmehr sehr viel einfacher möglich, sich einer als missliebig empfundenen Testamentsvollstreckung zu entledigen. Art. 14 GG garantiert einem bestimmten Personenkreis eine Mindestbeteiligung am Nachlass in Form des Pflichtteilsanspruchs, aber eben auch nicht mehr. Jedenfalls der pflichtteilsberechtigte Erbe hat seither die Wahlfreiheit, sich mit der unbeschränkten Mindestbeteiligung abzufinden, oder aber eben den Willen des Erblassers zu respektieren und die Testamentsvollstreckung hinzunehmen. Im Vergleich zur früheren Rechtslage ist daher die Schutzbedürftigkeit des Erben vor der Kostenbelastung durch eine Testamentsvollstreckung, sofern es ein solches Argument überhaupt geben darf, im Rahmen der Angemessenheitsabwägung deutlich niedriger anzusetzen.

11

IV. Sicht des Erblassers

Es verbleibt ein kontrollierender Blick auf die **Interessenlage des Erblassers**. Betroffen ist das von ihm geschaffene Vermögen, mit dem er nach seinem Belieben verfahren kann. Der Bundesgerichtshof[23] hat deutlich herausgestellt, dass es die freie Entscheidung des Erblassers ist, welche Person er zum Testamentsvollstrecker bestimmt und dass mit der Wahl der Person des Testamentsvollstreckers auch die Gesamtkosten der Testamentsvollstreckung bestimmt werden. Aus der Sicht des Bundesgerichtshofs sind es eben gerade nicht wirtschaftliche Gründe, die den Erblasser typischerweise bei der Auswahl der Person seines Testamentsvollstreckers leiten, sondern das besondere Vertrauensverhältnis, das er in die Person seines Vollstreckers setzt. Damit ist es grundsätzlich auch seine, letztendlich auf die Testierfreiheit zurückgehende Entscheidung, ob der Geschäftsbetrieb des von ihm beauftragten Testamentsvollstreckers höhere oder niedrigere Kosten verursacht.

12

---

22 Auch der BGH sieht in seinen Entscheidungen BGH, Urt. v. 28.11.1962, V ZR 225/60, NJW 1963, 487 sowie Beschl. v. 27.10.2004, IV ZR 243/03, FamRZ 2005 S. 207 in der „Verwertung besonderer Kenntnisse" des Testamentvollstreckers einen vergütungserhöhenden Tatbestand. Angesichts der vielfältigen Aufgaben, die ein Testamentsvollstrecker zu bewältigen hat, kann diese Aussage generell auf Testamentsvollstrecker Anwendung finden, die eine spezielle Ausbildung nachweisen können. Es ist in der Praxis nahezu ausgeschlossen, dass diese Sonderkenntnisse in der konkreten Testamentsvollstreckung nicht nutzbringend für den Nachlass zur Anwendung gelangen.
23 BGH, Urt. v. 11.11.2004, I ZR 213/01, ZEV 2005, 122–123.

> **Praxishinweis**
> In Teilbereichen der Vergütung des Testamentsvollstreckers hat die Rechtsprechung diesen Gedanken bereits nachvollzogen. Wird ein geschäftsmäßiger Testamentsvollstrecker eingeschaltet, dessen Vergütung umsatzsteuerpflichtig ist, geht die Belastung des Nachlasses mit der Umsatzsteuer auf die freie Entscheidung des Erblassers zurück und ist folglich von den Erben hinzunehmen.[24] Wird ein Testamentsvollstrecker eingeschaltet, der sich im konkreten Fall den erforderlichen Rechtsrat erst besorgen muss, gilt die damit verbundene Mehrbelastung des Nachlasses mit Kosten ebenfalls auf die freie Entscheidung des Erblassers zurück und ist vom Erben gleichfalls hinzunehmen.[25]

C. Die verschiedenen Modelle zur Angemessenheitsbestimmung

I. Tabellenmäßige Vergütung

13 Zur Ausfüllung des unbestimmten Rechtsbegriffs der Angemessenheit i.S.d. § 2221 BGB hat die Rechtsprechung seit jeher auf Tabellen zurückgegriffen. Von ihrer Rechtsnatur her handelt es sich nicht um Regelungen, die mit irgendeiner Rechtskraft ausgestattet wären oder auch nur gesetzesnahe Regelungskraft entfalten würden. Sie müssen daher von den Gerichten im Vergütungsrechtsstreit nicht anerkannt werden. Dementsprechend empfiehlt es sich, von der Begrifflichkeit her besser von „Vergütungsempfehlungen" zu sprechen.[26] Da es keine amtliche Tabelle im Sinne einer Gebührenordnung gibt, haben sich in der Praxis unterschiedliche Tabellen entwickelt.

1. Grundvergütung

14 Den verschiedenen Tabellen ist der Ansatz gemein, zunächst durch einen Prozentsatz, der sich auf den Nachlasswert als Bezugsgröße bezieht, eine **Grundvergütung** zu bestimmen. Sodann werden durch ggf. hinzutretende **Zuschläge**, die sich auf die Grundvergütung als Bezugsgröße beziehen, besondere Schwierigkeiten der Tätigkeit zusätzlich vergütet. Die Einzelheiten hierzu, aber auch bereits die Höhe des Grundbetrages, sind je nach Vergütungsempfehlungen unterschiedlich.[27]

15 Die Rechtsprechung weist immer wieder darauf hin, dass sich jede schematische Anwendung einer Tabelle verbietet und es immer Aufgabe des konkret zur Entscheidungsfindung berufenen Richters sei, die Angemessenheit der Vergütung im

---

24 Vgl. Schleswig-Holsteinisches OLG, Urt. v. 25.8.2009, 3 U 46/08, ZEV 2009, 625–632.
25 Vgl. BGH, Urt. v. 11.11.2004, I ZR 213/01, ZEV 2005, 122–123.
26 *Rott/Kornau/Zimmermann*, Testamentsvollstreckung, 2. Auflage 2012, S. 280.
27 Vgl. hierzu die nachfolgende Darstellung in § 3 Rn 11 ff.

konkreten Einzelfall zu ermitteln.[28] Die darin liegende, sich möglicherweise über Jahre oder gar Jahrzehnte hinziehende Unsicherheit, dass keiner der Beteiligten (Erblasser/Testamentsvollstrecker/Erbe) letztendlich weiß, wie hoch die angemessene Vergütung wirklich ist, wird augenscheinlich zugunsten der Einzelfallgerechtigkeit in Kauf genommen. Wirklich überzeugend ist dieser Gedankengang allerdings nicht. Insbesondere die Erwägung, eine solche Bemessung der Testamentsvollstreckervergütung sei *„im Grundsatz der Rechtssicherheit und dem Rechtsfrieden förderlich"*,[29] findet in der Praxis des Vergütungsstreits keine, und schon gar keine empirisch gesicherte, Grundlage.[30] Tatsächlich läuft die richterliche Angemessenheitsbestimmung viel zu häufig auf eine Beweislastentscheidung hinaus.

Praxishinweis
Um den Erben gegenüber ggf. noch nach Jahren einen substantiierten Sachvortrag zum Umfang der Tätigkeit als Testamentsvollstrecker liefern zu können, empfiehlt es sich für jeden Testamentsvollstrecker, unabhängig von der Frage, ob eine Vergütung nach Zeitaufwand in Betracht kommt oder eine tabellenmäßig ermittelte Vergütung, eine aussagekräftige Zeiterfassung[31] der Tätigkeiten zu führen. Wer dies erstmalig tut, wird i.d.R. nach Abschluss einer Testamentsvollstreckung erstaunt sein, wie viel Zeitaufwand die Abwicklung erfordert hat und wie viele kleine und kleinste Einzelvorgänge geregelt wurden.

Die gängigen Vergütungsempfehlungen gehen davon aus, dass Ausgangspunkt für die Ermittlung der Vergütung ein Vomhundertsatz des Bruttonachlasswerts ist, also der Summe der Nachlassaktiva. Dabei ist vom Verkehrswert auszugehen. Schon dieser Ansatz ist keineswegs *„der Rechtssicherheit und dem Rechtsfrieden förderlich"*. Die Entwicklungen der letzten Jahre auf dem Aktien-, aber auch auf dem Immobilienmarkt haben deutlich vor Augen geführt, dass aus der Sicht der Beteiligten zufällige Entwicklungen der Weltwirtschaft auch bei durchaus nicht übermächtigen Nachlässen zu Auswirkungen auf die Höhe der Testamentsvollstreckervergütung im fünfstelligen Bereich führen können. Gerechtfertigt wäre eine solche Auswirkung nur, wenn sie auch mit einer erhöhten Verantwortung des Testamentvollstreckers einherginge. Die gängigen Gebührentabellen sind al-

16

---

28 Vgl. hierzu nur LG Köln, Urt. v. 26. 9. 2006, 18 O 140/05, RNotZ 2007, 40, m.w.N.
29 Vgl. BGH, Beschl. v. 27.10.2004, IV ZR 243/03, ZEV 2005, 22.
30 Im Gegenteil: Die Untersuchungen von *Reinfeldt*, vgl. nachfolgend § 10, zeigen, dass zwischen dem, was Gerichte unter einer angemessenen Vergütung des Testamentsvollstreckers verstehen, und dem, wie Erblasser die Vergütung anordnen, ein deutlicher Wahrnehmungsunterschied besteht. Bei Vergütungsanordnungen neigen Erblasser zu einem bemerkenswert großen Teil dazu, dem Testamentsvollstrecker für seine Tätigkeit Vergütungen zuzubilligen, die teilweise deutlich über den Beträgen liegen, die sich unter Anwendung der Vergütungstabellen ergeben.
31 Vgl. hierzu die nachfolgende Darstellung einschließlich Muster einer Zeiterfassung in § 7.

lerdings nicht in der Lage, solchen Besonderheiten für die Beteiligten außerhalb einer richterlichen Einzelfallbetrachtung vorhersehbar und kalkulierbar Rechnung zu tragen.

> **Praxishinweis**
> Einzubeziehen in die **Bemessung des Bruttonachlasses** sind sämtliche Vermögenswerte, insbesondere auch Forderungen und Rechte. Die neuere Rechtsprechung folgt dieser Auffassung zumindest dann, wenn die Abwicklung aller Verbindlichkeiten zu den Aufgaben des Testamentsvollstreckers gehört.[32]

17 Diese Auffassung verdient Zustimmung. Gerade die Schuldenregulierung ist i.d.r. zeitlich und inhaltlich aufwändig. Ein Testamentsvollstrecker erhielte andernfalls bei einem wegen erheblicher Schulden nur dürftigen Nachlass möglicherweise keine Vergütung.[33] Ein solches Ergebnis erschiene in hohem Maße unbillig, da ein hoch verschuldeter Nachlass i.d.R. mit besonderem Arbeitsaufwand und überdurchschnittlicher Verantwortung für den Testamentsvollstrecker verbunden ist.

18 In der Auseinandersetzung von Erbengemeinschaften spielen **fiktive Nachlassaktiva, unentgeltliche Zuwendungen** oder **Vorausempfänge** häufig eine große Rolle. Hier zeigen sich weitere Unzulänglichkeiten der Vergütungsbemessung anhand von Tabellen. Anders als bei der Regulierung von Schulden akzeptiert die Rechtsprechung eine Erhöhung des Bruttonachlasswertes um die Vorausempfänge der Erben nicht. Vielmehr soll die etwaige Befassung des Testamentsvollstreckers mit der Problematik der Vorausempfänge im Rahmen von Zuschlägen bei der rechnerischen Bestimmung der einheitlichen Vergütung berücksichtigt werden.[34] Von einem einheitlichen Meinungsbild kann insoweit allerdings noch nicht gesprochen werden. Die Literatur geht davon aus, dass solche Tatbestände der Bemessungsgrundlage für den Vergütungsanspruch hinzuzurechnen sind, jedenfalls wenn der Testamentsvollstrecker bei ordnungsgemäßer Aufgabenerfüllung mit ihrer Regelung zu tun hat. Auch Lebensversicherungen können danach eine Rolle spielen, bspw. wenn sie in der vom Testamentsvollstrecker zu erstellenden Erbschaftsteuererklärung zu berücksichtigen sind.[35]

---

32 LG Köln, Urt. v. 26.9.2006, 18 O 140/05, RNotZ 2007, 40, m.w.N.; OLG Schlewig-Holstein, Urt. v. 25.8.2009, 3 U 46/08, ZEV 2009, 625–632.
33 Vgl. BGH, Urt. v. 26.6.1967, III ZR 95/65, NJW 1967, 2402; MüKo/*Zimmermann*, BGB, 4. Aufl. 2004, § 2221 Rn 8; *Lenzen*, in: Frieser (Hrsg.), Fachanwaltskommentar Erbrecht, 4. Auflage 2013, § 2221 Rn 10; *Tiling*, ZEV 1998 S. 331, m.w.N. in Fn 4; *Reimann*, DNotZ 2001, 344, 348.
34 OLG Schlewig-Holstein, Urt. v. 25.8.2009, 3 U 46/08, ZEV 2009, 625–632.
35 *Lieb*, Die Vergütung des Testamentsvollstreckers, 2004, Rn 125.

2. Vergütungsempfehlungen des Deutschen Notarvereins aus dem Jahr 2000

Eine besondere Rolle innerhalb der verschiedenen Vergütungstabellen spielen die Vergütungsempfehlungen des Deutschen Notarvereins aus dem Jahr 2000.[36] Die neuere Rechtsprechung hat diese auch „Neue Rheinische Tabelle" genannten Empfehlungen als grundsätzlich – wenn auch nicht in schematischer Anwendung – geeignet angesehen, um auch bei überdurchschnittlich werthaltigen Nachlässen zu einer angemessenen Vergütung des Testamentsvollstreckers zu gelangen,[37] ohne dass damit andere Möglichkeiten zur Vergütungsbestimmung ausgeschlossen worden wären. Zudem sind diesen Vergütungsempfehlungen immerhin Anhaltspunkte für die Bemessung einer angemessenen Vergütung im Rahmen einer Dauertestamentsvollstreckung zu entnehmen. Darüber hinaus werden Hinweise zur Behandlung häufig wiederkehrender Einzelfragen, wie der Fälligkeit der Vergütung, der Behandlung der Umsatzsteuer, dem Auslagenersatzanspruch und der Vergütung mehrerer Testamentsvollstrecker, gegeben.[38]

19

3. Zuschlag für besonders qualifizierte Testamentsvollstrecker?

Aus der Entstehungszeit **Vergütungsempfehlungen des Deutschen Notarvereins in 2000** heraus erklärlich wird die Frage unterschiedlicher Vergütungssätze in Abhängigkeit von der Qualifikation als Testamentsvollstrecker auch in diesen Vergütungsempfehlungen nicht thematisiert. Geht man von dem Gedanken aus, dass sich die Vergütungsempfehlungen des Deutschen Notarvereins 2000 eine Tätigkeit von Notaren als Testamentsvollstrecker errichten und geht man weiter davon aus, dass Rechtsanwälte, Steuerberater oder Wirtschaftsprüfer über eine für das Amt des Testamentsvollstreckers vergleichbare Sachkunde verfügen,[39] und fordert man für Testamentsvollstrecker, die über vergleichbare Qualifikationen nicht verfügen, einen Abschlag von den Vergütungsempfehlungen des Notarvereins,[40] so erscheint es nur konsequent, wenn für **höher qualifizierte Testamentsvollstrecker** ein **Zuschlag** zugelassen wird. Geht man davon aus, dass sich die höhere Qualifikation grundsätzlich auch in einem besseren Erfolg der Testamentsvollstreckung niederschlägt, kann ohne weiteres von einem entsprechenden zumindest mutmaßlichen Erblasserwillen ausgegangen werden. Überdies entspricht es einem allgemeinen Konsens, dass eine höhere Qualifikation auch zu einer höheren Vergütung führt.

20

---

36 Abzurufen unter www.dnotv.de.
37 OLG Schlewig-Holstein, Urt. v. 25.8.2009, 3 U 46/08, ZEV 2009, 625–632. Ausgangspunkt war ein Bruttonachlasswert von über 3 Mio. EUR.
38 Vgl. hierzu ausführlich nachfolgend § 3 Rn 38 ff. sowie *Rott/Kornau/Zimmermann*, Testamentsvollstreckung, 2. Auflage 2012, S. 287–294.
39 So ausdrücklich OLG Köln, Urt. v. 5.7.1994, 22 U 15/94, ZEV 1995, 70–71.
40 So explizit OLG Köln, Urt. v. 5.7.1994, 22 U 15/94, ZEV 1995, 70–71 für die Vorgängertabelle zu den Vergütungsempfehlungen des Deutschen Notarvereins 2000.

21 Mit Recht wird darauf hingewiesen, dass mit steigendem Grad an Qualifizierung und Spezialisierung auch das von der Rechtsprechung aufgestellte Kriterium der sich im Einzelfall im Erfolg der Testamentsvollstreckung auswirkenden Geschicklichkeit deutlich häufiger realisiert. Für denjenigen, der Testamentsvollstreckungen geschäftsmäßig ausführt und hierfür einen permanenten Fortbildungsaufwand sowie eine entsprechende Haftpflichtversicherung vorhält, muss die Vergütung kostendeckend sein und darüber hinaus ein ausreichendes Einkommen – nach Abzug der betrieblichen Ausgaben, die weniger qualifizierte Testamentsvollstrecker regelmäßig in nur entsprechend geringerem Umfang haben – sichern können.[41] Als **Zuschlagssatz** werden 15 % auf die sich im konkreten Fall ergebende Gesamtvergütung des Testamentsvollstreckers als angemessen erachtet, für Testamentsvollstrecker unterhalb der Eingangsqualifikation wird ein **Abschlag** von bis zu 50 % vorgeschlagen.[42]

> **Praxishinweis**
> Die Diskussion um einen Zuschlag für besonders qualifizierte Testamentsvollstrecker führt in der Konsequenz dazu, dass die von der Neuen Rheinischen Tabelle in Ziff. II. 2. grundsätzlich vorgesehene **Gebührenbegrenzung auf den dreifachen Betrag der Grundvergütung** in Frage gestellt werden muss. Ansatzpunkt ist auch hier wieder der Gedanke der Verantwortungsvergütung. Derjenige, der sich durch besondere Qualifikation und Zusatzausbildung im Bereich der Testamentsvollstreckung hervortut, bringt damit zum Ausdruck, dass er zum einen dem Institut als solchem, zum anderen aber auch dem konkret zu vollstreckenden Nachlass eine besondere Verantwortung entgegenbringt. Hier würde sich eine Gebührenbegrenzung des besonders qualifizierten Testamentsvollstreckers auf den Gebührenrahmen eines weniger verantwortlich agierenden Vollstreckers kontraproduktiv auswirken. Insoweit müsste die Gebührenobergrenze zumindest ohne Berücksichtigung des Qualifikationszuschlags bemessen werden.

4. Zuschlag wegen besonderer sozialer Verantwortung?

22 Aber auch in den Fällen, in denen die Testamentsvollstreckung **in besonderer sozialer Verantwortung** erfolgt – und diese sind in der Praxis gar nicht so selten – erweist sich die Gebührenbegrenzung als ein eher kontraproduktives Mittel.

---

41 Vgl. dazu auch *Zimmermann*, Die Testamentsvollstreckung, 2. Aufl. 2003, S. 469, Rn 695, unter Hinweis auf BVerfG, Beschluss v. 15.12.1999, 1 BvR 1904/95 u.a., BtPrax 2000, 77 – angemessene Vergütung von Berufsbetreuern.

42 *Schiffer/Rott*, Testamentsvollstreckung: Grundlagen der richtigen Gestaltung der Vergütung, in BBEV 2008, 13 – 20, *Rott/Schiffer*, in Pruns (Hrsg.), Moderne Formen der Vergütung von Testamentsvollstreckern, Tagungsband zum 3. Deutschen Testamentsvollstreckertag, Bonn 2010, 135–168; *Rott/Kornau/Zimmermann*, Testamentsvollstreckung, 2. Auflage 2012, S. 284 Rn 47.

> **Beispiel** 23
> Ein Einzelunternehmen, alt eingesessen, aber ohne nennenswerten Verkehrswert, soll durch den Testamentsvollstrecker veräußert werden. Der Wille des Erblassers geht dahin, dass im Rahmen seiner bisherigen Belegschaft so viele Arbeitsplätze wie möglich erhalten werden.

Ein solches Unternehmen wird am Markt keinen nennenswerten Verkehrswert erzielen. Die Obergrenze der dreifachen Grundvergütung wäre schnell erreicht, die geschäftsmäßige Testamentsvollstreckung für jeden qualifizierten Testamentsvollstrecker schnell uninteressant.

Der Grundsatz der **Verantwortungsvergütung und die besondere soziale Verantwortung des Testamentsvollstreckers** verbieten hier eine schematische Gebührenbegrenzung. Selbst wenn nach der Vergütungsempfehlungen des Deutschen Notarvereins 2000 in diesem Fall möglicherweise eine Abweichung vom Regelfall der Gebührenbegrenzung denkbar wäre, so ist es für das Engagement des geschäftsmäßigen Testamentsvollstreckers bereits abträglich, dass er sich mit den Erben in diese Diskussion überhaupt einlassen und den Umfang seiner sozialen Verantwortung auch noch im Vergütungsrechtsstreit vor Gericht rechtfertigen muss. Ähnliche Situationen sind denkbar bei Testamentsvollstreckungen zugunsten überschuldeter oder behinderter Menschen oder bei der Einbringung eines überschaubaren Nachlasses in eine noch zu errichtende Stiftung. Gerade hier empfehlen die großen karitativen Organisationen – mit Recht – die Einschaltung eines qualifizierten und erfahrenen Testamentsvollstreckers. 24

> **Stellungnahme** 25
> Im Zuge der Anpassung der Deutschen Notarvereins 2000 an die Erfordernisse der modernen Rechtswirklichkeit ist es u.E. angezeigt, die Gebührenbegrenzung abzuschaffen, zumindest aber präziser zu fassen. Fälle der Testamentsvollstreckung in besonderer sozialer Verantwortung, die gerade nicht die Maximierung des Nachlasses zum Gegenstand haben, sollten als Ausnahmetatbestand ausdrücklich zugelassen werden.
> Gelingt dies nicht, wird in gleichem Maße einer Zunahme des Streitpotenzials mit den Erben die Neigung der qualifizierten Testamentsvollstrecker abnehmen, sich dieser verantwortungsvollen und auch gesellschafts- und sozialpolitisch erwünschten Aufgabe zuzuwenden. Die demgegenüber gelegentlich betonte Gefahr, durch die Testamentsvollstreckung drohe der Nachlass vom Erblasser direkt auf den Testamentsvollstrecker überzugehen, ist ein Schreckgespenst, das noch aus einer Zeit stammt, als es keine Qualifikationskriterien für Testamentsvollstrecker gab. Darüber hinaus sollte nicht verkannt werden, dass der populistisch geprägte Journalismus dazu neigt, Einzelfälle zu verallgemeinern.

5. Sonderfall: Testamentsvollstreckung an Unternehmen

26 Im Bereich der Testamentsvollstreckung an Unternehmen besteht angesichts der besonders großen Bandbreite an Kriterien und der eher noch weniger gefestigten Rechtsprechung ein besonders großer Regelungsbedarf. Ausgehend vom Kriterium der Verantwortungsvergütung ist es dabei u.E. weniger angebracht, eine reine Umsatz- oder Ertragsbetrachtung des Unternehmens als Kriterium heranzuziehen, wie dies die Tabelle des Deutschen Notarvereins unter Ziff. III. 2. a) für Personengesellschaften vorschlägt. Auch wenn hierdurch die Ermittlung der angemessenen Vergütung im Einzelfall mit etwas mehr Mühe verbunden sein wird, ist es u.E. kriteriengerechter, an die branchenübliche Vergütung anzuknüpfen, die der rechtlichen und tatsächlichen Stellung des Testamentsvollstreckers im Unternehmen entspricht. Für Kapitalgesellschaften enthält Ziff. III. 2. b) einen Regelungsvorschlag. Die Wahl der Unternehmensform hängt in der Praxis jedoch häufig von eher zufälligen, steuerlichen oder haftungsrechtlichen Rahmenbedingungen ab. Möglicherweise wurde die Kapitalgesellschaft zudem nur der besseren Handhabbarkeit im Rahmen der Testamentsvollstreckung wegen gewählt. Daher erscheint die von der Notartabelle vorgeschlagene unterschiedliche Vergütung je nach Rechtsform des Unternehmens eher willkürlich.

27 Selbstverständlich sollte darüber hinaus sein, dass die üblichen Tantiemen, über die in der heutigen Wirtschaftspraxis die Erfolgskomponente typischerweise eingebracht wird, grundsätzlich in allen diesen Fällen entsprechend im Rahmen der Testamentsvollstreckervergütung Berücksichtigung finden.[43]

6. Zwischenfazit

28 Entscheidend für die Angemessenheit der Testamentsvollstreckervergütung bei Zugrundelegung von **Vergütungsempfehlungen** ist stets der konkrete Einzelfall, wobei sich folgende Kriterien als besonders relevant herausgebildet haben:
- Wert und Umfang des Nachlasses;
- Bestand des Nachlasses (Immobilienbesitz, kaufmännisches Unternehmen, Privathaushalt, Kapitalvermögen);
- Strukturierung des Nachlasses (Schulden, Steuersituation, Ordnung der Unterlagen);
- Zahl der beteiligten Personen (Erben, Gläubiger, Vermächtnisnehmer, Streitigkeiten bei Auseinandersetzung und Schuldenregulierung, Außenprüfung durch Finanzamt);
- zeitliche Dauer der Testamentsvollstreckung;
- Qualifikation des Testamentvollstreckers.

---

43 So auch der Vorschlag von *Birk*, Vergütung und Aufwendungsersatz des Testamentvollstreckers, jur. Diss. Konstanz 2002, S. 170.

II. Sonderfall: Bankentabellen

Banken wollen sich heute nicht selten als professionelle Testamentsvollstrecker etablieren[44] und haben eigene Vergütungstabellen für diese Tätigkeit entwickelt.[45]

29

Im Unterschied zum herkömmlichen Bild des Testamentsvollstreckers bieten die Bankinstitute typischerweise keine umfassende Testamentsvollstreckung an, sondern konzentrieren sich eher auf ihre Kernkompetenz: die **Vermögensverwaltung**. Die Lösung von Problem- und Spezialfällen haben die Bankinstitute damit eher nicht im Angebot. Dies entspricht ihrem grundsätzlichen Ansatz, genormte Dienstleistungen in gleicher Qualität bundesweit zu bieten. Mithin verwundert es nicht, dass die Bankentabellen recht pauschal vom Bruttonachlasswert ausgehen und entgegen der BGH-Rechtsprechung keinen wirklichen Raum für die Verantwortung und die Leistung im konkreten Fall lassen.

> **Beraterhinweis**
> Der typisierte Ansatz der Bankentabellen führt in der Praxis zu zahlreichen Fragen im Zusammenhang mit der Vergütung. Naheliegender Fragestellungen, wie bspw. ob Aufwand und Kosten der Erbschaftsteuererklärung in den Bankengebühren enthalten sind oder die Kosten für die Beauftragung von Spezialisten den Vergütungen nach der Tabellen der jeweiligen Banken hinzuzurechnen sind, müssen daher bei der Gestaltung der letztwilligen Verfügung geklärt und im Zweifel ausdrücklich festgehalten werden. Dabei darf nicht verabsäumt werden, im Einzelfall genau zu klären, ob sich die konkret zur Testamentsvollstreckerin berufene Bank einer derart „modifizierten" Vergütungstabelle überhaupt unterwerfen würde.[46]

Als Ansatz für eine Angemessenheitsbestimmung i.S.v. § 2221 BGB sind die von den Banken entwickelten Tabellen folglich eher weniger geeignet.[47]

---

44 Vgl. *Lang*, in: Fritz u.a. (Hrsg.), Testamentsvollstreckung und Stiftungsmanagement durch Banken und Sparkassen, 2006, S. 9.
45 Vgl. hierzu ausführlich nachfolgend § 6 Rn 23 ff.
46 Auch eine Bank ist nicht unsterblich, wie die Erfahrungen mit der Finanzkrise der letzten Jahre gezeigt haben. Auch Bankenfusionen können Probleme aufwerfen, bspw. wenn der Rechtsnachfolger der zum Testamentsvollstrecker bestimmten Bank keine Testamentsvollstreckungen anbietet. Der Ersatztestamentsvollstreckerbestimmung muss daher besondere Aufmerksamkeit gewidmet werden. Die Einsetzung des konkreten Bankberaters, zu dem der Erblasser sein persönliches Vertrauensverhältnis aufgebaut hat, erweist sich auch als problematisch, weil in den Anstellungsverhältnissen der Bankenmitarbeiter häufig ein Verbot der Übernahme von Testamentsvollstreckungen für Bankkunden enthalten ist.
47 Ohnehin scheint sich darüber hinaus in der Bankenwelt durchaus der Gedanke entwickelt zu haben, dass sie aufgrund ihrer Kompetenzen mitunter nicht die „geborenen" Testamentsvollstrecker sind. Denn die Bankinstitute haben als Alternative zur Testamentsvollstreckung die postmortale Vermögensverwaltung als klar umrissenes Produkt aus ihrem Kernkompetenzbereich entwickelt.

III. Anwendung der Insolvenzverwaltervergütungsverordnung?

30 Die Anwendung der Insolvenzverwaltervergütungsordnung auch für Testamentsvollstrecker wird in der Literatur ebenfalls diskutiert.[48] Erwähnt wird dieser Ansatz darüber hinaus in der neuen Tabelle des Deutschen Notarvereins 2000. Diese versteht ihn aber offenbar eher im Zusammenhang mit der Überlegung, dass der Sinn und Zweck der Testamentsvollstreckung eine eher höhere Vergütung erfordere, als die üblicherweise bei einer anwaltlichen Beratung oder Prozessführung anfallende.[49]

> **Stellungnahme**
> Insolvenzverwaltung und Testamentsvollstreckung sind grundsätzlich unterschiedliche Tätigkeiten. So geht die Insolvenzverwaltung von einem wirtschaftlichen Fehlschlag und zumindest teilweise vernichteten Vermögenswerten aus, die es ggf. wiederherzustellen gilt. Testamentsvollstreckung hingegen basiert auf unbeschädigten Vermögenswerten, die zu verteilen oder zu verwalten sind. Die jeweilige Verantwortung und die Zielsetzung des jeweiligen Handelns sind mithin nicht vergleichbar. Die speziell für die Vergütung von Testamentsvollstreckern entwickelten verschiedenen Tabellen sind daher u.E. grundsätzlich vorzuziehen.

Ein Erblasser hat natürlich die Möglichkeit, diesen Vergütungsansatz letztwillig zu verfügen. Ob dies sinnvoll ist, erscheint aber eher zweifelhaft, bedürfte aber zumindest einer eingehenden Rechtfertigungsprüfung durch den Berater.

IV. Pauschalhonorar?

31 In der Praxis der letztwillig verfügten Testamentsvollstreckervergütung erscheinen Pauschalhonorare in der Form eines bestimmten Vomhundertsatzes des Nachlasses und – seltener – in der Form einer betragsmäßig festgelegten Vergütung. Im Rahmen der an dieser Stelle zu beurteilenden Frage, ob ein Pauschalhonorar eine angemessene Vergütung im Sinne des § 2221 BGB darstellen kann, wird man diese Frage nur verneinen können. Sie wird den differenzierenden Kriterien in der Rechtsprechung des Bundesgerichtshofs (siehe oben Rn 7 f. mit Nachweis in Fn 14) nicht gerecht. Damit ist im Einzelfall natürlich nicht ausgeschlossen, dass ein von einem Testamentsvollstrecker pauschal abgerechnete Betrag unter Berücksichtigung der Kriterien der Rechtsprechung eine angemessene Vergütung im Sinne des Gesetzes darstellen kann. In der Praxis herrscht häufig die Fehlvorstellung, der Testamentsvollstrecker müsse eine nach einzelnen Tatbeständen aufgegliederte Rechnung erstellen, wie dies bei Abrechnung von Rechtsanwälten, Notaren oder Steuerberatern notwendig ist. Selbst wenn ein Testa-

---

48 Vgl. hierzu u.a. den Hinweis von *Lenzen*, in: Frieser (Hrsg.), Fachanwaltskommentar Erbrecht, 4. Auflage 2013, § 2221 BGB Rn 11 mit Abdruck der Tabelle im Anschluss an Rn 30.
49 Vgl. Einleitung zur Notartabelle Ziff. 2.

mentsvollstrecker sich für eine Abrechnung nach den Vergütungsempfehlungen des Deutschen Notarvereins 2000 entscheidet, bedarf es lediglich der Eingabe des Forderungsbetrages (und der gegebenenfalls gesondert auszuweisenden Umsatzsteuer). Wie der Testamentsvollstrecker letztendlich zu dem Forderungsbetrag rechnerisch gelangt ist, spielt keine Rolle, solange sich der Betrag als „angemessen" im Sinne des §§ 2221 BGB darstellt, was gegebenenfalls unter Berücksichtigung der Kriterien auf den Vergütungsempfehlungen des Notarvereins 2000 nachzuvollziehen ist.

Beraterhinweis
Aus der außergerichtlichen anwaltlichen Beratungspraxis sind die Wünsche der Mandanten bekannt, für eine bestimmte anwaltliche Dienstleistung ein festes Honorar zahlen zu wollen. Der Mandant verspricht sich hiervon eine klar kalkulierbare Kostenstruktur. Es liegt daher nahe, dass ein Testierender eine solche Regelung auch für den Testamentsvollstrecker vorsehen möchte. Der Berater wird den Testierenden hier besonders sorgfältig zu beraten und auf die Nachteile eines Pauschalhonorars hinzuweisen haben. Ein „falsch" kalkuliertes Pauschalhonorar wird schnell zum Spiel: Der Erbe will vom Testamentsvollstrecker möglichst viel Leistung für möglichst wenig Honorar – der Testamentsvollstrecker hingegen will es umgekehrt und wird bei einer Fehlkalkulation des Erblassers versuchen, seinen Aufwand möglichst zu beschränken. Die Konflikte sind vorprogrammiert.

V. Zeithonorare

Die Nachteile von Pauschalvergütungen, seien sie durch Gegenstandswerte oder durch Festbeträge bestimmt, zeigen sich immer dann, wenn der investierte Zeitaufwand gering und die Pauschalvergütung hoch ist. Aufgewandte Zeit und „verdientes" Honorar haben nach allgemeinem Verständnis in einem angemessenen Verhältnis zu stehen, ansonsten werden sie als ungerecht empfunden.[50] In der Schweiz, die ebenfalls über eine lange Tradition im Bereich der Testamentsvollstreckung verfügt, hat es sich mittlerweile durchgesetzt, dass eine Pauschalvergütung einer „Schattenrechnung" auf der Basis des vom Testamentsvollstre-

32

---

50 § 14 Abs. 3 StBVV bringt diesen Rechtsgedanken für Steuerberater zum Ausdruck („Der Gebührenanteil der Pauschalvergütung muss in einem angemessenen Verhältnis zur Leistung des Steuerberaters stehen."); vom Gedanken ähnlich: § 22 Abs. 2 RVG, Kappungsgrenze für Rechtsanwälte auf einen Gegenstandswert von i.d.R. 30 Mio. EUR.

cker tatsächlich benötigten Zeitaufwandes standhalten muss.[51] Vertiefend zu Einzelfragen der Zeitvergütung für den Testamentsvollstrecker siehe nachfolgend § 7.

Stellungnahme
Was in der Abrechnung anwaltlicher erbrechtlicher Berater usus ist, sollte auch für Testamentsvollstrecker möglich sein. Von der rechtsdogmatischen Seite her stellt auch die Zeitgebühr eine mit dem Differenzierungsgebot aus § 2221 BGB in Einklang zu bringen des Berechnungsmodell dar.[52]

VI. Sonderfall: Vergütungsmodelle für interprofessionell agierende Testamentsvollstrecker

33 Angesichts der immer komplexer werdenden Vermögensstrukturen anspruchsvoller Nachlässe wird die geschäftsmäßige Testamentsvollstreckung der Zukunft von der interprofessionellen Zusammenarbeit mehrerer Testamentsvollstrecker, zumindest aber der verstärkten Einschaltung von Hilfspersonen, geprägt sein.[53] Diesem Umstand müssen moderne Vergütungsmodelle entsprechen können. Die Zeitvergütung bietet hier einen praktikablen Ansatz.

Beispiel
Der Erblasser ernennt ein Testamentsvollstreckergremium, bestehend aus seinem Rechtsanwalt, seinem Steuerberater und einem besonderen Freund der Familie zum Testamentsvollstrecker. Geht man von dem Gedanken einer Verantwortungsvergütung aus, so tragen sie alle drei die gleiche Verantwortung für das Gelingen der Testamentsvollstreckung. Gemäß § 2219 Abs. 2 BGB haften Sie grundsätzlich als Gesamtschuldner. Die zeitliche Befassung mit Aufgaben der Testamentsvollstreckung wird hingegen sehr unterschiedlich sein. Einen angemessenen Interessenausgleich wird man hier nur dadurch schaffen können, dass jeder Testamentsvollstrecker seinen persönlichen Zeitaufwand mit seinem persönlichen Stundensatz vergütet erhält.[54]

---

51 Umgekehrt müssen allzu zögerlich arbeitende Testamentsvollstrecker damit rechnen, dass aus ihrer Abrechnung unnötig aufgewandte Stunden herausgestrichen werden, vgl. Bezirksgericht Zürich, Urt. v. 14.9.2000, Prozess-Nummer U/CG970283, abgedr. bei *Künzle*, Willensvollstreckung – aktuelle Rechtsprobleme, 2006, Anhang 4. Das gelegentlich in hörende Argument, dass „Bummler" und gewissenhafte Routiniers zu unterschiedlichen Vergütungen kommen, vgl. *Lieb*, Die Vergütung des Testamentsvollstreckers, 2004, Kap. II, Rn 103 (S. 37), ist also nicht stichhaltig.
52 Siehe nachfolgend § 7; ebenso *Lieb*, Die Vergütung des Testamentsvollstreckers, 2004, Kap. II, Rn 91 ff. (S. 33 ff.).
53 Vgl. *Rott/Kornau/Zimmermann*, Testamentsvollstreckung, 2. Aufl. 2012, S. 7 (Vorwort zur 1. Aufl. 2008), ebenso *Schiffer/Rott*, BBEV 2008 S. 13, 18.
54 Das Haftungsrisiko sollte in einem solchen Fall natürlich über eine Vermögenschadenhaftpflichtversicherung, die das Risiko aller drei Testamentsvollstrecker erfasst und deren Kosten aus dem Nachlass gezahlt werden, abgedeckt sein.

VII. Erfolgshonorar

Vor dem Hintergrund der Lockerung des Verbotes der Vereinbarung erfolgsabhängiger Vergütungen insbesondere bei Rechtsanwälten und Steuerberatern wurde auf dem 1. Deutschen Testamentsvollstreckertag der AGT[55] am 29.11.2007 u.a. die Möglichkeit eines Erfolgshonorars für Testamentsvollstrecker diskutiert Auch der Bundesgerichtshof hat den Erfolg bei seinen Grundkriterien erwähnt.[56] Die zahlreichen Aspekte dieser Thematik, die weit über die Frage der rechtlichen Zulässigkeit für einzelne Berufsgruppen hinausgehen, können und sollen hier jedoch nicht im Einzelnen beleuchtet werden. Denn schon eine Antwort auf die Frage, wie sich der Erfolg eines Testamentsvollstreckers überhaupt messen lässt, ist nicht generell möglich. 34

So ist ein Erfolg zwar dann messbar, wenn der Testamentsvollstrecker beispielsweise eine Unternehmensbeteiligung zu einem überdurchschnittlichen Preis veräußert hat. Auch eine von einem Testamentsvollstrecker für die Erbmasse gewonnene gerichtliche Auseinandersetzung stellt einen messbaren Erfolg dar. Wie aber lässt sich ein Erfolg etwa bei einer vollständigen oder auch nur teilweisen Befriedung sich seit Jahren streitender Erben ermessen? Wenn die Befriedung endgültig ist? Oder könnte die Übersichtlichkeit und Verständlichkeit einer Aufstellung zu den im Nachlass vorhandenen Vermögenswerten bereits als ein Erfolg angesehen werden? Die Beispiele und Fragen ließen sich zahlreich fortsetzen. 35

> **Stellungnahme**
> Es ist bereits grundsätzlich fraglich, ob ein Erfolgshonorar mit dem Grundsatz der Verantwortungsvergütung vereinbar ist. Die Übernahme einer „großen" oder „kleinen" Verantwortung (etwa die Auseinandersetzung eines großen oder eines kleineren Unternehmens unter den Erben) unterliegt in ihrem Gewicht keinen Erfolgsparametern. Als einziges Kriterium zur Ausfüllung des unbestimmten Rechtsbegriffs des § 2221 BGB ist es jedenfalls ungeeignet.

Als **Zusatzkomponente zu einer Grundvergütung** kann ein Erfolgshonorar jedoch in den Fällen, in denen es einen messbaren Erfolg für den Testamentsvollstrecker gibt oder aus der Sicht des Testierenden gerade geben soll, durchaus sinnvoll sein. 36

> **Beraterhinweis**
> Da nach der hier vertretenen Auffassung ein Erfolgshonorar nur dann wirksam werden kann, wenn der Erblasser ein solches für den Testamentsvollstrecker verfügt und der Testamentsvollstrecker sich durch die Übernahme des Amts darauf einlässt, sollte der Berater die Kriterien möglichst präzise festlegen lassen. Zwar ist der Erblasser frei, die Erfolgskriterien nach seinem eige-

---

55 www.agt-ev.de.
56 BGH, Urt. v. 28.11.1962, V ZR 225/60, NJW 1963 S. 487; bestätigt durch Beschl. v. 27.10.2004, IV ZR 243/03, FamRZ 2005, 207; siehe auch Rn 7.

nem Gutdünken festzulegen, wie bei allen erbrechtlichen Gestaltungen sollten diese aber nicht nur „rechtssicher" sein, sondern auch praxistauglich.

D. Vergütungsanspruch des vermeintlichen Testamentsvollstreckers

37 Insgesamt unbefriedigend stellt sich die Vergütungssituation dar, wenn sich herausstellt, dass die Ernennung des Testamentsvollstreckers unwirksam ist, er aber bereits tätig wurde.[57] Hier sind verschiedene Fallgruppen zu unterscheiden.

I. Ursprünglich wirksame, später weggefallene Testamentsvollstreckung

38 Ein solcher Fall kann eintreten, wenn die Testamentsvollstreckung ohne Zutun des Testamentsvollstreckers endet, beispielsweise weil durch von ihm nicht beeinflusst Umstände der Zweck der Testamentsvollstreckung weggefallen ist. Solange sich der Testamentsvollstrecker ohne Verschulden über den Fortbestand seines Amtes geehrt hat, folgt sein Vergütungsanspruch unmittelbar aus § 2221 BGB.[58] Gegebenenfalls ist der Vergütungsanspruch aufgrund des verringerten Aufgabenumfangs zu mindern, sofern nicht ein Fall einer Festvergütung vorliegt.

II. Von Anfang an unwirksame Testamentsvollstreckung

39 Hierunter fällt der Beispielsfall, dass durch eine erst im Nachhinein aufgetauchte letztwillige Verfügung der (vermeintliche) Testamentsvollstrecker erfährt, dass er nie Testamentsvollstrecker sein sollte. Aus § 2221 BGB lässt sich ein Vergütungsanspruch nicht herleiten, da das für die Testamentsvollstreckung charakteristische gesetzliche Schuldverhältnis in diesem Fall gerade nicht besteht. Für die Frage der Vergütung wird danach unterschieden, ob der Testamentsvollstrecker gutgläubig oder bösgläubig ist, ob er vom Nachlassgericht eingesetzt wurde oder durch ein Testamentsvollstreckerzeugnis legitimiert ist.

1. Gutgläubiger Testamentsvollstrecker

40 Der Testamentsvollstrecker, der im Vertrauen auf seine wirksame Einsetzung für den Nachlass handelt, soll nach überwiegender Auffassung für seine bis dahin geleistete Tätigkeit eine angemessene Vergütung erhalten. Anspruchsgrundlage sind dann die Vorschriften über die Geschäftsbesorgung, die der vermeintliche Testamentsvollstrecker hier zugunsten der Erben führt, §§ 675, 612 BGB. Die Vergütung soll sich dann wie bei einem Testamentsvollstrecker bemessen.[59]

---

57 *Rott/Kornau/Zimmermann*, Testamentsvollstreckung, 2. Auflage 2012, § 9 VII, S. 292 f.
58 *Roth*, Die Vergütung des vermeintlichen Testamentsvollstreckers, NJW-Spezial 2011, 679.
59 BGH, Urt. v. 22.5.1963, V ZR 42/61, MDR 1963, 832–833.

2. Bösgläubiger Testamentsvollstrecker

Bestätigt sich später die von den Erben schon früher vertretene Auffassung, die Bestellung zum Testamentsvollstrecker sei zu Unrecht erfolgt, entfällt nach der Rechtsprechung des Bundesgerichtshofs der Vergütungsanspruch vollständig.[60] Diese Auffassung wird von Teilen des Schrifttums geteilt.[61] Ein Testamentsvollstrecker, dem die Bedenken gegen seine Ernennung bekannt seien, sei generell nicht schutzwürdig. Nach anderer Auffassung soll in diesen Fällen § 2221 BGB analoge Anwendung finden, weil der Erblasser mit seiner letztwilligen Verfügung einen Rechtsschein zugunsten der Testamentsvollstreckung begründet hat, den sich die Erben zurechnen lassen müssen.[62]

41

> **Stellungnahme**
> Richtigerweise wird man differenzieren müssen.[63] Tragen die Erben keine substantiierten Gründe gegen die Wirksamkeit der Ernennung vor und kann der Testamentsvollstrecker bei einer objektiven Betrachtungsweise ebenfalls keine gegen die Wirksamkeit der Ernennung sprechenden Gründe erkennen, so muss der Erbe den von dem Erblasser gesetzten Rechtsschein gegen sich gelten lassen, mit der Folge, dass dem (insoweit gutgläubigen) Testamentsvollstrecker eine Vergütung zuzubilligen ist. Anderenfalls wäre jedem Erben ein in der Praxis für ihn vollkommen unproblematisch und risikolos handhabbares Instrumentarium in die Hand gegeben, jeden Testamentsvollstrecker, auch den wirksam eingesetzten, vom Antritt seines Amtes einfach dadurch abzuschrecken, dass substanzlos die Wirksamkeit der Ernennung bestritten wird. Die Folge wäre die praktische Aushöhlung des gesamten Rechtsinstitutes.

3. Der vom Nachlassgericht legitimierte Testamentsvollstrecker

Wiederum anders stellt sich die Situation dar, wenn der vermeintliche Testamentsvollstrecker durch das Nachlassgericht nach § 2200 BGB ernannt wurde oder über ein Testamentsvollstreckerzeugnis verfügt. Aufgrund des erhöhten Vertrauens in die gerichtliche Ernennung und Entscheidung soll ihm hier der Vergütungsanspruch analog § 2221 BGB zustehen, solange er im Vertrauen auf die Gültigkeit dieser Ernennung tätig war.[64]

42

> **Gestaltungshinweis**
> Angesichts der in Literatur und Rechtsprechung nicht eindeutig und teilweise auch nicht zufriedenstellend geklärten Rechtslage zum Vergütungsanspruch

---

60 BGH, Urt. v. 6.7.1977, IV ZR 17/76, MDR 1977, 920–920.
61 Palandt/*Weidlich*, 72. Aufl. 2013, § 2197 Rn 4.
62 *Roth*, Die Vergütung des vermeintlichen Testamentsvollstreckers, NJW-Spezial 2011, 679.
63 *Rott/Kornau/Zimmermann*, 2. Aufl. 2012, § 9 C.VII.2, S. 293.
64 *Roth*, Die Vergütung des vermeintlichen Testamentsvollstreckers, NJW-Spezial 2011, 679 in kritischer Auseinandersetzung mit der Rechtsprechung.

des vermeintlichen Testamentsvollstreckers muss bei der Formulierung der Testamentsvollstreckerernennung höchste Sorgfalt aufgewandt werden. Testierende, die hier nachlässig agieren, gehen das hohe Risiko ein, dass die gesamte gewollte Testamentsvollstreckung ins Leere läuft, weil professionell agierende Testamentsvollstrecker in der Praxis kaum bereit sein werden, das Vergütungsrisiko zu tragen.

43 Dem Testamentsvollstrecker kann nur empfohlen werden, vor Annahme des Amtes die Wirksamkeit der Anordnung sorgfältig zu prüfen. Bleiben Zweifel, wird er sich entscheiden müssen, ob er bereit ist, das Vergütungsrisiko zu tragen. Eine gewisse Verbesserung seiner Position wird sich erreichen lassen, wenn er – in Absprache mit dem Nachlassgericht – die vom Erblasser ausgesprochene Ernennung nicht annimmt, sich anschließend aber (einen hierfür rechtlich geeigneten Fall unterstellt) durch das Nachlassgericht gemäß § 2200 BGB bestellen lässt. Auf die ganz sichere Seite begibt sich der Testamentsvollstrecker, wenn er – was grundsätzlich ohnehin empfehlenswert ist – zu Beginn seines Amtes mit den Erben eine konkrete Vergütungsvereinbarung trifft.

E. Resümee

44 Die gesetzlichen Gebührenordnungen als Regelfall der Vergütung für die Testamentsgestalter sind die entscheidenden Ursachen dafür, dass eine präzise Vergütungsregelung für den Testamentsvollstrecker keinen Eingang in die letztwilligen Verfügungen findet. Für den Berater ist es regelmäßig schlicht einfacher, und damit wirtschaftlich vernünftiger, die Frage der Vergütung des Testamentsvollstreckers überhaupt nicht anzusprechen und die Auseinandersetzung mit der Thematik auf die Zeit nach dem Ableben des Erblassers zu vertagen. Denn andernfalls muss er sich schon heute zeitintensiven Diskussionen mit dem (künftigen) Erblasser stellen. *„Ein Mensch, der gute Arbeit macht, ist auch auf sein Honorar bedacht."* Diesen Grundsatz nimmt der (künftige) Erblasser wie selbstverständlich für sich in Anspruch. Diesen Anspruch sollte er aber auch seinem Berater und seinem späteren Testamentsvollstrecker zubilligen. Zudem sollte er eines sehr genau beachten: Kein Testamentsvollstrecker, auch nicht ein durch das Nachlassgericht bestimmter, ist verpflichtet, die Testamentsvollstreckung zu übernehmen.[65] Hinzu kommt: Fehler, die heute bei der Anordnung der Testamentsvollstreckung gemacht werden, sind nach dem Tod nicht mehr oder nur noch mit hohem finanziellen Aufwand zu korrigieren.

---

65 Als Ausweg bei einer unterbliebenen oder unzureichenden letztwilligen Vergütungsanordnung empfiehlt es sich, vor einer Nichtannahme des Testamentsvollstreckeramtes zu versuchen, mit den Erben gemeinschaftlich zu einer Vergütungsvereinbarung zu gelangen. Das ist ein Weg, der in der Praxis häufiger erfolgreich ist, als man zunächst annehmen mag.

E. Resümee

Eine niedrige Testamentsvollstreckervergütung mag zwar auf den ersten Blick die Erben schonen. Bei der Abwägung sollte sich der (künftige) Erblasser aber nicht von diesem Gedanken leiten lassen, sondern vor allem davon, einen erfahrenen und qualifizierten Testamentsvollstrecker für seine Erben zu gewinnen, der es nicht nötig hat, wirtschaftlich unrentable Testamentsvollstreckungen übernehmen zu müssen. Ein solcher Testamentsvollstrecker wird es dann auch nicht nötig haben, sämtliche Möglichkeiten zur Honorar- und Auslagenoptimierung auszuschöpfen. Letzteres bildet einen Quell fruchtlosen Streits im Nachlass und konterkariert den Sinn und Zweck der angeordneten Testamentsvollstreckung. Er wird vielmehr die Probleme lösen, die der Erblasser ihm zugewiesen hat. So dient die Einsetzung eines Testamentsvollstreckers oftmals z.B. auch dazu, den Familienstreit zu schlichten, den der Erblasser zu seinen Lebzeiten aus welchen Gründen auch immer nicht erledigen konnte.

45

> **Gestaltungshinweis**
> Jeder, der mit der Gestaltung von Testamenten befasst ist, die eine Testamentsvollstreckung anordnen, sollte u.E. seinen Einfluss dazu nutzen, die Vergütungsfragen in der letztwilligen Verfügung im Interesse der Sache und der Beteiligten präzise zu regeln.

§ 3 Vergütungstabellen

Übersicht: Rn
- A. Vorrang des Erblasserwillens und die Rechtswirklichkeit 1
  - I. Ausgangslage 1
  - II. Was heißt „angemessen"? 2
  - III. Wertvergütung: Drei-Schritt-Verfahren 3
- B. Ermittlung des Bezugswertes 4
- C. Tabellen 9
  - I. Funktion der Vergütungstabellen 9
  - II. Die Tabellen im Überblick 10
  - III. Die Tabellen im Einzelnen 11
    1. Rheinische Tabelle 11
    2. Möhring'sche Tabelle 12
    3. Klingelhöffer'sche Tabelle 13
    4. Berliner Praxis Tabelle 14
    5. Eckelskemper'sche Tabelle 15
    6. DNotV-Empfehlungen (Neue Rheinische Tabelle) 16
    7. Groll'sche Tabelle 17
    8. InsVV 18
  - IV. Berechnung der Vergütung nach den einzelnen Tabellen 19
    1. Tabellen mit stufenweiser Berechnung 19
    2. DNotV-Tabelle als lineare Tabelle 20
    3. Klingelhöffer'sche Tabelle: Schwellenwerte 21
    4. Tabelle von Groll: Direkt ablesbare Vergütung 22
- D. „Feinjustierung" der Tabellenwerte 23
  - I. Die Tabellen als Grobraster 23
  - II. Zuschläge zum Vergütungsgrundbetrag 26
    1. Mögliche Typisierung 26
    2. Abwicklungsvollstreckung 27
    3. Dauervollstreckung 32
    4. Testamentsvollstreckung über Unternehmen und Unternehmensbeteiligungen 34
  - III. Abschläge vom Vergütungsgrundbetrag 37
- E. Sonderprobleme 38
  - I. Mehrere Testamentsvollstrecker 38
  - II. Berufsdienste 41
  - III. Höchstbetrag 42
  - IV. Umsatzsteuer 43

A. Vorrang des Erblasserwillens und die Rechtswirklichkeit

I. Ausgangslage

Das Gesetz (§ 2221 BGB) geht bei der Vergütung des Testamentsvollstreckers vom Vorrang des Erblasserwillens aus. Nur wenn in der letztwilligen Verfügung die Vergütung nicht wirksam festgesetzt und aus ihr auch nicht zu entnehmen ist, dass die Testamentsvollstreckung unentgeltlich zu führen sei, und sich auch durch Auslegung der letztwilligen Verfügungen nichts anderes ergibt, kann der Testamentsvollstrecker eine angemessene Vergütung verlangen.

Die Rechtswirklichkeit sieht anders aus: Verfügungen von Todes wegen, in denen Testamentsvollstreckung angeordnet ist, enthalten nach den verfügbaren empirischen Untersuchungen nur in geringem Umfang Aussagen über die Höhe der Vergütung des Testamentsvollstreckers. Die Ausnahme ist somit die Regel.

II. Was heißt „angemessen"?

2 Der Grundsatz der Angemessenheit, der in § 2221 BGB verankert ist, beinhaltet zum einen das **Differenzierungsgebot**, zum anderen das **Äquivalenzprinzip**.

Im Rahmen der erforderlichen Einzelfallbetrachtung ist auf die vom Testamentsvollstrecker konkret entfaltete Tätigkeit differenzierend abzustellen. Generalisierende Aussagen sind deshalb nur in eingeschränktem Umfang und nur als Basis für weitere Differenzierungen, die den Einzelfall berücksichtigen, möglich. Das Äquivalenzprinzip bedeutet, dass der Testamentsvollstrecker Anspruch auf eine Vergütung hat, die seiner Tätigkeit, seinem Aufwand und seiner Verantwortung, aber auch seinem Erfolg oder Misserfolg entspricht.

Es stehen für eine Vergütung die **Wertvergütung** und die **Zeitvergütung** zur Verfügung. Als maßgebend gilt heute die Wertvergütung.[1]

III. Wertvergütung: Drei-Schritt-Verfahren

3 Die angemessene Vergütung wird in drei Schritten ermittelt:

Erster Schritt:

Für die Ermittlung der Vergütung ist zunächst der **Wert des Nachlasses** zu ermitteln.

Zweiter Schritt:

Mit Hilfe eines Prozentsatzes ist ein Vergütungsgrundbetrag aus dem ermittelten Nachlasswert zu errechnen. Hier liegt die Funktion der Vergütungstabellen.

Dritter Schritt:

Der Vergütungsgrundbetrag ist an die konkreten Verhältnisse des Einzelfalls anzupassen.

B. Ermittlung des Bezugswertes

4 Die Ermittlung des Bezugswertes kann im Einzelfall mit zahlreichen Problemen verbunden sein.

---

1 BGH NJW 1967, 2400; WM 1972, 101; ZEV 2005, 22 = FamRZ 2005, 207; OLG Köln RNotZ 2007, 548; Palandt/*Weidlich*, 72. Aufl. 2013, § 2221 Rn 3; Staudinger/*Reimann*, Bearb. 2012, § 2221 Rn 32 ff.

Erbteilsvollstreckung: Auch wenn nicht der gesamte Nachlass, sondern nur ein 5
Erbteil zu verwalten ist, ist doch auf den Wert des gesamten Nachlasses, nicht
nur auf den des Erbteils abzustellen.[2]

Nachlassverbindlichkeiten: Sofern die Vollstreckungstätigkeit auch die Regulie- 6
rung der Nachlassverbindlichkeiten umfasst, ist vom Bruttowert (= Aktivvermö-
gen) des Nachlasses auszugehen.[3]

Ausgegliedertes Vermögen: Fraglich ist auch, ob Vermögenswerte, die über 7
§ 331 BGB oder über Lebensversicherungen am Nachlass vorbei auf den Begünstigten bzw. Bezugsberechtigten übergehen, bei der Ermittlung des Bezugswertes
zu erfassen sind. Sie gehören nicht zum Nachlass, unterliegen also auch nicht der
Verwaltung des Testamentsvollstreckers. Sie gelangen u.U. erst nach dem Erbfall
in den Nachlass, nämlich bei einer Zurückweisung der Begünstigung gem. § 333
BGB. Es kommt dann jedenfalls zu einer Erhöhung des Bezugswertes der Testamentsvollstreckervergütung. Im Hinblick darauf, dass gerade bei Bankkonten
und Depots, die durch eine Verfügung zugunsten Dritter auf den Todesfall gem.
§ 331 BGB Dritten zugewandt wurden, auch für den Testamentsvollstrecker
typischerweise erhebliche Abwicklungsprobleme entstehen können, wird man
die diesbezüglichen Werte wohl von Anfang an der Bemessungsgrundlage hinzu-
rechnen müssen.

Vorempfänge und Schenkungen: Ebenso sind auszugleichende oder auf den 8
Pflichtteil anzurechnende Vorempfänge als fiktiver Nachlass dem anfänglichen
Bruttowert hinzuzurechnen.[4] Dies gilt auch für Schenkungen, die innerhalb der
letzten 10 Jahre vor dem Erbfall vorgenommen worden sind.[5]

Maßgeblich ist stets der **Verkehrswert** (gemeiner Wert) des Nachlasses. Steuerliche Bewertungsansätze sind nicht anzusetzen.

C. Tabellen

I. Funktion der Vergütungstabellen

Hat man den Bezugswert ermittelt, stellt sich die Frage, welcher Prozentsatz 9
denn angemessen ist. Mit der Option für die Wertvergütung allein ist das Ange-

---

2 BGH ZEV 2005, 22.
3 H.M.; BGH NJW 1967, 2402; OLG Schleswig ZEV 2009, 625; Palandt/*Weidlich*, 72. Aufl.
  2013, § 2221 Rn 4.
4 *Eckelskemper,* in: Bengel/Reimann Handbuch der Testamentsvollstreckung, 5. Aufl. 2013,
  X Rn 32; a.A. NK-BGB/*Weidlich*, 3. Aufl. 2010, § 2221 Rn 7; Bamberger/Roth/*J Mayer*,
  3. Aufl. 2012, § 2221 Rn 8.
5 *Voss/Targan*, ZErb 2007, 241, 244.

messenheitsproblem also noch nicht gelöst. Nötig sind Leitlinien für die Berechnung. Die Vergütungstabellen sollen diese Funktion übernehmen.

Die Testamentsvollstreckervergütung kann allerdings nur schwer generalisierend und typisierend festgelegt werden. Erfolgt dies, bleibt die Angemessenheitsprüfung im Einzelfall vorbehalten. Nach gängiger Praxis wird – mit diesem Vorbehalt – mit Hilfe diverser Tabellen in einem ersten Schritt ein Vergütungsgrundbetrag ermittelt. In einem zweiten Schritt wird dann auf der Grundlage ergänzender typisierender Richtlinien geprüft, ob dieser Vergütungsgrundbetrag im Einzelfall zu erhöhen oder zu reduzieren ist.

II. Die Tabellen im Überblick

10 Es sind folgende Tabellen zu nennen:[6]
 – Rheinische Tabelle[7]
 – Möhring'sche Tabelle[8]
 – Klingelhöffer'sche Tabelle[9]
 – Berliner Praxis-Tabelle[10]
 – Eckelskemper'sche Tabelle[11]
 – Empfehlungen des Deutschen Notarvereins = Neue Rheinische Tabelle[12]
 – Tabelle von Groll.[13]

Zum Vergleich kann – obwohl nicht alle Fälle der Testamentsvollstreckung vergleichbare Sachverhalte betreffen – die Insolvenzrechtliche Vergütungsverordnung (InsVV) vom 19.8.1998 (BGBl I, 2205) herangezogen werden.

Sowohl das OLG Köln[14] als auch das OLG Schleswig[15] haben sich für die Anwendbarkeit der DNotV-Empfehlungen (= Neue Rheinische Tabelle) ausgesprochen.

---

6 Vgl. Staudinger/*Reimann*, Bearb. 2012, § 2221 Rn 39 ff.; *Eckelskemper*, in: Bengel/Reimann, Handbuch der Testamentsvollstreckung, 5. Aufl. 2013, X Rn 39 ff.
7 DNotZ 1935, 623.
8 *Möhring*, Vermögensverwaltung in Vormundschafts- und Nachlaßsachen, 6. Aufl. 1981, S. 272 ff; modifiziert bei *Möhring/Beisswingert/Klingelhöffer*, Vermögensverwaltung in Vormundschafts- und Nachlaßsachen, 7. Aufl. 1992, S. 224 ff.
9 *Klingelhöffer*, Vermögensverwaltung in Nachlassachen, 2002, Rn 323.
10 Gerold/Schmidt/*Eicken/Madert*, BRAGO, 14. Aufl. 1999, § 1 Rn 25.
11 *Eckelskemper*, in: Bengel/Reimann, Handbuch der Testamentsvollstreckung, 5. Aufl. 2013, X Rn 39 ff.
12 Notar 2000, 2 ff = ZEV 2000, 181 = http://www.dnotv.de/_files/Dokumente/Testamentsvollstrecker/TV-Verguetungsempfehlungen-notar.pdf.
13 *Groll*, Praxis-Handbuch Erbrechtsberatung, 3. Aufl. 2010, C IX Rn 214.
14 ZEV 2008, 335.
15 ZEV 2009, 625, 629 m.w.N.

III. Die Tabellen im Einzelnen

1. Rheinische Tabelle

Wert	Vergütung
bis zu 10.225,84 EUR (20.000 DM)	4 %
von dem Mehrbetrag bis zu 51.129,19 EUR (100.000 DM)	3 %
von dem Mehrbetrag bis zu 511.291,88 EUR (1 Mio. DM)	2 %
von dem darüber hinausgehenden Betrag	1 %

11

2. Möhring'sche Tabelle

Wert	Vergütung
bis zu 10.225,84 EUR (20.000 DM)	7,5 %
von dem Mehrbetrag bis zu 51.129,19 EUR (100.000 DM)	5,4 %
von dem Mehrbetrag bis zu 511.291,88 EUR (1 Mio. DM)	3,6 %
von dem Mehrbetrag bis zu 1.022.583,70 (2 Mio. DM)	1,8 %
von dem darüber hinausgehenden Betrag	1 %

12

3. Klingelhöffer'sche Tabelle

Wert	Vergütung
bis zu einem Betrag von 12.500 EUR	7,5 %
bis zu einem Betrag von 25.000 EUR	7 %
bis zu einem Betrag von 50.000 EUR	6 %
bis zu einem Betrag von 100.000 EUR	5 %
bis zu einem Betrag von 200.000 EUR	4,5 %
bis zu einem Betrag von 500.000 EUR	4 %
bis zu einem Betrag von 1.000.000 EUR	3 %
von dem darüber hinausgehenden Betrag	1 %

13

Reimann

4. Berliner Praxis Tabelle

14

Wert	Vergütung
bis zu 2.556,46 EUR (5.000 DM)	10 %
von dem Mehrbetrag bis zu 10.225,85 EUR (20.000 DM)	6 %
von dem Mehrbetrag bis zu 25.564,59 EUR (50.000 DM)	4 %
von dem Mehrbetrag bis zu 51.129,19 EUR (100.000 DM)	3 %
von dem Mehrbetrag bis zu 511.291,88 EUR (1 Mio. DM)	2,4 %
von dem Mehrbetrag bis zu 1.022.583,70 EUR (2 Mio. DM)	1,2 %
von dem darüber hinausgehenden Betrag	1 %

5. Eckelskemper'sche Tabelle

15

Wert	Vergütung
bis zu 50.000 EUR	4 %
von dem Mehrbetrag bis zu 250.000 EUR	3 %
von dem Mehrbetrag bis zu 1.250.000 EUR	2,5 %
von dem Mehrbetrag bis zu 2.500.000 EUR	2 %
von dem darüber hinausgehenden Betrag	1 %

6. DNotV-Empfehlungen (Neue Rheinische Tabelle)

16

Wert	Vergütung
bis 250.000 EUR	4 %
bis 500.000 EUR	3 %
bis 2.500.000 EUR	2,5 %
bis 5.000.000 EUR	2 %
über 5.000.000 EUR	1,5 %

wobei jedoch mindestens der höchste Betrag der Vorstufe zugrundegelegt wird.

7. Groll'sche Tabelle

Aktivnachlass bis EUR	Honorar in EUR	Aktivnachlass bis EUR	Honorar in EUR
5.000	500	600.000	13.000
10.000	1.000	700.000	14.000
20.000	1.200	800.000	15.000
30.000	1.400	900.000	16.000
40.000	1.600	1.000.000	17.000
50.000	1.800	1.100.000	18.000
60.000	2.000	1.200.000	19.000
70.000	2.200	1.300.000	20.000
80.000	2.400	1.400.000	21.000
90.000	2.600	1.500.000	22.000
100.000	2.800	1.750.000	26.000
120.000	3.200	2.000.000	30.000
140.000	3.600	2.250.000	32.500
160.000	3.800	2.500.000	35.000
180.000	4.200	2.750.000	37.500
200.000	4.600	3.000.000	40.000
225.000	5.300	3.250.000	42.000
250.000	6.000	3.500.000	43.000
275.000	6.750	3.750.000	44.000
300.000	7.500	4.000.000	45.000
350.000	8.250	4.250.000	47.000
400.000	9.000	4.500.000	48.000
450.000	10.500	4.750.000	49.000
500.000	12.000	5.000.000	50.000
		darüber	1 % vom Nachlass

17

Reimann

8. InsVV

18

Wert	Vergütung
von den ersten 25.000 EUR	40 %
von dem Mehrbetrag bis zu 50.000 EUR	25 %
von dem Mehrbetrag bis zu 250.000 EUR	7 %
von dem Mehrbetrag bis zu 500.000 EUR	3 %
von dem Mehrbetrag bis zu 25.000.000 EUR	2 %
von dem Mehrbetrag bis zu 50.000.000 EUR	1 %
von dem darüber hinausgehenden Betrag	0,5 %

IV. Berechnung der Vergütung nach den einzelnen Tabellen

1. Tabellen mit stufenweiser Berechnung

19 Bei der Rheinischen Tabelle, der Möhring'schen Tabelle, der Berliner Praxistabelle, der Eckelskemper'schen Tabelle und der InsVV erfolgt die **Berechnung** stufenweise, wie in der Tabelle jeweils angegeben. Die Gesamtsumme der auf die einzelnen Stufen anfallenden Beträge ergibt die Vergütung.

> **Beispiel**
> Berechnung der Gebühr nach der Rheinischen Tabelle:
>
> Nachlasswert 268.000 EUR:
> bis 10.225,84 EUR
> 4 % = 409,0336 EUR
> von dem Mehrbetrag bis zu 51.129,19 EUR
> also aus 40.903,35 EUR 3 % = 1.227,005 EUR
> von dem Mehrbetrag bis 268.000 EUR
> also aus 216.870,81 EUR 2 % = 4.337,4162 EUR
> **Summe = 5.973,5503 EUR**

Die Berechnung nach den anderen o.g. Tabellen erfolgt entsprechend.

2. DNotV-Tabelle als lineare Tabelle

20 Bei der Neuen Rheinischen Tabelle (DNotV-Empfehlungen) kann die Vergütung unmittelbar – unter Berücksichtigung der dort genannten Korrekturvorschrift bei Wertsprüngen – aus der Tabelle abgelesen und linear berechnet werden.

> **Beispiel**
> Nachlasswert 268.000 EUR: hieraus 3 %, ergibt 8.040 EUR. Unter Berücksichtigung der Korrekturvorschrift bei Wertsprüngen beträgt der Mindestbe-

trag indes 10.000 EUR (= 4 % aus 250.000 EUR, was der vorangegangenen Wertstufe entspricht). Erst ab einem Betrag in Höhe von mehr als 333.333 EUR ergibt sich eine höhere Vergütung als 10.000 EUR.[16]

3. Klingelhöffer'sche Tabelle: Schwellenwerte

Die Klingelhöffer'sche Tabelle ist so anzuwenden, dass zunächst die Vergütung bis zu dem unter dem Nachlasswert liegenden Schwellenwert ermittelt wird. Dann wird der Betrag berechnet, der sich aus dem Prozentsatz für den nächsten Schwellenwert ergibt. 21

Beispiel
Aktivnachlass 268.000 EUR:
4,5 % aus 200.000 EUR + 4 % aus 68.000 EUR,
ergibt 9.000 EUR + 2.720 EUR, also 11.720 EUR.

4. Tabelle von Groll: Direkt ablesbare Vergütung

Bei der Tabelle von *Groll* kann die Vergütung bis 5.000.000 EUR direkt abgelesen werden, bei Werten darüber beträgt die Vergütung 50.000 EUR zuzüglich 1 % aus dem Wert, der über 5.000.000 EUR liegt. 22

D. „Feinjustierung" der Tabellenwerte

I. Die Tabellen als Grobraster

Differenzierungsgebot und Äquivalenzprinzip verlangen, dass der Pflichtenkreis des Testamentsvollstreckers, der Umfang der ihn treffenden Verantwortung und die von ihm geleistete Arbeit zur berücksichtigen sind, wobei die Schwierigkeit der gelösten Aufgaben, die Dauer der Abwicklung oder der Verwaltung, die Verwertung besonderer Kenntnisse und Erfahrungen und auch die Bewährung einer sich am Erfolg auswirkenden Geschicklichkeit zur berücksichtigen sind.[17] Die Vergütung ist darüber hinaus mit der Haftung des Testamentsvollstreckers (§ 2219 BGB) zu koordinieren. Da die Haftung im Wesentlichen nicht von der aufgewendeten Zeit, sondern von dem Wert des betreuten Vermögens abhängt, entspricht daher die Vergütung nur dann dem Differenzierungsgebot und dem Äquivalenzprinzip, die in § 2221 BGB verankert sind, wenn die Vergütung dem Grunde nach, also mit einem Vergütungsgrundbetrag, aus dem Wert des verwalte- 23

---

16 Siehe auch *Deutscher Notarverein:* http://www.dnotv.de/_files/Dokumente/Testamentsvollstrecker/TV-Verguetungsempfehlungen-notar.pdf und dort das Berechnungsbeispiel auf S. 3.
17 BGH NJW 1967, 2004; WM 1972, 101; BGH ZEV 2005, 22, 23.

ten Vermögens berechnet wird **und darüber hinaus** ergänzende Faktoren berücksichtigt werden. Angemessen ist daher allein eine **Verantwortungsgebühr.** Methodisch richtig ist es daher, neben einem Vergütungsgrundbetrag die ansonsten vom Testamentsvollstrecker im Verlauf der Testamentsvollstreckung erbrachten Leistungen zu erfassen und für diese besondere Zuschläge zu gewähren, ggf. auch Abschläge vorzunehmen, wenn die Tätigkeit relativ einfach ist. Dies kann generalisierend und typisierend vorab geschehen, sofern die Korrektur abschließend nach der im Einzelfall erbrachten, konkreten Tätigkeit erfolgt.

24 Würde man bei der Ermittlung des Vergütungsgrundbetrages aufhören, wäre nicht ausreichend nach der Art der Testamentsvollstreckung differenziert: Die „Tabellenwerte" sollen nämlich nach ihrem eigenen Anspruch nur die glatte Abwicklung unter normalen Verhältnissen abgelten. Eine bloße Abwicklungsvollstreckung ist anders zu honorieren als eine Dauervollstreckung. In beiden Fällen kann es neben der eigentlichen Verwaltungsarbeit auch zu besonderen Konstituierungsmaßnahmen kommen, die besonders schwierig und aufwendig sind. Erfolgt eine längere Verwaltungstätigkeit oder verursacht die Verwaltung eine besonders umfangreiche oder zeitraubende Tätigkeit oder ist sie aus sonstigen, auch aus juristischen Gründen, z.B. bei Vorhandensein von Minderjährigen, besonders schwierig, so kann eine höhere Vergütung angemessen sein, auch eine laufende, nach dem Jahresertrag der Einkünfte zu berechnende Vergütung. Der Vergütungsgrundbetrag deckt lediglich die einfache Testamentsvollstreckung (normale Nachlässe, glatte Abwicklung) bis zur Beendigung der Tätigkeit des Testamentsvollstreckers ab. Das ist im Regelfall die Abwicklung der erbschaftsteuerlichen Fragen einschließlich der Überleitung des Nachlasses auf einen Nachfolger als Testamentsvollstrecker oder der Freigabe des Nachlasses an die Erben.

25 Die Tabellen führen jedenfalls dann zu **unangemessenen Ergebnissen,** wenn die im konkreten Fall vom Testamentsvollstrecker erbrachte Leistung nicht berücksichtigt wird. Differenzierungsgebot und Äquivalenzprinzip erfordern, dass bei der Berechnung der Vergütung weitere Gesichtspunkte im konkreten Fall berücksichtigt werden.

II. Zuschläge zum Vergütungsgrundbetrag

1. Mögliche Typisierung

26 Bei Testamentsvollstreckungen lassen sich **typische Fallgestaltungen** erkennen, die jeweils im Allgemeinen und stets unter dem Vorbehalt der Nachprüfung im Einzelfall eine andere Antwort auf die Frage nach der Angemessenheit der Vergütung rechtfertigen. Bei den Fallgruppen ist nach der Art der vom Testamentsvollstrecker erbrachten Leistungen zu differenzieren. Hierzu wurden zahlreiche Vorschläge gemacht von:

Reimann

- *Möhring/Beißwingert/Klingelhöffer* (Vermögensverwaltung in Vormundschafts- und Nachlaßsachen, 7. Aufl. 1992, S. 218 ff.) bzw. *Klingelhöffer* (Vermögensverwaltung in Nachlassachen, 2002, S 193 ff.),
- *Eckelskemper* (in: Bengel/Reimann, Handbuch der Testamentsvollstreckung, 5. Aufl. 2013, X Rn 82 ff.),
- *Tiling* (ZEV 1998, 331),
- dem Deutschen Notarverein (Notar 2000, 2 ff. = ZEV 2000, 181 ff.).

In Sonderheit die Empfehlungen des Deutschen Notarvereins[18] typisieren die denkbaren Zuschläge und Abschläge methodisch in einer Weise, die es den Nachlassbeteiligten ermöglicht, die Berechnung nachzuvollziehen und zu überprüfen. Die DNotV-Empfehlungen haben darüber hinaus den Vorzug, dass sie konkrete Margen für Zuschläge und Abschläge vorschlagen und sich auf das gesetzliche Vorbild der InsVV berufen können.

2. Abwicklungsvollstreckung

Konstituierung: Zuschläge zum Vergütungsgrundbetrag sind bei der Abwicklungsvollstreckung für die Konstituierung des Nachlasses zu erheben. Unter Konstituierung fasst man alles zusammen, was dem Ermitteln, dem Sichern und der Inbesitznahme des Nachlasses dient, z.B. das Erstellen des Nachlassverzeichnisses, die Bewertung des Nachlasses, das Regulieren der Nachlassverbindlichkeiten einschließlich der Erbschaftsteuer. Ein Konstituierungszuschlag kann naturgemäß dort nicht erhoben werden, wo der Testamentsvollstrecker in der Lage ist, den Nachlass einfach „in Empfang zu nehmen" (einige wenige Kontoauszüge etc.). Die DNotV-Empfehlungen geben einen Zuschlag von 2/10 bis 10/10 vor. 27

Auseinandersetzung, Vermächtniserfüllung: Auch für die Auseinandersetzung des Nachlasses ist ein Zuschlag geboten, wenn sie z.B. wegen vieler Immobilien über den normalen Aufwand hinausgeht.[19] Bewertungsfragen sind nicht nur für die Erbschaftsteuererklärung, sondern regelmäßig auch für eine Auseinandersetzung der Erben bedeutsam, und zwar immer dann, wenn eine Realteilung erfolgt und der Erblasser keine verbindlichen Regelungen vorgegeben hat. Hier ist zu bedenken, dass die Diskussion von Bewertungsfragen immer Zeit kostet, ebenso die Vorbereitung der Unterlagen für eine etwaige Begutachtung, weiter das Bereitstellen der zur Begutachtung anstehenden Objekte bzw. das Verschaffen der Zugangsmöglichkeit. Die DNotV-Empfehlungen sehen einen Zuschlag von 2/10 bis 10/10 des Grundbetrages vor, wenn der Testamentsvollstrecker den Nachlass auseinanderzusetzen oder Vermächtnisse zu erfüllen hat. 28

---

18 Vgl. dazu *Reimann*, DNotZ 2001, 344.
19 OLG Köln ZEV 2008, 335; OLG Köln NJW-RR 1994, 269 = ZEV 1994, 118 m. Anm. *Klingelhöffer*.

29 **Komplexe Nachlassverwaltung:** Die Schwierigkeit kann in der Konsistenz des Nachlasses (Geschäftsbeteiligungen, Problemimmobilien, unübersichtliche Forderungen des Nachlasses oder gegen den Nachlass, Auslandsvermögen etc.) wie auch in der Person der Erben (minderjährige Erben, Vielzahl von Erben, Erben im Ausland etc.) begründet sein. Ist der Nachlass besonders schwierig, soll nach den DNotV-Empfehlungen ein Zuschlag von 2/10 bis 10/10 des Grundbetrages anfallen.

30 **Aufwendige oder schwierige Gestaltungsaufgaben:** Ein Zuschlag kann auch durch schwierige Gestaltungsaufgaben, die vom Testamentsvollstrecker zu bewältigen sind, gerechtfertigt sein (OLG Köln ZEV 2008, 336). Das Aufteilen eines Wertpapierdepots oder eines Bankkontos führt nicht zu diesem Zuschlag, wohl aber das Umstrukturieren eines Unternehmens oder dessen Verkauf, die Umschuldung bei Grundbesitz oder dessen Verwertung, auch die Notwendigkeit, den Nachlass „zu sammeln", Forderungen einzuziehen und die Nachlassstruktur zu vereinheitlichen, wenn dies für die vom Erblasser verfolgten Ziele erforderlich ist. Dazu gehört auch die Einbringung des Nachlasses in eine Gesellschaft oder eine Stiftung, insbesondere, wenn die Gesellschaft bzw. Stiftung vom Testamentsvollstrecker erst noch zu gründen und die Satzung von ihm zu erarbeiten ist. Rechtsstreitigkeiten über den Nachlass und das Bereinigen von Steuerangelegenheiten rechtfertigen ebenfalls einen Zuschlag zur Grundvergütung.

31 **Steuerangelegenheiten:** Die Konstituierung des Nachlasses umfasst nur durch den Erbfall entstehende inländische Steuern, vor allem die Erbschaftsteuer, nicht jedoch zuvor bereits entstandene oder danach entstehende Steuern oder ausländische Steuerangelegenheiten. Bereinigt der Testamentsvollstrecker also Steuerangelegenheiten des Erblassers oder gibt er Einkommensteuererklärungen für den Erblasser bzw. die Erben ab, so ist dies eine besondere Gestaltungsaufgabe, die einen Zuschlag rechtfertigt. Die DNotV-Empfehlungen sehen einen Zuschlag von 2/10 bis 10/10 vor. Bezieht sich die Steuerangelegenheit nur auf einzelne Nachlassgegenstände, ermittelt sich der Zuschlag nach deren Wert aus dem für den Gesamtnachlasswert einschlägigen Prozentsatz. Der Zuschlag ist bei Abschluss der Tätigkeit fällig.

3. Dauervollstreckung

32 Bei der Verwaltungsvollstreckung, die sich über die Konstituierung und die Erfüllung von Abwicklungsmaßnahmen hinauszieht, kann die Vergütung naturgemäß nicht auf den Grundbetrag beschränkt werden. Man unterscheidet zwei Arten, nämlich die Verwaltungsvollstreckung im engeren Sinne, bei welcher der Erblasser dem Testamentsvollstrecker keine anderen Aufgaben als die Verwaltung des Nachlasses zuweist, die Nachlassverwaltung ist also von vornherein Selbstzweck, und die Dauervollstreckung, bei welcher die Testamentsvollstreckung nach Erledigung der dem Testamentsvollstrecker sonst zugewiesenen Aufgaben fortdauern soll (§ 2209 BGB).

Die bloße Dauer der Testamentsvollstreckung rechtfertigt bereits einen Zuschlag. 33
Der Testamentsvollstrecker ist über die konkrete Abwicklungsmaßnahme hinaus
für einen längeren Zeitraum gebunden, er muss seine Aufmerksamkeit dem
Nachlass über die Zeit zuwenden. Die DNotV-Empfehlungen sehen hier (Ziffer
III 1) für diejenige Verwaltung, die über den Zeitpunkt der Erbschaftsteuerveranlagung hinausgeht, pro Jahr einen Zuschlag von einem Drittel bis einem halben
Prozent des im jeweiligen Jahr gegebenen Nachlassbruttowertes vor oder – falls
dieser Betrag höher liegt – zwei bis vier Prozent des jährlichen Nachlassbruttoertrages.

4. Testamentsvollstreckung über Unternehmen und Unternehmensbeteiligungen

Besondere Probleme treten bei Verwaltungsvollstreckungen (Dauervollstreckun- 34
gen) auf, wenn ein Geschäftsbetrieb in den Nachlass fällt, sei es als Unternehmen,
sei es als Unternehmensbeteiligung. Für die Vergütung des Testamentsvollstreckers werden in diesen Fällen besondere Gesichtspunkte maßgebend sein. Rechtsprechung und Literatur haben sich mit diesen speziellen Fragen bislang kaum
auseinandergesetzt.[20] Es liegt auf der Hand, dass bei der Ermittlung der Angemessenheit der Vergütung für Testamentsvollstreckung im Unternehmensbereich die
üblichen Tabellenwerte nur eine geringe Funktion haben können. Positivrechtlich
wird diese Aussage durch § 3 Abs. 1 lit. b InsVV gestützt.

Will man die angemessene Vergütung des unternehmerischen Testamentsvollstre- 35
ckers ermitteln, ist vorab zu prüfen, welche **Funktion** er **im Unternehmen** haben
kann und schließlich auch ausübt. Die DNotV-Empfehlungen differenzieren zutreffend: Ein Zuschlag von 10 % des jährlichen Reingewinns wird dem Testamentsvollstrecker zur Grundvergütung zugestanden, wenn er die Unternehmerstellung bei Personengesellschaften übernimmt und ausübt, ggf. im Wege der
Vollrechtstreuhand. Die DNotV-Empfehlungen beschränken diese Aussage –
nicht ganz zutreffend – auf Personengesellschaften, eine Aussage für Kapitalgesellschaften fehlt. Dort ist die Situation aber nicht völlig anders zu beurteilen,
vor allem bei Familiengesellschaften, wo es auf das Zusammenwirken der Gesellschaft in ähnlicher Weise ankommt wie bei Personengesellschaften. Bei Anlagege-
sellschaften und tatsächlich kapitalistisch strukturierten Kapitalgesellschaften
werden dann 10 % des jährlichen Reingewinns eher als Obergrenze des Zuschlags
anzusehen sein. Ist der Testamentsvollstrecker als Organ einer Gesellschaft tätig
oder ist er von ihr bevollmächtigt, billigen die DNotV-Empfehlungen ihm einen
Zuschlag in Höhe des branchenüblichen Geschäftsführer- bzw Vorstandsgehaltes
und die branchenübliche Tantieme als Zuschlag zur Grundvergütung zu. Hat der
Testamentsvollstrecker lediglich beaufsichtigende Funktion (Aufsichtsratsmit-

---

20 Es sind lediglich zwei nennenswerte Entscheidungen zu verzeichnen: LG Hamburg, Urt.
v. 27.3.1958, MDR 1958, 761, und BGH, Urt. v. 28.11.1962, DNotZ 1963, 168; vgl. dazu
Reimann, in: FS H. Flick, 1997, S. 357.

glied, Beiratsmitglied, Beteiligung über einen Zwerganteil), soll er die branchenübliche Vergütung eines entsprechenden Aufsichtsratsmitglieds etc. als Zuschlag erhalten.

36 Bei der „Feinabgrenzung" spielt die jeweilige **Struktur des Unternehmens** (etwa die Zahl der Arbeitnehmer, die Art der ausgeübten Tätigkeit, die Höhe der Verbindlichkeiten, Unternehmungen auch im Ausland o.Ä.) eine Rolle, ebenso die Frage, ob das Risiko des Testamentsvollstreckers, etwa durch Versicherungen, die aus Mitteln des Nachlasses bezahlt werden, oder durch Vereinbarungen mit den Erben, abgedeckt ist.

III. Abschläge vom Vergütungsgrundbetrag

37 Abschläge von der Grundvergütung sind angebracht, wo der Testamentsvollstrecker nur eine beaufsichtigende (defensive) Funktion hat. Wenn der Testamentsvollstrecker lediglich die Einhaltung einer Auflage (z.b. Veräußerungsverbot) zu überwachen hat, wird die Vergütung nach dem Tabellenwert regelmäßig zu hoch sein. Gleiches gilt auch bei Nacherbenvollstreckungen gemäß § 2222 BGB, wenn der Testamentsvollstrecker ausschließlich die Mitwirkungsrechte des Nacherben während der Dauer der Vorerbschaft auszuüben hat. Die DNotV-Empfehlungen (Ziffer I) sehen für diese Fälle zutreffend vor, dass der Testamentsvollstrecker wegen seiner geringeren Belastung anstelle des vollen Vergütungsgrundbetrages lediglich 2/10 bis 5/10 dieses Betrages erhält.

E. Sonderprobleme

I. Mehrere Testamentsvollstrecker

38 Das Gesetz enthält keine Sonderregelung für den Fall, dass mehrere Testamentsvollstrecker tätig sind. Der Vergütungsanspruch steht jedem Testamentsvollstrecker eigenständig zu, er kann ohne Mitwirkung der anderen Vollstrecker geltend gemacht werden, dementsprechend ist jeder Testamentsvollstrecker passiv legitimiert, wenn der Erbe die Angemessenheit der Vergütung bestreitet und negative Feststellungsklage erhebt.

39 Im Übrigen ist zu unterscheiden zwischen **paralleler** und **sukzessiver Tätigkeit** mehrerer Testamentsvollstrecker. Bei sukzessiver Tätigkeit erhält der Nachfolger die Vergütung nur für diejenigen Arbeiten, die nicht bereits der Vorgänger abgeschlossen hat. Bei gemeinschaftlicher paralleler Testamentsvollstreckung ist es fraglich, wie hoch die Gesamtvergütung ist und wie sie auf die mehreren Testamentsvollstrecker aufgeteilt wird. Es ist dabei weder davon auszugehen, dass es bei einer Vergütung verbleibt, die so berechnet wird, wie wenn nur eine Person

Testamentsvollstrecker wäre,[21] noch ist die Vergütung schematisch zu vervielfältigen, so als ob jedem Testamentsvollstrecker die volle Gebühr zustünde. Wenn der Erblasser Veranlassung hat, mehrere Testamentsvollstrecker zu bestimmen, muss deren Aufgabe so wichtig sein, dass es auch legitim ist, die Erben stärker zu belasten, als wenn nur ein Testamentsvollstrecker tätig wäre.[22] Es ist also eine angemessene Erhöhung der Vergütung angebracht. Andererseits fallen manche Aufgaben, wie die Konstituierung des Nachlasses, nicht doppelt an, so dass sich die Gebühr nicht zwangsläufig vervielfacht, wenn man vom zeitlichen Mehraufwand durch die Kommunikation zwischen den Testamentsvollstreckern absieht.[23] Das OLG Karlsruhe[24] bewilligte zwei Testamentsvollstreckern zusammen eine Vergütung in Höhe von 150 % dessen, was einem Testamentsvollstrecker zugestanden hätte.

Diese Erhöhung der Vergütung kann sich nur auf die Grundvergütung (Vergütungsgrundbetrag zuzüglich Zuschläge, aber ohne die Zuschläge für die Dauervollstreckung) beziehen. Die Zuschläge für die Dauervollstreckung unterliegen ihrer Natur nach keiner Erhöhung nach diesen Gesichtspunkten. Ist so die Gesamthöhe der Vergütung ermittelt, ist zu klären, wie diese unter den mehreren Testamentsvollstreckern aufgeteilt wird. Bei gleichwertiger Aufgabenverteilung im Innenverhältnis ist die Vergütung nach Köpfen aufzuteilen. Bei gemeinsamer Verantwortung der Testamentsvollstrecker nach außen, aber nicht gleichwertiger Geschäftsverteilung im Innenverhältnis ist sie angemessen unter Berücksichtigung der Aufgabenbereiche zu verwenden. Jeder Testamentsvollstrecker erhält eine Vergütung nach Maßgabe seiner Tätigkeit.[25] Auch der unterschiedliche zeitliche Aufwand wird bei den einzelnen Testamentsvollstreckern zu berücksichtigen sein. Bei vom Erblasser angeordneter gegenständlicher Verteilung der Aufgaben im Außenverhältnis gilt dies erst recht. Die Vergütung ist also entsprechend der jeweiligen Verantwortung des Testamentsvollstreckers zuzuordnen.

40

II. Berufsdienste

Berufsdienstliche Leistungen, vor allem von Rechtsanwälten, Notaren, Steuerberatern, Wirtschaftsprüfern, Banken, Maklern und Vermögensverwaltern im Rahmen einer Testamentsvollstreckung erbrachte Leistungen, sind grundsätzlich gesondert zu vergüten. Es ist allerdings zu unterscheiden zwischen den allgemeinen Tätigkeiten, die ein Berufsträger im Rahmen seiner Berufstätigkeit abrechnen kann (vgl. z.B. VV 7000 RVG) und dem darüber hinaus gehenden berufsspezifischen Einsatz des Testamentsvollstreckers. Nur für Letzteren wird eine geson-

41

---

21 So aber OLG Stuttgart BWNotZ 1961, 92.
22 *Zimmermann*, Die Testamentsvollstreckung, 3. Aufl. 2008, Rn 713.
23 Staudinger/*Reimann*, Bearb. 2012, § 2221 Rn 54.
24 ZEV 2001, 286.
25 BGH NJW 1967, 2400 = DNotZ 1968, 355.

derte Vergütung geschuldet. Im Einzelfall wird auch eine Auslegung des Testamentes zu einem anderen Ergebnis führen können, insbesondere, wenn der Erblasser die Berufsgruppe gezielt für notwendige Tätigkeiten ausgesucht hat. Richtig ist es aber, dass ein Berufsträger nicht schlechter gestellt werden darf als ein sonstiger Testamentsvollstrecker, der sich für Leistungen, die er nicht selbst erbringen kann, anderer Berufsträger bedienen muss (so auch § 5 InsVV und Ziffer V 3 der DNotV-Empfehlungen).

III. Höchstbetrag

42 Treffen **mehrere Erschwerungsgründe** zusammen, sind sie gesondert zu bewerten; die Vergütungen sind zu addieren. Die Gesamtobergrenze wird hier vielfach bei 12 % des Nachlasswertes gesehen.[26] Nach den DNotV-Empfehlungen soll die Gesamtvergütung das Dreifache des Vergütungsgrundbetrages nicht überschreiten (Ziffer II 2). Obergrenzen sind nirgendwo verankert. Auch die Insolvenzrechtliche Vergütungsverordnung (InsVV) sieht keine Obergrenze vor. Sie wird bei kleineren, oft sehr arbeitsintensiven Nachlässen keine Bedeutung haben können; auch bei Dauervollstreckungen, die sich über mehrere Jahre hinziehen, wird eine Obergrenze nicht angemessen sein. Andernfalls müsste der Testamentsvollstrecker nach Erreichen der Obergrenze seine Leistungen ohne Entgelt erbringen. Auch die von den DNotV-Empfehlungen gezogene Obergrenze bezieht sich von ihrem systematischen Standort nur auf Abwicklungsvollstreckungen, nicht auf Dauervollstreckungen und ist wohl eher als Regelaussage gedacht. Ausnahmen müssen im Einzelfall möglich sein. Da die Vergütung angemessen sein muss, scheidet eine beliebige Kumulation von Tabellenwerten ohnehin aus.

IV. Umsatzsteuer

43 Von erheblicher wirtschaftlicher Bedeutung ist, ob die Testamentsvollstreckervergütung eine **Brutto- oder Nettovergütung** ist. § 7 InsVV sieht vor, dass die Umsatzsteuer zur Vergütung des Insolvenzverwalters hinzukommt, ebenso § 3 Abs. 1 S 3 VBVG für den Betreuer.[27] Für § 2221 BGB fehlt eine gesetzliche Regelung.

44 Die Vergütung sollte hiernach eine Bruttovergütung sein, wenn der Erblasser nichts anderes bestimmt hat.[28] Nicht jeder Testamentsvollstrecker ist allerdings ein umsatzsteuerpflichtiger Unternehmer. Ein nur einmal tätiger Amtsinhaber handelt ohne Wiederholungsabsicht, er tätigt somit keinen umsatzsteuerpflichtigen Umsatz.

---

26 Hessisches FinG EFG 1991, 333; *Möhring/Beisswingert/Klinghöffer*, 7. Aufl. 1992, Vermögensverwaltung in Vormundschafts- und Nachlaßsachen, S. 230.
27 Vgl. auch OLG-Zweibrücken NJW-FER 2000, 315.
28 Vgl. FinG Bremen EFG 1989, 39.

Bei Annahme einer Bruttovergütung muss die Umsatzsteuerschuld aus dem Gesamtbetrag herausgerechnet werden. Die Umsatzsteuer kann also zu einem unerwarteten Kostenfaktor werden. Allerdings ist die Umsatzsteuerbelastung dann bei der Angemessenheitsermittlung zu berücksichtigen.[29] Die Behandlung der Umsatzsteuer ist nach wie vor streitig.[30] Herrschende Meinung dürfte inzwischen sein, dass die Umsatzsteuer zusätzlich zur Testamentsvollstreckervergütung zu erheben ist.[31]

45

---

29 BayObLGZ 1986, 448; OLG Frankfurt OLGR 2000, 165.
30 Palandt/*Weidlich*, 72. Aufl. 2013, § 2221 Rn 6.
31 OLG Schleswig ZEV 2009, 631; Staudinger/*Reimann*, Bearb. 2012, § 2221 Rn 57; *Klingelhöffer*, 2002, Vermögensverwaltung in Nachlaßsachen, Rn 337; *Eckelskemper*, in: Bengel/Reimann, Handbuch der Testamentsvollstreckung, 5. Aufl. 2013, X Rn 220 ff.; *Tiling*, ZEV 1998, 331; DNotV-Empfehlungen Ziff. IV; a.A. LG München ZEV 2007, 530; NK-BGB/*Weidlich*, 3. Aufl. 2010, § 2221 Rn 23 m.w.N.

§ 4 Vergütung des Testamentsvollstreckers aus der Sicht der Notare[1]

Übersicht: Rn
A. Ausgangslage 1
B. Begrenzter Einfluss der Notare auf die Testamentsgestaltung 2
C. Allgemeine Pflichten des Notars bei der Beurkundung 5
   I. Grundsatz 5
   II. Willenserforschung 6
   III. Sachverhaltsaufklärung 9
   IV. Belehrung über die rechtliche Tragweite 11
   V. Formulierungspflicht 13
D. Richtige Vergütung im Besonderen 16
   I. Grundsatz 16
   II. Art der Vergütung 18
   III. Bemessungsgrundlage 19
   IV. Vergütungsschuldner 21
   V. Mehrere Testamentsvollstrecker 22
   VI. Dauervollstreckung 23
   VII. Umsatzsteuer 24
E. Fazit 25

A. Ausgangslage

Die Vergütung des Testamentsvollstreckers wird nach dem gesetzlichen Leitbild 1
des § 2221 BGB vorrangig durch den Erblasser festgesetzt. Denjenigen Personen,
die Einfluss auf die Gestaltung der maßgeblichen Verfügung von Todes wegen
haben, kommt damit auch ein Teil der Verantwortung dafür zu, wie die Vergütung
des Testamentsvollstreckers festgesetzt wird. Dies sind vor allem die Angehörigen
der rechts-, steuerberatenden- und wirtschaftsprüfenden Berufe.

Im Fokus des Interesses stehen damit vor allem die Notare wegen ihrer besonderen Rolle bei Rechtsgeschäften, für die das Gesetz die notarielle Beurkundung
vorsieht (§ 128 BGB). Bei Verfügungen von Todes wegen besteht ein gesetzlicher
Zwang zur notariellen Beurkundung grundsätzlich nur bei Erbverträgen (§ 2276
BGB). Testamente, auch gemeinschaftliche Testamente, können hingegen in „ordentlicher Form" entweder zur Niederschrift eines Notars *oder* durch eine vom
Erblasser nach § 2247 BGB abgegebene, also eigenhändig geschriebene und unterschriebene Erklärung errichtet werden (§ 2231 BGB). Lediglich für den minderjährigen Erblasser – das Gesetz sieht die Testierfähigkeit ab der Vollendung des
16. Lebensjahres vor (§ 2229 Abs. 1 BGB) – schreibt das Gesetz für Testamente
die notarielle Beurkundung vor (§ 2223 Abs. 1 BGB). Der weitere Sonderfall,

---

[1] Überarbeitete Fassung des Vortrags beim 6. Deutscher Testamentsvollstreckertag der Arbeitsgemeinschaft Testamentsvollstreckung und Vermögenssorge (AGT e.V.) in Bonn am 29.11.2012.

Reimann

dass der Erblasser nach seinen Angaben oder nach der Überzeugung des Notars nicht im Stande ist, Geschriebenes zu lesen, führt, wenn denn ein Testament errichtet werden soll (§ 2231 Abs. 2 BGB), ebenfalls zwingend zur notariellen Beurkundung.

B. Begrenzter Einfluss der Notare auf die Testamentsgestaltung

2   Aus diesen Vorüberlegungen ergibt sich bereits, dass der Einfluss der Notare auf die Gestaltung von Testamenten begrenzt ist, besteht doch weitestgehend die Möglichkeit, privatschriftlich zu testieren. Statistische Ermittlungen haben zudem ergeben, dass nur etwa 30 % der Bundesbürger unter Hinterlassung eines Testamentes versterben.[2] Nur ca. ein Drittel der vorhandenen Verfügungen sind notariell beurkundet. Dies bedeutet, dass der Anteil der notariellen Testamente an der Nachlassabwicklung nur ca. 10 % beträgt.

3   Ein weiterer Grund für den begrenzten Einfluss der Notare auf die Gestaltung von Verfügungen von Todes wegen ist, dass in Deutschland zu viel ad hoc testiert wird: Die Nachlassplanung kommt zu kurz. Der Notar kann oft nur (zu) spät seine Einwirkungsmöglichkeiten nutzen.[3]

4   Dem Erblasser geht es darüber hinaus primär meist um die Verteilung des Nachlasses. Je weiter entfernt die Anordnungen von der Erbeinsetzung und etwaigen Vermächtnissen sind, desto mehr nimmt die gestalterische Energie des Erblassers (und möglicherweise auch des Notars) ab: Evidente Beispiele hierfür sind die Ersatzerbenbestimmung, die Erbeserbenproblematik, Erbteilungsverbote, Auflagen, auch die Testamentsvollstreckung. Diese Bereiche werden vom Erblasser regelmäßig nicht ausreichend und früh genug reflektiert. Damit steht auch die Festsetzung der Vergütung des Testamentsvollstreckers ganz am Ende der Skala.

C. Allgemeine Pflichten des Notars bei der Beurkundung

I. Grundsatz

5   § 17 Abs. 1 BeurkG legt die Pflichten und damit auch Möglichkeiten des Notars bei der Beurkundung von Willenserklärungen, damit auch von Testamenten, fest: Der Notar soll
– den Willen der Beteiligten erforschen,
– den Sachverhalt klären,

---

[2] Http://www.handelsblatt.com/finanzen/boerse-maerkte/anlegerakademie/testament-nachlassplanung-dem-familienfrieden-zuliebe/6275728–2.html.
[3] *Reimann*, ZEV 1997, 129.

– die Beteiligten über die rechtliche Tragweite des Geschäfts belehren,
– ihre Erklärung klar und unzweideutig formulieren.

II. Willenserforschung

Der Notar hat stets den tatsächlichen Willen des Erblassers zu erforschen. Er muss klären, ob es zweckmäßig und hilfreich ist, Testamentsvollstreckung anzuordnen, ob Testamentsvollstreckung überhaupt nötig ist.[4] Auch wenn man von den subjektiven Wünschen des Erblassers absieht, gibt es häufig objektive Gründe für eine Testamentsvollstreckung:[5]
– Problemerben (Behinderte, Fehlentwickelte, Scheidungsfälle)
– Problemnachlässe (überschuldete Immobilien, Rechtsstreitigkeiten, Auslandsvermögen)
– Sicherungsinteressen, vor allem bei Vermächtnissen, Familiengesellschaften Unternehmen, Auslandsvermögen etc.

6

Der Notar wird mit den Beteiligten im Vorfeld der Beurkundung den Umfang der Testamentsvollstreckung klären. Die Aufgaben, Rechte und Pflichten des Testamentsvollstreckers sollen bestimmt sein. Der Erblasser muss entscheiden, ob der Testamentsvollstrecker den Nachlass nur abwickeln und ggf. auseinandersetzen soll oder ob dauerhafte oder zeitlich beschränkte Verwaltungsvollstreckung angeordnet wird.

7

Im gesellschaftsrechtlichen Bereich soll der Notar darauf hinwirken, dass die Beteiligten klären, ob der Testamentsvollstrecker das Unternehmen (die Beteiligung) nur von außen kontrollieren oder von innen verwalten soll. Auch die Intention der Testamentsvollstreckungsanordnung soll vorab geklärt werden, also die Frage, ob die Testamentsvollstreckung nur im Interesse des Testamentsvollstreckers, etwa als Vermächtnisnehmer angeordnet wird.

Zur Willenserforschung wird auch gehören, beim Erblasser nachzufragen, wie er sich denn die Vergütung des Testamentsvollstreckers vorgestellt hat. In vielen Fällen hat der Erblasser selbst strukturierte Vorstellungen hierüber. Im Regelfall wird aber der Erblasser erst durch die Frage des Notars angeregt, über das Thema nachzudenken.

8

Willenserforschung und Willensbildung sind dabei nicht völlig zu trennen. Eine über § 17 BeurkG hinausgehende „betreuende Belehrungspflicht" des Notars kann dann gegeben sein, wenn besondere Umstände vermuten lassen, ein Beteiligter sei sich einer Rechtsfolge nicht voll bewusst, es drohe ihm daher ein ab-

---

4 Negatives Beispiel ist der Fall des baden-württembergischen Bezirksnotars: OLG Karlsruhe ZEV 2005, 256 m. Anm. *Otte*.
5 *Reimann*, in: Bengel/Reimann, Handbuch der Testamentsvollstreckung, 5. Aufl. 2013, II Rn 34 ff.

wendbarer Schaden.[6] Eine darüber hinausgehende Belehrung, Betreuung und Beratung setzt dann allerdings ein besonderes Auftragsverhältnis nach § 24 BNotO voraus.

III. Sachverhaltsaufklärung

9 Der Notar muss vor der Beurkundung mit den Beteiligten den Sachverhalt aufklären. Erste Frage ist immer, ob die Testierfreiheit gegeben oder etwa durch frühere verbindliche Verfügungen eingeschränkt ist.

Zweite Frage ist, ob der künftige Nachlass die richtige Struktur hat. Bei der Sachverhaltsermittlung selbst wird der Notar häufig feststellen, dass der Erblasser seinen Nachlass unzureichend strukturiert hat, der Nachlass also nicht für die gewünschte Testamentsvollstreckung geeignet ist:[7]
- Privat- und Betriebsvermögen sind nicht ausreichend getrennt.
- Im Unternehmensbereich sind zu viele Gesellschaften unterschiedlicher Rechtsformen vorhanden mit unterschiedlichen Einwirkungsmöglichkeiten für Testamentsvollstreckung.
- Auslandsvermögen ist nicht in der richtigen Weise in den Nachlass integriert.
- Es sind zu viele Verfügungen nach § 331 BGB (inkl. Lebensversicherungen) vorhanden, die Vermögenswerte der Testamentsvollstreckung entziehen.
- Es sind zu viele lebzeitige Zuwendungen gemacht worden, die den Erfolg der Testamentsvollstreckung gefährden können.

10 Eine Verfügung von Todes wegen mit Testamentsvollstreckung hat häufig nicht das richtige Substrat. Die richtige Strukturierung des Nachlasses nimmt Zeit in Anspruch. Bei richtiger Strukturierung wird sich häufig herausstellen, dass eine Testamentsvollstreckung nicht oder nur eingeschränkt nötig ist, um den letzten Willen des Erblassers zu realisieren. Damit stellt sich auch die Frage der Vergütung des Testamentsvollstreckers dann in völlig anderer Weise.

IV. Belehrung über die rechtliche Tragweite

11 Der Notar wird bei der Beurkundung einer Verfügung von Todes wegen auf die spezifischen Risiken der Testamentsvollstreckung hinweisen. Diese resultieren vor allem aus § 2306 BGB und dem aufgrund dieser Vorschrift gegebenen Risiko, dass der pflichtteilsberechtigte Erbe, der durch Testamentsvollstreckung beschwert wird, die Erbschaft ausschlägt und den Pflichtteil verlangt und damit das gesamte Konstrukt hinfällig wird.

---

6 BGH DNotZ 1954, 330 f.
7 *Reimann*, in: Bengel/Reimann, Handbuch der Testamentsvollstreckung, 5. Aufl. 2013, II Rn 44 ff.

Der Notar wird aber auch auf die Omnipotenz des Testamentsvollstreckers hinweisen müssen, die sich aus den §§ 2205, 2211 BGB ergibt. Die partielle Entmündigung der Erben in Bezug auf den Nachlass führt traditionell zu Spannungen und Rechtsstreitigkeiten zwischen den Nachlassbeteiligten.

Neben einer übergroßen Machtfülle des Testamentsvollstreckers und einer überlangen Dauer der Anordnung ist die Höhe der Testamentsvollstreckervergütung wesentlicher Streitpunkt bei der Abwicklung des Nachlasses. Auch insoweit empfiehlt sich eine strukturierte Anordnung über die Vergütung in der maßgeblichen Verfügung von Todes wegen.

12

V. Formulierungspflicht

Der Testamentsvollstrecker regiert möglicherweise über längere Zeit „mit der toten Hand des Erblassers" weiter und verwaltet Vermögen und Schicksale. Der Notar sollte die Testamentsvollstreckung daher nicht nur als „Appendix" zu den sonstigen Anordnungen sehen, sondern ihnen die nötige Aufmerksamkeit widmen. Dies gilt naturgemäß auch für die Vergütung des Testamentsvollstreckers.

13

Aus der Rechtsprechung der jüngeren Zeit ließen sich, neben den nachgenannten, viele Beispiele für problematische Formulierungen von Verfügungen von Todes wegen aufführen, meistens handelt es sich um privatschriftliche Verfügungen, gelegentlich aber auch um notarielle:
– OLG München, Beschl. v. 15.11.2011:[8] Die Konkurrenz zwischen transmortaler Vollmacht und Testamentsvollstreckung wurde nicht geregelt.
– OLG Düsseldorf, Beschl. v. 3.1.2012:[9] Der Erblasser ordnete Nacherbfolge und Testamentsvollstreckung an, ohne die Aufgaben des Testamentsvollstreckers näher zu definieren.
– OLG Düsseldorf, Beschl. v. 27.1.2012:[10] Nicht ausreichend bestimmtes Ende der Testamentsvollstreckung, Verwechslung von Testamentsvollstreckeranordnung und Bestellung einer bestimmten Person zum Testamentsvollstrecker. Das Gericht hatte auch zu klären, ob der Testamentsvollstrecker ohne testamentarische Grundlage Generalvollmacht erteilen kann.

14

Spezifische Fehler bei der Formulierung zu Testamentsvollstreckung und Testamentsvollstreckervergütung sind etwa:

15

Falsch: „Ich ordne Testamentsvollstreckung an. Er hat die gesetzlichen Aufgaben."
Richtig: „Ich ordne Testamentsvollstreckung an, der Testamentsvollstrecker hat folgende Aufgaben: …"

---

8 MittBayNot 2012, 227 m. Anm. *Reimann*.
9 MittBayNot 2012, 468 m. Anm. *Reimann*.
10 FamRZ 2012, 1758 m. Anm. *Zimmermann*.

> **Falsch:** „Ich ordne Dauervollstreckung an."
> **Richtig:** „Ich ordne Dauervollstreckung an auf die Dauer von (…) Jahren *oder*: bis zur Vollendung des 25. Lebensjahres des Erben."
> **Falsch:** „Der Testamentsvollstrecker hat Anspruch auf die gesetzliche Vergütung."
> **Richtig:** „Der Testamentsvollstrecker hat Anspruch auf eine Vergütung in Höhe von (…)/oder der Testamentsvollstrecker hat Anspruch auf eine angemessene Vergütung. (zusätzlich Angaben über Umsatzsteuer, Auslagen und Berufsdienste)."

D. Richtige Vergütung im Besonderen

I. Grundsatz

16   Die Vergütungsfrage sollte gerade bei notariell beurkundeten Verfügungen nicht tabuisiert oder übergangen werden. Die Vergütung muss sowohl für den Testamentsvollstrecker angemessen wie auch für die Nachlassbeteiligten zumutbar sein.

17   Naturgemäß steht es dem Erblasser frei, dem Testamentsvollstrecker eine Vergütung zuzugestehen, die über das angemessene Maß hinausgeht. Sie kann auch niedriger sein als das, was üblicherweise erwartet wird. Allerdings muss der Erblasser dann mit dem Risiko rechnen, dass der von ihm vorgesehene Testamentsvollstrecker das Amt nicht antritt. Die Folge ist ebenfalls zu regeln: Soll dann die Anordnung der Testamentsvollstreckung entfallen oder soll ein Nachfolger, ggf. durch das Nachlassgericht gem. § 2200 BGB ernannt werden? Ist die Testamentsvollstreckervergütung über die Maßen hoch angesetzt, stellt sich die Frage, ob sie auch dann bestehen bleibt, wenn der vom Erblasser ernannte Testamentsvollstrecker aus dem Amt scheidet und durch einen Nachfolger, etwa durch das Nachlassgericht ersetzt wird. Aus der problematischen Höhe der Testamentsvollstreckervergütung ergibt sich also Regelungsbedarf, der Notar wird insoweit Klarstellungen anregen.

II. Art der Vergütung

18   Wird eine Verfügung von Todes wegen mit Anordnung der Testamentsvollstreckung notariell beurkundet und darin die Testamentsvollstreckervergütung festgesetzt, ist zu klären, in welcher Weise sie ermittelt wird. Es gibt unterschiedliche Modelle, nämlich
– die Wertvergütung,
– die Festvergütung (bestimmter Betrag),
– die Zeitvergütung,

– die Bezugnahme auf berufsständische Gebührenordnungen (Rechtsanwälte, Wirtschaftsprüfer, Steuerberater etc.).

Der Erblasser kann auch Bezug nehmen auf eine der gängigen Tabellen, die zur Höhe der Testamentsvollstreckervergütung entwickelt wurden (vgl. hierzu § 3 Rn 10 ff.).

III. Bemessungsgrundlage

Wird die Testamentsvollstreckervergütung als Wertvergütung festgesetzt, stellt sich die Frage nach der Bemessungsgrundlage. Probleme gibt es bei der Bewertung, aber auch bei der Frage, welche Nachlassbestandteile in die Bemessungsgrundlage einzubeziehen sind. So soll nach der Rspr. des BGH[11] bei ungeteilter Erbengemeinschaft der Gesamtnachlass Bemessungsgrundlage auch dann sein, wenn nur Erbteilsvollstreckung angeordnet ist. Dies wird meist nicht sachgerecht sein.   19

Darüber hinaus kann es auch geboten sein, das Risiko zu regeln, dass bei einer Verfügung zugunsten Dritter auf den Todesfall gem. § 331 BGB der begünstigte Leistungsempfänger die Verfügung gem. § 333 BGB zurückweist. Da hierfür vom Gesetz keine Frist definiert ist, kann dies auch in einer Zeit erfolgen, in der die Testamentsvollstreckung noch andauert. Folge der Zurückweisung nach § 333 BGB ist, dass die entsprechenden Werte in den Nachlass reintegriert werden und damit der Testamentsvollstreckung unterliegen. Folge ist eine nachträgliche Anpassung der Bemessungsgrundlage und damit auch der Vergütung. Es empfiehlt sich, diese damit zusammenhängenden Fragen bereits in der maßgeblichen Verfügung von Todes wegen zu regulieren.[12]   20

IV. Vergütungsschuldner

In einem von einem Fachmann formulierten Testament sollte auch geregelt sein, wer Schuldner der Testamentsvollstreckervergütung ist. Problematisch ist dies bei Erbteilsvollstreckungen, da insoweit nach der maßgeblichen Rechtsprechung des BGH[13] alle Erben haften und dies regelmäßig nicht sachgerecht sein wird. Problematisch ist die Frage, wer Schuldner der Vergütung ist, auch bei der Vermächtnisvollstreckung[14] und bei der Nacherbenvollstreckung.[15]   21

---

11 BGH ZEV 2005, 22 m. Anm. *Haas/Lieb.*
12 Staudinger/*Reimann*, Bearb. 2012, § 2221 Rn 33a.
13 BHG ZEV 1997, 117.
14 Palandt/*Weidlich*, 72. Aufl. 2013, § 2221 Rn 12; Staudinger/*Reimann*, Bearb. 2012, § 2221 Rn 5a.
15 Staudinger/*Reimann*, Bearb. 2012, § 2221 Rn 5b.

V. Mehrere Testamentsvollstrecker

22 Sind mehrere Testamentsvollstrecker ernannt, ist zu regeln, ob die Testamentsvollstreckervergütung zu vervielfältigen oder aufzuteilen ist, ggf. in welchem Verhältnis. Eine gesetzliche Regelung gibt es nicht, die Empfehlungen in der Literatur sind uneinheitlich.[16]

VI. Dauervollstreckung

23 Ist der Nachlass über einen längeren Zeitraum zu verwalten, stellt sich die Frage, ob und in welcher Höhe ggf. der Testamentsvollstrecker eine jährliche Vergütung – neben oder als Teil der allgemeinen Vergütung – erhält. Nach Struktur des Nachlasses wird die Regelung zu gestalten sein, allgemeine Empfehlungen liegen vor (vgl. § 3 Rn 33), sie sind aber notgedrungen schematisch und müssen auf den konkreten Fall angepasst werden.

VII. Umsatzsteuer

24 Dauerbrenner bei der Testamentsvollstreckervergütung ist die Frage, ob die Umsatzsteuer in der angemessenen Vergütung enthalten ist oder nicht. Darauf sollte man es bei einem notariell formulierten Testament nicht ankommen lassen. Die Frage ist in der maßgeblichen Verfügung zu klären.[17]

E. Fazit

25 Notare sind in der Lage, Testamentsvollstreckungen zum Erfolg zu verhelfen. Ihr Einfluss ist allerdings begrenzt. Wird eine Verfügung von Todes wegen mit Testamentsvollstreckungsanordnung notariell beurkundet, ist es sachgerecht, auch die Vergütungsfragen so zu regeln, dass Streit nach dem Tod des Erblassers möglichst vermieden wird.

---

16 Zimmermann, Die Testamentsvollstreckung, 3. Aufl. 2008, Rn 713 ff; Staudinger/*Reimann*, Bearb. 2012, § 2221 Rn 54.
17 Palandt/*Weidlich*, 72. Aufl. 2013, § 2221 Rn 6; Staudinger/*Reimann*, Bearb. 2012, § 2221 Rn 57.

§ 5 Formulierungsbeispiele zur Testamentsvollstreckervergütung und zur Durchsetzung der Vergütung

Übersicht: Rn
A. Vergütungsstreit zwischen Erben und Testamentsvollstrecker 1
B. Formulierungsbeispiele für Vergütungsanordnungen 2
   I. Einfache und pauschale Formulierungen 2
   II. Spezifische Formulierungen 4
C. Individuelle, gesonderte Vereinbarungen mit den Erben? 11
D. Außergerichtliche Durchsetzung des Vergütungsanspruchs 14
E. Gerichtliche Durchsetzung des Vergütungsanspruchs 16

A. Vergütungsstreit zwischen Erben und Testamentsvollstrecker

Immer wieder zeigt es die Praxis: Erben und Testamentsvollstrecker streiten über die Angemessenheit der Testamentsvollstreckervergütung. Einen Betrag, den ein Testamentsvollstrecker eher am unteren Rand seines Honorars sehen mag, mögen Erben, die keinen wirklichen Überblick haben, durchaus als weit überzogen ansehen. Angesichts der Vehemenz, mit der dann der Streit zwischen den Erben und dem Testamentsvollstrecker über die Angemessenheit der Vergütung oftmals geführt wird, können wir nur dazu raten, schon in der letztwilligen Verfügung selbst für klare Vergütungsregelungen zu sorgen.[1] Je nach Fallgestaltung ist schon eine einfache und pauschale Formulierung hilfreich.

B. Formulierungsbeispiele für Vergütungsanordnungen

I. Einfache und pauschale Formulierungen

Eine typische einfache und **pauschale Vergütungsverfügung** eines Erblassers lautet:[2]

> Die Vergütung des Testamentsvollstreckers beträgt (…) % des Bruttonachlasswertes.

---

1 Siehe dazu schon *Rott/Schiffer,* in: Pruns (Hrsg.), Tagungsband 3. Deutscher Testamentsvollstreckertag, 2010, S. 135 ff.
2 So etwa auch das betreffende Formulierungsbeispiel bei *Nieder/Otto,* in: Münchener Vertragshandbuch Bd. 6, 6. Aufl. 2010, XVI. 4. § 1 am Ende.

Oder:

> Der Testamentsvollstrecker erhält eine Vergütung von (...) EUR pro Stunde zuzüglich Umsatzsteuer.³

Diese Verfügung wird ggf. ergänzt durch folgenden Satz:

> Der Testamentsvollstrecker hat angemessene schriftliche Stundennachwiese zu führen.

Oder:

> Der Testamentsvollstrecker erhält für seine Tätigkeit eine angemessene Vergütung. Als angemessen ist der Betrag anzusehen, der sich aus der Rheinischen Tabelle des Deutschen Notarvereins in der zum Zeitpunkt meines Todes gültigen Fassung ergibt.

3   Eine **Entnahmeregelung** ist ebenfalls zu empfehlen. Sie sollte allerdings den praktischen Bedürfnissen des Testamentsvollstreckers im konkreten Einzelfall angepasst sein. Dazu gelten folgende grundsätzliche Erwägungen:

Möchte der Erblasser erreichen, dass sein Testamentsvollstrecker sich sofort und mit hohem Zeitaufwand seiner Nachlassabwicklung widmet, sind gängige Vergütungsempfehlungen, wie *„Die Vergütung darf der Testamentsvollstrecker nach Ablauf von 12 Monaten nach meinem Todestag aus dem Nachlass entnehmen. Der Vergütungsanspruch wird nicht verzinst."*⁴ eher kontraproduktiv. Der im Regelfall ausgelastete Rechtsanwalt/Steuerberater/Notar muss auf die Annahme neuer Mandate in dieser Anfangsphase einer Testamentsvollstreckung verzichten und soll dann auch noch ein ganzes Jahr auf die verdiente Vergütung warten. Der Vermieter seiner Kanzleiräumlichkeiten und seine Mitarbeiter werden hierfür schwerlich Verständnis aufbringen können. Empfehlenswerter erscheint daher i.d.R. folgende Regelung:

> Der Testamentsvollstrecker darf nach seinem billigen Ermessen auf seine Vergütung monatliche Abschläge entnehmen, wobei der Liquidität des Nachlasses angemessen Rechnung zu tragen ist.

II. Spezifische Formulierungen

4   Auch wenn zumindest über die Andeutungstheorie[5] eine rechtswirksame einfache Bezugnahme auf die einschlägigen Tabellen und Vergütungsrichtlinien für

---

3   Zu der umstrittenen Umsatzsteuerfrage siehe oben § 3 Rn 43 ff.
4   *Winkler*, Der Testamentsvollstrecker, 20. Aufl. 2010, Rn 862.
5   Näher dazu etwa: Palandt/*Ellenberger*, 72. Aufl. 2013, § 133 Rn 19; NK-BGB/*Fleindl*, 3. Aufl. 2010, § 2084 Rn 15 ff.

Testamentsvollstrecker[6] möglich ist,[7] ist wegen der zahlreichen, vorstehend angesprochenen Fragen und Unklarheiten bei diesen Regelwerken[8] eine spezifische Vergütungsregelung durch den Erblasser für seinen konkreten Einzelfall grundsätzlich vorzuziehen. Dabei kann er sehr wohl von einer der Vergütungsrichtlinien ausgehen und für seinen Fall passende Spezifizierungen verfügen.

Für eine Vergütungsverfügung kann es im Einzelfall, wie die vorangehenden Kapitel zeigen, auf viele Punkte ankommen. Zwei Punkte möchten wir hier als besonders grundlegend hervorheben:

Zum einen kommt es natürlich darauf an, wie umfangreich und schwierig sich die Testamentsvollstreckung im konkreten Einzelfall erweisen wird. Die Prognose ist hier für den Erblasser und den künftigen Testamentsvollstrecker typischerweise nicht einfach. Das sollte sie aber nicht davon abhalten, diesen Punkt zu regeln.

Im Bereich der geschäftsmäßigen Testamentsvollstreckung sollte zum anderen vor allem auch danach differenziert werden, welchen Tätigkeitsschwerpunkt die Testamentsvollstreckung haben soll und aus welchem Bereich die konkret zum geschäftsmäßigen Testamentsvollstrecker berufene Person stammt.

Exemplarisch sollen hier entsprechende unterschiedliche Formulierungsbeispiele nach Tätigkeitsschwerpunkten vorgestellt werden

> **Formulierungsbeispiel: Vergütungsanordnung bei einer geschäftsmäßigen Abwicklungstestamentsvollstreckung**
> Der Testamentsvollstrecker soll für seine Tätigkeit eine angemessene Vergütung erhalten. Als angemessene Vergütung ist der Betrag anzusehen, der sich aus der Rheinischen Tabelle des Deutschen Notarvereins in der zum Zeitpunkt meines Todes gültigen Fassung ergibt. Sollte der Testamentsvollstrecker bei Amtsantritt zertifizierter Testamentsvollstrecker oder Fachberater für Testamentsvollstreckung sein, soll die Vergütung pauschal um 15 % erhöht werden, sofern die Vergütungstabelle diesen Umstand nicht bereits mit einem höheren Zuschlag berücksichtigt.
> Bemessungsgrundlage soll mein Bruttonachlass sein. 50 % der Grundvergütung kann sich der Testamentsvollstrecker bei Antritt seines Amtes sofort aus dem Nachlass entnehmen. Sollte die Testamentsvollstreckung nach Ablauf eines Jahres noch nicht abgeschlossen sein, steht dem Testamentsvollstrecker ein weiterer Vorschuss zu. Dieser Vorschussanspruch gilt für jedes Jahr der Testamentsvollstreckung. Der Vorschussanspruch ist jedoch beschränkt auf 75 % der zum Zeitpunkt der Vorschussentnahme verwirklichten Testaments-

---

6 Mit ihren ganzen vorstehend angesprochenen Fragen und Unklarheiten, siehe oben § 3.
7 Siehe etwa *J. Mayer*, in: Mayer/Bonefeld, Testamentsvollstreckung, 3. Aufl. 2011, § 21 Rn 4 m.w.N.
8 Siehe oben § 3 Rn 26 ff.

vollstreckervergütung. Die gesamte Testamentsvollstreckervergütung wird mit dem Ende der Vollstreckung fällig.
Der Testamentsvollstrecker hat darüber hinaus einen Anspruch auf Ersatz der erforderlichen Auslagen einschließlich einer angemessenen Vermögensschadenhaftpflichtversicherung sowie der Umsatzsteuer. Berufsmäßige Dienste des Testamentsvollstreckers sind von der Testamentsvollstreckervergütung erfasst/nicht erfasst/in folgendem Umfang erfasst (…).
Schließlich vermache ich dem von mir zuerst benannten Testamentsvollstrecker einen einmaligen Betrag in Höhe von 10.000 EUR, der unter der Bedingung steht, dass der Testamentsvollstrecker sein Amt angenommen und abgewickelt hat. Das Vermächtnis wird zeitgleich mit der Aushändigung des Nachlasses an die Erben fällig und kann dem Nachlass noch durch den Testamentsvollstrecker selbst entnommen werden.

7 **Anmerkung:** Von individuellen, gesonderten „Testamentsvollstreckervergütungsvereinbarungen" ist wegen des Formerfordernisses für letztwillige Verfügungen abzuraten. „Vereinbarungen" zwischen Erblasser und Testamentsvollstrecker, d.h. genauer gesagt: „Zusagen des Erblassers" gehören in die formbedürftige letztwillige Verfügung, denn es handelt sich dabei um einen Teil der Testamentsvollstreckerbestellung. Anderer Ansicht ist *J. Mayer*, der für die lebzeitige Vergütungsvereinbarung zwischen zukünftigem Erblasser und Testamentsvollstrecker ein Geschäftsbesorgungsverhältnis vorschlägt, das nicht den letztwilligen Formerfordernissen unterliege.[9] Es erscheint und jedoch rechtlich zweifelhaft und auch praktisch wenig sinnvoll zwischen der Testamentsvollstreckerernennung und der Vergütungsregelung zu trennen. Das gilt umso mehr, als lebzeitige Verträge des Erblassers von den Erben als Gesamtrechtsnachfolger ggf. angegriffen werden können.

8 **Formulierungsbeispiel: Vergütungsanordnung bei einer geschäftsmäßigen Dauertestamentsvollstreckung (z.B. Banken und Vermögensverwalter)**
Der Testamentsvollstrecker soll für seine Tätigkeit eine angemessene Testamentsvollstreckervergütung erhalten. Diese bestimme ich wie folgt:
Mein Wertpapiervermögen befindet sich bereits in der Verwaltung der Spar-VerwaltungsBank Bonn GmbH. Diese soll dort entsprechend den von mir zuletzt vor meinem Tode vorgegebenen Richtlinien fortgesetzt werden. Für diesen Teil der Verwaltung des Nachlasses erhält der Testamentsvollstrecker eine Vergütung in Höhe von 0,5 % des Bestandes des Wertpapiervermögens, wie er sich zu Beginn eines jeden Jahres darstellt. Soweit der Testamentsvollstrecker Immobilien verwaltet, erhält er als Vergütung 1,5 % des Bruttojahresertrages. Bei der Veräußerung einer Immobilie erhält er 1 % der im Notarvertrag vereinbarten Gegenleistung. Soweit der Testamentsvollstrecker für Geschäfte der vorbezeichneten Art Provisionen erhält, hat er sich diese auf seine

---

9 *J. Mayer*, in: Mayer/Bonefeld, Testamentsvollstreckung, 3. Aufl. 2011, § 21 Rn 9.

> Testamentsvollstreckervergütung anrechnen/nicht anrechnen zu lassen. Die Vergütung ist jeweils zum 28. Februar eines jeden Jahres fällig. Der Testamentsvollstrecker ist berechtigt, angemessene monatliche Abschlagszahlungen aus dem Nachlass zu entnehmen. Der Testamentsvollstrecker erhält zusätzlich Auslagenersatz, der sofort fällig ist. Hierzu gehören insbesondere, aber nicht ausschließlich, die gesetzliche Umsatzsteuer, Reiseauslagen, Telekommunikationsauslagen sowie die Aufwendungen für eingeschaltete Hilfspersonen (Rechtsanwälte, Makler, zusätzlich für meinen Nachlass abgeschlossene Vermögensschadenhaftpflichtversicherung u.a.). Die Auslagen für Telefon, Internet und Porto kann der Testamentsvollstrecker nach seiner Wahl entweder konkret berechnen oder mit 25 EUR monatlich pauschalieren. Im Zweifel ist der Testamentsvollstrecker berechtigt, die Höhe der Testamentsvollstreckervergütung gemäß § 315 BGB nach billigem Ermessen zu bestimmen.

Anmerkung: Die Vergütung des Dauertestamentsvollstreckers weist gegenüber der reinen Abwicklungsvollstreckung Besonderheiten auf.

Nach den Empfehlungen der neuen Rheinischen Tabelle (dort Ziffer III.) soll der Testamentsvollstrecker für die Dauertestamentsvollstreckung nach dem Zeitpunkt der Erbschaftsteuerveranlagung zusätzlich pro Jahr $1/3$ bis $1/2$ Prozent des dann noch gegebenen Nachlassbruttowertes erhalten oder – wenn dieser Betrag höher ist – 2 % bis 4 % des jährlichen Nachlassbruttoertrages.

Bei Unternehmen[10] können auch Vergütungen in Betracht kommen, die der Tätigkeit entsprechen, beispielsweise Aufsichtsratvergütungen oder eine übliche Geschäftsführervergütung. Eine einheitliche Rechtsprechung hierzu gibt es bisher nicht. Teilweise wird für eine erfolgreiche Unternehmensführung eine Vergütung von 10 % des jährlichen Reingewinns für angemessen erachtet.[11] Entscheidend ist auch insoweit stets der konkrete Einzelfall.

Anders als bei der Abwicklungsvollstreckung kann es bei der Dauertestamentsvollstreckung wegen des Erfolgsbeteiligungsansatzes für den Testamentsvollstrecker keine betragsmäßige Obergrenze für die Gesamtvergütung geben.[12]

> **Formulierungsbeispiel: Vergütungsanordnung bei einer geschäftsmäßigen Dauertestamentsvollstreckung (Variante)**
> (...) Für die Zeit der angeordneten Dauertestamentsvollstreckung erhält der Testamentsvollstrecker eine Vergütung in Höhe von 10 % des jährlichen Reingewinns, der sich für die Erben aus dem der Testamentsvollstreckung unterlie-

---

10 Siehe dazu auch das folgende Beispiel unter Rn 10.
11 So etwa Frieser/*Lenzen*, Kompaktkommentar Erbrecht, 2007, § 2221 BGB Rn 21.
12 Siehe auch *Tilling*, ZEV 1998, 335.

genden Unternehmen ergibt. Die Vergütung ist jährlich nach Aufstellung der Bilanz fällig.[13]
Zusätzlich erhält der Testamentsvollstrecker Auslagenersatz, der sofort fällig ist. (...)[14]

C. Individuelle, gesonderte Vereinbarungen mit den Erben?

11 Eine zwischen dem Testamentsvollstrecker und den Erben mangels letztwilliger Anordnung ausgehandelte Vergütung ist regelmäßig angemessen und daher eine ausgezeichnete Möglichkeit, Streitigkeiten über die Vergütung zu vermeiden.[15] Eine solche Vereinbarung sollte möglichst zu Beginn der Tätigkeit der Testamentsvollstreckung getroffen werden. Gelingt in diesem Stadium eine einvernehmliche Regelung nicht, ist anzunehmen, dass hierüber auch bei Beendigung der Tätigkeit des Testamentsvollstreckers keine Einigung zu erzielen sein wird, obwohl dies rechtlich zulässig und tatsächlich begrüßenswert ist. Dem Testamentsvollstrecker ist dann die laufende Dokumentation seiner Tätigkeit für die spätere Bestimmung der Angemessenheit der Vergütung unbedingt anzuraten.

12 Zweckmäßig kann eine Vereinbarung mit den Erben auch für den Fall sein, dass der Erblasser zwar testamentarisch eine Vergütungsregelung getroffen hat, diese jedoch der Höhe nach nicht ausreicht, um einen qualifizierten Testamentsvollstrecker für das Amt zu gewinnen.

13 **Formulierungsbeispiel: Vergütungsvereinbarung mit den Erben**
Herr (...) wurde ausweislich des Testamentsvollstreckerzeugnisses vom (...), Az. (...), zum Testamentsvollstrecker über den gesamten Nachlass der Erblasserin Frau (...) ernannt. Nach § 2 des notariellen Testaments der Erblasserin vom 28.4.2002 sind Frau (...) und Herr (...) zu deren Erben berufen. Ein entsprechender gemeinschaftlicher Erbschein wurde am (...), Az. (...), erteilt. Abweichend von der Regelung in § 4 Abs. 3 des notariellen Testaments vom 28.4.2002 vereinbaren der Testamentsvollstrecker und die Erben über die Höhe der Testamentsvollstreckervergütung das Folgende:
Der Testamentsvollstrecker erhält für seine Tätigkeit eine Vergütung in Höhe von 3,5 % des Bruttonachlasswertes zzgl. etwaig anfallender gesetzlicher Mehrwertsteuer. Zusätzlich erhält er Ersatz seiner erforderlichen und nachgewiesenen Auslagen.

---

13 Aus den bei Rn 3 dargestellten Gesichtspunkten sollte die Regelung um die Möglichkeit monatlicher Vorwegentnahmen ergänzt werden.
14 Formulierungsbeispiel nach *Winkler*, Der Testamentsvollstrecker, 20. Aufl. 2010, Rn 862.
15 So auch *J. Mayer*, in: Mayer/Bonefeld, Testamentsvollstreckung, 3. Aufl. 2011, § 21 Rn 8; siehe auch schon *Rott/Schiffer*, in: Pruns (Hrsg.), Tagungsband 3. Deutscher Testamentsvollstreckertag, 2010, S. 150.

Die weiteren den Testamentsvollstrecker betreffenden Anordnungen der genannten letztwilligen Verfügung, insbesondere über die Fälligkeit der Vergütung und den Aufgabenkreis des Testamentsvollstreckers, werden von dieser Vereinbarung nicht berührt.

D. Außergerichtliche Durchsetzung des Vergütungsanspruchs

Vor einer unter Umständen zeit- und kostenintensiven gerichtlichen Geltendmachung sollte der Testamentsvollstrecker auch im Streitfall zumindest den Versuch einer außergerichtlichen Durchsetzung seines Vergütungsanspruches unternehmen. Das ist schon allein deshalb erforderlich, um die Gefahr einer Belastung mit den vollen Prozesskosten nach sofortigem Anerkenntnis der Gegenseite (§ 93 ZPO) zu vermeiden.

14

Formulierungsbeispiel: Schreiben eines Testamentsvollstreckers an die Erben zu seiner Vergütungsentnahme aus dem Nachlass
Sehr geehrte Frau (…),
sehr geehrter Herr (…),
für meine Tätigkeit als Testamentsvollstrecker über den Nachlass des Herrn (…), verstorben am (…), hat der Erblasser in § 4 Abs. 3 seiner letztwilligen Verfügung vom (…) eine Vergütung in Höhe von 3,0 % des Bruttonachlasswertes zzgl. gesetzlicher Mehrwertsteuer bestimmt.
Nach Konstituierung des Nachlasses ergibt sich aus dem Ihnen bereits vorliegenden Nachlassverzeichnis nebst Anlagen vom (…) ein Bruttonachlasswert in Höhe von 432.750 EUR und somit eine Testamentsvollstreckervergütung in Höhe von 12.982,50 EUR zzgl. Mehrwertsteuer (19 %) in Höhe von 2.466,68 EUR, mithin ein Gesamtbetrag in Höhe von
15.449,18 EUR.
Den genannten Gesamtbetrag werde ich in zwei Wochen, mithin zum (…), durch Überweisung von dem Girokonto Nr. (…), bei der SparVerwaltungs-Bank Bonn aus dem Nachlass entnehmen. Das Recht auf Entnahme der Vergütung aus dem Nachlass steht dem Testamentsvollstrecker auch ohne ausdrückliche Anordnung von Vorauszahlungen in der letztwilligen Verfügung zu (siehe etwa: BGH, Urt. v. 22.5.1963 – V ZR 42/61). Das betreffende Girokonto weist mit einem Guthaben in Höhe von 89.743,32 EUR (Stand: (…)) auch genügend liquide Mittel zur Begleichung des Vergütungsanspruches vor. Die endgültige Abrechnung über die Schlussvergütung und den Auslagenersatz erfolgt nach Beendigung der Testamentsvollstreckung mit abschließender Rechnungslegung. Sollte sich aus der Schlussabrechnung unerwartet ein geringerer Vergütungsanspruch ergeben, erhalten Sie die Differenz selbstverständlich umgehend erstattet.
Mit freundlichen Grüßen
(…), Rechtsanwalt

15

E. Gerichtliche Durchsetzung des Vergütungsanspruchs

16 Streitigkeiten im Zusammenhang mit der Vergütung des Testamentsvollstreckers sind grundsätzlich vor den Zivilgerichten auszutragen. Etwas anderes gilt, wenn sich die Streitenden etwa wegen der Vertraulichkeit der Verhandlung auf ein privates Schiedsgericht geeinigt haben, oder der Erblasser hat ein solches, was er ohne weiteres kann, letztwillig angeordnet.[16]

17 Die Zuständigkeit des Nachlassgerichts ist nicht gegeben. Das gilt selbst dann, wenn der Erblasser dies ausdrücklich so angeordnet hat, wie wir es gar nicht selten beobachten. Liegt eine solche fehlerhafte Anordnung vor, kann ggf. im Einzelfall der Wille des Erblassers dahingehend ausgelegt werden kann, dass ein Mitglied des Nachlassgerichts als Privatperson die Vergütung nach billigem Ermessen entsprechend § 317 BGB festlegen soll.[17]

18 Bei der Vergütungsklage des Testamentsvollstreckers sind gewisse prozessuale Einzelheiten nicht unumstritten.[18] Zum einen legen diverse Formulierungsvorschläge[19] eine Amtsklage des Testamentsvollstreckers nahe, wenn sie den Kläger in seiner Eigenschaft „als Testamentsvollstrecker über den Nachlass des (...)" bezeichnen. Richtigerweise klagt der Testamentsvollstrecker, wenn es um seinen Vergütungsanspruch aus § 2221 BGB geht, aber nicht als Partei kraft Amtes (i.S.v. § 2212 BGB), sondern persönlich im eigenen Namen,[20] denn es geht um seine persönliche Vergütung. So ist er folgerichtig auch im Rubrum der Klageschrift persönlich als Kläger aufzuführen.

Zum anderen herrscht teilweise auch Uneinigkeit über den passenden Klageantrag. In Betracht kommt in erster Linie die Klage auf Festsetzung der Vergütungshöhe durch das Prozessgericht.[21] Andererseits ist grundsätzlich auch die Leistungsklage auf Zahlung oder ggf. eine Feststellungsklage möglich.

---

16 *Schiffer*, Schiedsverfahren und Mediation, 2005, S. 160; *ders.*, Formularbuch des Fachanwalts Erbrecht, 2. Aufl. 2013, S. 1021 ff.
17 *Eckelskemper*, in: Bengel/Reimann, Handbuch der Testamentsvollstreckung, X Rn 142.
18 Siehe etwa *J. Mayer*, in: Mayer/Bonefeld, Testamentsvollstreckung, 3. Aufl. 2011, § 21 Rn 81; *Bonefeld*, in: Bonefeld/Kroiß/Tanck, Der Erbprozess, 4. Aufl. 2012, § 8 Rn 101 ff.
19 *Littig*, in: Krug/Rudolf/Kroiß/Bittler, Anwaltformulare Erbrecht, 4. Aufl. 2010, § 13 Rn 310; *Bonefeld*, in: Bonefeld/Kroiß/Tanck, Der Erbprozess, 4. Aufl. 2012, § 8 Rn 105; *Knauss*, in: Formularbuch des Fachanwalts Erbrecht, 2. Aufl. 2013, Kapitel C Rn 277.
20 *J. Mayer*, in: Mayer/Bonefeld, Testamentsvollstreckung, 3. Aufl. 2011, § 11 Rn 4 und § 21 Rn 80; so auch *Bonefeld*, in: Bonefeld/Kroiß/Tanck, Der Erbprozess, 4. Aufl. 2012, § 8 Rn 101, der allerdings inkonsequent in dem dort folgenden Formulierungsbeispiel gleichwohl den Kläger „...als Testamentsvollstrecker." anführt.
21 MüKo-BGB/*Zimmermann*, 5. Aufl. 2010, § 2221 Rn 7; *Winkler*, Der Testamentsvollstrecker, 20. Aufl. 2010, Rn 612 ff.; *Littig*, in: Krug/Rudolf/Kroiß/Bittler, Anwaltformulare Erbrecht, 4. Aufl. 2010, § 13 Rn 307 ff.

Welcher Klageantrag zweckmäßig ist, lässt sich nicht pauschal beurteilen, vielmehr ist das stets von den Umständen des Einzelfalles abhängig. So ist während der Amtszeit des Testamentsvollstreckers die Leistungsklage gegen die Erben regelmäßig entbehrlich, da der Testamentsvollstrecker eine (als angemessen festgesetzte) Vergütung selbst aus dem Nachlass entnehmen kann. Andererseits ist die Klage auf Leistung dann erforderlich, wenn etwa der Vergütungsanspruch erst nach Beendigung der Testamentsvollstreckung geltend gemacht wird oder auch dann, wenn er sich nicht gegen die Erben sondern gegen einen Dritten, z.B. einen Vermächtnisnehmer, richtet.[22]

Formulierungsbeispiel: Vergütungsklage des Testamentsvollstreckers
An das
Landgericht [23]
– Zivilkammer –
(…)
Klage
des Rechtsanwalts und Steuerberaters Fritz X
– Kläger –
gegen
1. Petra A
2. Klaus B
– Beklagte –
Vorläufiger Gegenstandswert: (…) EUR
In der mündlichen Verhandlung werde ich die folgenden Anträge stellen:
1. Die Beklagten werden verurteilt, an den Kläger (für seine Testamentsvollstreckertätigkeit betreffend den Nachlass des am 11.11.20(…) verstorbenen Peter Y) (…) EUR zuzüglich gesetzlicher Mehrwertsteuer (19 %), insgesamt also (…) zu zahlen.
2. Die Beklagen haben die Kosten des Rechtsstreits zu tragen.
Begründung:
Den mit dieser Klage geltend gemachten Anspruch auf Zahlung einer Testamentsvollstreckervergütung begründe ich wie folgt:
I.
Die Beklagten und der Kläger streiten über die dem Kläger nach § 2221 BGB für seine Tätigkeit als Testamentsvollstrecker zustehende angemessene Vergütung.
Der Erblasser Peter Y ist am 11.11.20(…) verstorben.
Er hat den Kläger mit letztwilliger Verfügung vom 10.11.1999 zum Testamentsvollstrecker für den Nachlass ernannt (Anlage K 1).
Beweis: Letztwillige Verfügung vom 10.11.1999 (Kopie nebst Eröffnungsprotokoll des Nachlassgerichtes vom 5.01.20(…). als **Anlage K1** anbei).

---

22 Siehe auch *Bonefeld*, in: Bonefeld/Kroiß/Tanck, Der Erbprozess, § 8 Rn 101 ff.
23 Siehe zu weiteren Beispielen insb. auch die Nachweise in Fn 18.

Der Erblasser hat keine Beschränkung der Rechte des Testamentsvollstreckers angeordnet und auch keine Testamentsvollstreckervergütung letztwillig festgelegt.
Der Kläger hat das Amt mit Erklärung vom 20.12.20(...) gegenüber dem Nachlassgericht angenommen.
Dem Kläger wurde mit Datum vom 17.01.20(...) ein Testamentsvollstreckerzeugnis erteilt.
Beweis: Testamentsvollstreckerzeugnis vom 17.01.20(...) (Kopie als Anlage K2 anbei).
Die beiden Beklagten sind gemäß Erbschein des Amtsgerichtes (...) – Nachlassgericht die alleinigen Erben des Erblassers.
Beweis: Beiziehung der Nachlassakten des Amtsgerichtes (...) – Nachlassgericht –, Az. (...)
Die Beiziehung besagter Akten wird hiermit für das vorliegende Verfahren **beantragt.**
II.
Der Kläger hatte als Testamentsvollstrecker vorliegend die Aufgabe der Inbesitznahme und Konstituierung des Nachlasses sowie der Abwicklung des Nachlasses; hinzukam die Erfüllung verschiedener Vermächtnisse und Auflagen und die Auseinandersetzung unter den Miterben.
Beweis: Letztwillige Verfügung vom 10.11.1999 (Kopie nebst Eröffnungsprotokoll des Nachlassgerichtes vom 5.01.20(...) als **Anlage K1** anbei).
1.
Dabei lag der Schwerpunkt der Tätigkeit in der Auffindung des weltweit verstreuten Nachlasses und in der Konstituierung des Nachlasses. Dazu ist im Einzelnen auf Folgendes hinzuweisen:
(...)

Beweis: 1. Nachlassverzeichnis vom (...) in Kopie als Anlage K3 anbei.
2. Umfangreicher Schriftverkehr zur Nachlasskonstituierung in Kopie als Anlagenkonvolut K4 anbei

2.
Es waren zudem zahlreiche in- und ausländische Steuererklärungen zu fertigen, nämlich:
(...)
3.
Der Wert des Bruttonachlasses läuft sich, wie aus dem Nachlassverzeichnis (K 3) ersichtlich auf (...) EUR.
Dabei wurden die Verkehrswerte der 10 Porsche-Kfz (Oldtimer) durch ein Sachverständigengutachten ermittelt.
Beweis: Vorlage des Sachverständigengutachtens vom (...) in Kopie als **Anlage K 5** beigefügt.

4.
Bis Erfüllung der Vermächtnisse und Auflagen, die der Erblasser verfügt hat, und der anschließenden Aufstellung des Teilungsplanes nach den Vorgaben des Erblassers war der verstreute Nachlass insgesamt 4 Jahre zu verwalten. Das kann, falls die Beklagten es bestreiten, natürlich auch belegt werden.
5.
Nach § 2221 BGB steht dem Kläger für die erbrachte Testamentsvollstreckertätigkeit (Abwicklungs- und Auseinandersetzungsvollstreckung) über die Abwicklungsvergütung hinaus nach alledem wegen der aufwändigen und weit überdurchschnittlich verantwortungsvollen Tätigkeit zur Konstituierung des Nachlasses auch eine Konstituierungsgebühr zu.
Zur Berechnung der Höhe der jeweiligen Gebühren ist vor allem auf Folgendes hinzuweisen:
(...)
Danach ergibt sich aus dem hier belegten Aktivnachlass in Höhe von (...) EUR eine Vergütung von jeweils (...) EUR für die beiden Gebühren und mithin eine Gesamtvergütung von (...) EUR zzgl. gesetzlicher Mehrwertsteuer (19 %) in Höhe von (...) EUR.
Die Vergütung ist in dieser Höhe auch angemessen, und zwar nicht nur im Verhältnis zum Wert des Aktivnachlasses unter Beachtung der oben geschilderten Sachverhalte und Zusammenhänge, sondern auch nach dem Zeitaufwand, der hier vom Kläger zu erbringen war. Für die Testamentsvollstreckung sind insgesamt (...) Stunden angefallen.
Beweis: Vorlage des detaillierten Zeitaufschriebs und Tätigkeitsnachweises des Klägers nach Tagen und Stunden und konkreten Tätigkeiten fortlaufend ab dem (...) bis zum (...), in Kopie als Anlagekonvolut K6 beigefügt.
Ein Stundensatz in Höhe von (...) EUR ist für einen Rechtsanwalt mit der Ausbildung und Erfahrung des Klägers üblich.
Beweis: Sachverständigengutachten der Rechtsanwaltskammer (...). Setzt man nur die Hälfte davon an, so übersteigt das die hier geltend gemachte Vergütung bereits um (...) %.
6.
Die im Amt des Testamentsvollstreckers angefallenen, erforderlichen und nachgewiesenen Auslagen hat der Kläger dem Nachlass entnommen und in seiner Rechnungslegung erfasst, der die Beklagten beide ausdrücklich zugestimmt haben.
7.
Widersprochen haben die Beklagten bei der Gelegenheit mit Schreiben vom (...) aber der vom Kläger geforderten Testamentsvollstreckervergütung, die ebenfalls in der Rechnungslegung vom (...) enthalten und zusätzlich durch eine Anlage dazu begründet worden ist.

Beweis: 1. Vorlage der Rechnungslegung vom … nebst Anlage in Kopie als **Anlagenkonvolut K 7**.
2. Schreiben der Beklagten vom (…) in Kopie als **Anlage K 8** beigefügt.

Daraufhin hat der Kläger hat entsprechend dem Teilungsplan den Nachlass vollständig herausgegeben, jedoch einen Betrag in Höhe von (…) EUR, der seinem oben dargelegten Vergütungsanspruch entspricht, zurückbehalten.
Damit hier eine „Rückforderung" der Beklagten, die diese bereits mit Schreiben vom (…) angedroht haben,
Beweis: Schreiben der Beklagten vom (…) in Kopie als **Anlage K 9** beigefügt.
vermieden wird, ist die vorliegende Klage erforderlich.
Abschließend ist daraus hinzuweisen, dass der Kläger dem Nachlass bereits am (…) einen angemessenen Vorschuss in Höhe von (…) EUR entnommen hat. Das entspricht der Hälfte der dem Kläger zustehenden Vergütung. Er ist vom Klageantrag bereits in Abzug gebracht.
(Rechtsanwalt)

21 **Anmerkung**: Die sachliche Zuständigkeit von Amts- oder Landgericht richtet sich nach dem Streitwert. Vor dem Landgericht herrscht Anwaltszwang (§ 78 ZPO). Wäre hier der Testamentsvollstrecker „nur" ein Steuerberater und nicht zugleich Rechtsanwalt, müsste er einen Rechtsanwalt mit seiner Vertretung beauftragen.

Für die örtliche Zuständigkeit kommt neben dem allgemeinen Gerichtsstand am Wohnsitz der Erben (§ 13 ZPO) auch der besondere Gerichtsstand der Vermögensverwaltung (§ 31 ZPO) oder der Erbschaft (§§ 27, 28 ZPO) in Betracht.[24]

Wegen § 253 Abs. 2 Nr. 2 ZPO muss der Testamentsvollstrecker grundsätzlich auf Festsetzung oder Zahlung eines bestimmten Betrages klagen und den Antrag entsprechend konkret formulieren.[25] Nur in seltenen Ausnahmefällen, in denen eine Bezifferung nicht möglich oder nicht zumutbar ist, soll auch die Angabe eines Mindestbetrages und der Bemessungsgrundlage ausreichend sein.[26]

(Zur Frage der Mehrwertsteuer siehe oben § 3 Rn 43 ff.).

---

24 Siehe auch *Knauss*, in: Formularbuch des Fachanwalts Erbrechts, 2. Aufl. 2013, Kapitel C Rn 277.
25 So Schon RG JW 1937, 3184; siehe auch *J. Mayer*, in: Mayer/Bonefeld, Testamentsvollstreckung, 3. Aufl. 2011, § 21 Rn 80; MüKo-BGB/*Zimmermann*, 5. Aufl. 2010, § 2221 Rn 7; NK-BGB/*Weidlich*, 3. Aufl. 2010, § 2221 Rn 32.
26 NK-BGB/*Weidlich*, 3. Aufl. 2010, § 2221 Rn 32; *Winkler*, Der Testamentsvollstrecker, 20. Aufl. 2010, Rn 621; a.A. MüKo-BGB/*Zimmermann*, 5. Aufl. 2010, § 2221 Rn 7, der die Zulässigkeit eines unbestimmten Antrags kategorisch ausschließt.

§ 6 Die Testamentsvollstreckervergütung in der Bankpraxis

Übersicht: Rn
A. Einleitung 1
  I. Stellung der Kreditinstitute im Testamentsvollstreckungsmarkt 2
    1. Vermögensverwaltungsmandat als Alternative zur Testamentsvollstreckung? 3
    2. Zurückhaltung der Banken und Sparkassen 5
  II. Kritik an der Testamentsvollstreckung durch Banken und Sparkassen 8
B. Bankspezifische Vergütungsfragen 11
  I. Anbahnung und Rechtsdienstleistungsgesetz 11
    1. Testamentsvollstreckungsvertrag 12
    2. Honorarregelung in der letztwilligen Verfügung 16
       a) Profitestament 17
       b) Laientestament 20
  II. Honorarmodelle und -höhe 23
  III. Verhältnis zu anderen Bankdienstleistungen 27
    1. Mutmaßlicher Erblasserwille 28
    2. Ausdrückliche Anordnung 33

A. Einleitung

Die zeitweise umstrittene Frage, ob Banken und Sparkassen überhaupt ihre 1
Dienste als Testamentsvollstrecker anbieten dürfen oder ob dieses Geschäftsfeld
den rechtsberatenden Berufen vorbehalten ist, hat der BGH in seiner richtungweisenden Entscheidung vom 11.11.2004 abschließend geklärt.[1] Darin stellt das
Gericht klar, dass die Testamentsvollstreckung neben den zu klärenden rechtlichen Fragestellungen vor allem auch die vermögensseitige Betreuung des Nachlasses umfasse. Der Erblasser nehme die Auswahl des Testamentsvollstreckers
häufig nicht im Hinblick auf dessen rechtliche Kenntnisse, sondern aufgrund
eines besonderen Vertrauensverhältnisses zum Testamentsvollstrecker oder aufgrund von Kenntnissen und Fähigkeiten des Testamentsvollstreckers vor, die etwa
auf wirtschaftlichem Gebiet liegen. Diese Fähigkeiten und Kenntnisse können bei
der Durchsetzung des Erblasserwillens im Vordergrund stehen und die von dem
Testamentsvollstrecker erwartete Dienstleistung in erster Linie bestimmen, so
dass es jedenfalls nicht maßgeblich auf die rechtliche Qualifikation des Testamentsvollstreckers ankommt. Daher sei die Testamentsvollstreckung nicht primär
eine Rechtsdienstleistung und unterfalle in der Folge nicht dem auch für Kreditinstitute grundsätzlich geltenden Rechtsberatungsverbot gem. § 1 Abs. 1 S. 1
RBerG a.F. Seitdem das Rechtsdienstleistungsgesetz (RDG) das bis zum
30.6.2008 geltende Rechtsberatungsgesetz ablöste, ist die Testamentsvollstreckung überdies ausdrücklich in den Kanon der **erlaubten Nebenleistungen** aufgenommen, § 5 Abs. 2 Nr. 1 RDG.

---

1 BGH NJW 2005, 969.

I. Stellung der Kreditinstitute im Testamentsvollstreckungsmarkt

2 Der von vielen Anwälten und Notaren in der Folge der BGH-Entscheidung befürchtete sprunghaft steigende Wettbewerbsdruck seitens der Banken und Sparkassen auf den allseits als lukrativ und wachsend eingeschätzten Markt der professionellen Testamentsvollstreckung ist bislang allerdings weitgehend ausgeblieben. Freilich unterhalten einige der großen Geschäftsbanken eigene Testamentsvollstreckungsabteilungen zur Abwicklung der Nachlässe verstorbener Kunden. Dies war jedoch auch schon vor der zitierten BGH-Entscheidung der Fall. Im Privatbanksegment gehört die Testamentsvollstreckung ebenfalls traditionell zum Leistungsspektrum der Institute. Häufig wird sie dort über die Justiziare angeboten und abgewickelt. Sparkassen und Volksbanken verfolgen regional unterschiedliche Strategien. Vor allem größere Institute spielen hier eine Vorreiterrolle.

1. Vermögensverwaltungsmandat als Alternative zur Testamentsvollstreckung?

3 Insbesondere für Kunden mit erheblichem Wertpapiervermögen kann sich die Auswahl einer Bank als Testamentsvollstreckerin anbieten. Größere Depotvolumina bergen im Erbfall das Risiko erheblicher Wertverluste, wenn Allokationsentscheidungen und damit die notwendigen Anpassungen an veränderte Marktbedingungen über längere Zeit unterbleiben. Je offensiver das Portfolio investiert ist, desto höher das Verlustrisiko. Sofern der Erblasser nicht zu Lebzeiten entsprechende **Vollmachten** erteilt hat, bleibt das Depot im Zeitraum zwischen Erbfall und Vorlage der Erbenlegitimation bei der depotführenden Bank ungepflegt – also in der Regel zumindest über mehrere Wochen. Häufig dauert die Depotstarre aber noch länger an, etwa wenn die Erben nicht über die notwendige Expertise verfügen oder in der Erbengemeinschaft zerstritten sind.[2]

4 Dieses Problem vermag eine Testamentsvollstreckung durch das depotführende Kreditinstitut allerdings nicht vollständig zu lösen. Denn auch die Bank kann schon auf die im eigenen Haus verwahrten Wertpapiere erst nach Zugang des Testamentsvollstreckerzeugnisses zugreifen – es sei denn, sie verfügt über eine postmortale Vollmacht des Erblassers. Dieses Vorgehen wird in einigen Häusern aber im Hinblick auf Compliance-Gesichtspunkte abgelehnt. Jedenfalls werden aber Wettbewerber der testamentsvollstreckenden Bank für die gegebenenfalls bei ihnen geführten Depots auf der Vorlage des Testamentsvollstreckerzeugnisses bestehen. Eine Alternative – eventuell sogar zur gesamten Testamentsvollstreckung – stellt ein vom Erblasser der Bank erteiltes **Vermögensverwaltungsmandat** dar. Im zwischen beiden Parteien geschlossenen Vermögensverwaltungsvertrag legt der Kunde die Anlagerichtlinien fest. Innerhalb dieser Richtlinien trifft die Bank die einzelnen Anlageentscheidungen selbst. Der Vermögensverwal-

---

2 Vgl. Fritz/*Klümpen-Neusel*/v. *Soden*, Gesteuerte Vermögensübertragung, Rn 173.

tungsvertrag überdauert den Tod des Kunden und setzt sich im Wege der Universalsukzession gem. § 1922 BGB mit dem oder den Erben bis zu seiner Kündigung fort. Auf diese Weise ist gewährleistet, dass das Depot bereits in der kritischen Phase unmittelbar nach dem Erbfall des Inhabers von Personen mit der erforderlichen Qualifikation überwacht und gepflegt wird.

2. Zurückhaltung der Banken und Sparkassen

Obwohl Banken grundsätzlich einen leichteren Zugang zu potenziellen Abnehmern der Dienstleistung haben als Rechts- und Steuerberater, kann von der befürchteten Dominanz der Kreditinstitute auf dem Testamentsvollstreckungsmarkt auch Jahre nach der BGH-Entscheidung keine Rede sein.[3] Dies dürfte mehrere Gründe haben.

An erster Stelle steht eine strategische Überlegung. Anders als etwa bei Anwälten oder Steuerberatern ist das mit der Durchführung der Testamentsvollstreckung zu vereinnahmende Honorar nicht die primäre oder zumindest nicht die alleinige Zielsetzung. Als Haupttriebfeder für Kreditinstitute, sich mit der Vermögensnachfolge ihrer Kunden im Allgemeinen[4] und der Testamentsvollstreckung als einem Leistungsbestandteil daraus[5] zu befassen, wird meist die langfristige **Sicherung der Kundenverbindung** insbesondere im Segment der vermögenden Privatkunden angegeben.[6] Ziel ist demnach die Fortsetzung der Kundenbeziehung mit den Vermögensnachfolgern der verstorbenen Kunden. Dies können hinterbliebene natürliche Personen ebenso wie bereits existierende oder – im Fall der Stiftung – noch zu gründende juristische Personen sein. Zumindest im Fall der erbenden natürlichen Personen ist die Stellung als Testamentsvollstrecker aber nicht zwingend die beste Voraussetzung für die reibungslose Fortsetzung der Kundenbeziehung mit den Erben. Nimmt der Testamentsvollstrecker seine Aufgabe ernst und orientiert sich weitestmöglich am Erblasserwillen, so wird sein Verhalten in vielen Fällen nicht in vollem Umfang mit den Interessen der Erben kongruent sein. In streitbehafteten Erbfällen können seine Existenz an sich und seine Handlungen zu Kontroversen zumindest mit einzelnen Erben führen. Spätestens bei der Vergütungsfrage treten die **gegenläufigen Interessen** von Testamentsvollstrecker und Erben offen zu Tage. Die Bank in der streitbehafteten Rolle der Testamentsvollstreckerin wird sich somit häufig schwerer tun, die Erben als Kunden zu gewinnen oder zu halten, als ein „neutrales" Institut.

---

3 So auch *Rott/Kornau/Zimmermann*, S. 57.
4 Vgl. *Rott/Kornau/Zimmermann*, S. 68.
5 Näher zur Einbindung der Testamentsvollstreckung in den Kontext Finanz- und Nachfolgeplanung: *Rott/Kornau/Zimmermann*, S. 68.
6 Vgl. *Fritz u.a.*, Testamentsvollstreckung und Stiftungsmanagement durch Banken und Sparkassen, S. 84

7 Ein weiteres wichtiges Argument, das die geschäftlichen Ambitionen von Banken und Sparkassen im Testamentsvollstreckungsmarkt bremst, ist die Sorge vor den damit verbundenen Risiken, insbesondere **Haftungs- und Reputationsrisiken.** Eine kreditgebende Bank hat in aller Regel kein Interesse daran, in der Rolle der Testamentsvollstreckerin neben der Kredit- auch die unternehmerische Verantwortung für Geschäfts- und Firmenkunden zu übernehmen. Während sich die Haftungsrisiken durch gute Qualifikation der ausübenden Mitarbeiter, eine gute Organisation des Geschäftsfeldes oder zumindest durch eine entsprechende Versicherung eindämmen lässt, dürften zudem Fehler oder Kontroversen bei der Ausübung einer Testamentsvollstreckungen bei Banken oder Sparkassen wesentlich schneller an die Öffentlichkeit gelangen, als bei weithin unbekannten Freiberuflern. Gerade im Bereich des weitgehend unkontrollierten postmortalen Vermögensmanagements für Kunden steht eine gesteigerte Sensibilität der Medien und der Öffentlichkeit für einen unterstellten oder tatsächlichen Missbrauch zu vermuten. Weiterhin sind die Anforderungen an die institutsinternen Grundsätze und Verfahren zur Vermeidung von Interessenkonflikten zwischen Bank und Kunde sowie zur Beeinträchtigung von Kundeninteressen den letzten Jahren deutlich gestiegen – und damit auch der Überwachungsaufwand. Auch und gerade die Testamentsvollstreckung, bei der die persönliche Interessenwahrung durch die Gegenpartei von vorneherein ausgeschlossen ist, muss in die **Compliance-Organisation** der Bank, also die Überwachung des regelkonformen Verhaltens, eingebunden werden.[7] Ein weiterer, wirtschaftlicher Grund für die Zurückhaltung der Banken liegt in den hohen initialen und laufenden **Organisations- und Qualifizierungsinvestitionen,** denen zwar sichere, aber zeitlich kaum planbare Rückflüsse gegenüberstehen.[8]

II. Kritik an der Testamentsvollstreckung durch Banken und Sparkassen

8 Naturgemäß begegnen die übrigen im Markt der professionellen Testamentsvollstreckung tätigen Berufsgruppen den Kreditinstituten mit Skepsis. Gerne wird in diesem Zusammenhang auf die erhöhte Gefahr von **Interessenkollisionen** hingewiesen, wenn Banken und Sparkassen den Nachlass verstorbener Kunden in ihre Obhut nehmen. *Schmitz* etwa befürchtet Verstöße gegen die Pflicht zur ordnungsgemäßen Nachlassverwaltung gem. § 2216 Abs. 1 BGB, indem die vollstreckende Bank das Wertpapiervermögen im Nachlass in konzerneigene Produkte investiere oder provisions- und gebührenträchtige Umschichtungen im

---

7 Näher zum Begriff Compliance und den Grundlagen im Wertpapier- und Kreditgeschäft: Scholz/Schmidt/*U. Müller*, Rn 708.
8 Eingehend zu den geschäftspolitischen Erwägungen bei der Einführung der Testamentsvollstreckung als Bankdienstleistung: Seibert/*Plesse*, Rn 364; Fritz/*Klümpen-Neusel*/*v. Soden*, Gesteuerte Vermögensübertragung, Rn 175.

Fritz

A. Einleitung

Nachlass vornehme.⁹ Eine Pressemitteilung der Rechtsanwaltskammer Koblenz vom 23.2.2012¹⁰ warnt den Leser ebenfalls vor einem Missbrauch der treuhänderischen Rechtsstellung durch die Bank oder Sparkasse: „Welche Bank würde das von ihr zu verwaltende Vermögen bei einer anderen Bank zu besseren Konditionen anlegen?". *Zimmermann* bringt die Warnung noch eindringlicher auf den Punkt: „Die Bank will verdienen".¹¹ Tatsächlich dürfte dieser Gedanke den Vertretern der Finanzbranche auch im Testamentsvollstreckungsbereich nicht fremd sein. Ob dieser Umstand allerdings als Differenzierungskriterium zu den übrigen Profi-Testamentsvollstreckern taugt, sei hier dahingestellt. Jedenfalls sind die hier genannten Missbrauchsmöglichkeiten bereits durch die geltenden wertpapierhandelsrechtlichen Vorschriften stark beschränkt.

So gebietet die Grundregel des § 31 Abs. 1 Nr. 1 WpHG den Anbietern, Wertpapierdienstleistungen und Wertpapiernebendienstleistungen mit der erforderlichen Sachkenntnis, Sorgfalt und Gewissenhaftigkeit im Interesse seiner Kunden zu erbringen. Die so genannte Provisionsschinderei durch unnötiges Umschichten („Churning") und ähnliche interessewidrigen Praktiken sind dadurch untersagt.¹² Dies gilt selbstverständlich auch, soweit der Nachlass eines verstorbenen Kunden betroffen ist, der durch dasselbe Institut als Testamentsvollstrecker vertreten wird. Vereinnahmte **Provisionen** hat die Bank gem. den §§ 2218, 667 BGB an den Nachlass herauszugeben, sofern dies der Erblasser nicht ausdrücklich ausgeschlossen hat.¹³ Auch die Erwartung, das vollstreckende Institut solle bei Wettbewerbern mit günstigeren Konditionen anlegen, erscheint sachfremd. Die Auswahl der betreffenden Bank oder Sparkasse wird in der Regel auf einem besonderen Vertrauensverhältnis des Erblassers zu diesem Institut oder der vermuteten besonderen Kompetenz einzelner Mitarbeiter beruhen.¹⁴ In diesen Fällen entspräche es gerade nicht dem Erblasserinteresse, je nach Konditionslage den Vermögensverwalter zu wechseln. Viele potenzielle Interessenkollisionen während der Testamentsvollstreckung lassen sich zudem auf organisatorischer Ebene mittels der Trennung von Zuständigkeiten und revisionssicherer Regularien entschärfen. Schließlich wird man die Entscheidung, aus welchen Motiven er welchem Testamentsvollstrecker sein Vertrauen schenkt, der Urteils- und Entscheidungsfähigkeit des mündigen und zumindest testierfähigen Erblassers überlassen

9

---

9 *Schmitz*, ZErb 2005, 74; *Zimmermann*, Die Testamentsvollstreckung, S. 124; ausgewogener *Mayer*, MittBayNot 2005, 366.
10 http://www.fachanwaltsuche.de/fas/tipps/tipps_511.htm.
11 *Zimmermann*, Die Testamentsvollstreckung, S. 124.
12 So schon *Mayer*, MittBayNot 2005, 370; *Fritz/Klümpen-Neusel/v. Soden*, Gesteuerte Vermögensübertragung, Rn 178.
13 *Fritz/Klümpen-Neusel/v. Soden*, Gesteuerte Vermögensübertragung, Rn 176.
14 Hierbei handelt es sich nicht um eine Frage der Vergütung, sondern der ordnungsgemäßen Nachlassverwaltung gem. den §§ 2205 S. 1, 2216 BGB

müssen. Eine Grundpräferenz zugunsten der rechtsberatenden Berufe hat der BGH aus guten Gründen ja gerade abgelehnt.[15]

10 Gleichwohl werden sich Banken in der Rolle des Testamentsvollstreckers stets einem erhöhten Verdacht ausgesetzt sehen, Eigen- und Kundeninteressen nicht sauber voneinander zu trennen und sich im Zweifelsfall zu Ungunsten des Kunden zu verhalten. Diesem Umstand sollte vor allem auch die Transparenz und Gestaltung der Vergütung Rechnung tragen. Hierbei wird insbesondere auf das Verhältnis zwischen dem Honorar für die Testamentsvollstreckung und den Entgelten für weitere Bankdienstleistungen einzugehen sein.

B. Bankspezifische Vergütungsfragen

I. Anbahnung und Rechtsdienstleistungsgesetz

11 Mangels konkreter gesetzlicher Regelung des Testamentsvollstreckerhonorars bleibt dessen Ausgestaltung dem Erblasserwillen überlassen. Die juristische Herausforderung besteht darin, die meist von den Banken vorgegebenen Vergütungsmodelle rechtsverbindlich werden zu lassen, ohne diesbezüglich auf die Auslegung des Erblasserwillens angewiesen zu sein.

Anders als die rechtsberatenden Berufsgruppen haben etwa Banken und Steuerberater bei der Anbahnung der späteren Testamentsvollstreckung die Limitierungen des **Rechtsdienstleistungsgesetzes** zu beachten. Die Testamentsvollstreckung selbst ist zwar eine erlaubte Nebenleistung gem. § 5 Abs. 2 Nr. 1 RDG. Die rechtliche Beratung des Erblassers im Vorfeld, insbesondere bei der Gestaltung seines Testaments, ist allerdings nicht automatisch als „Nebenleistung zur Nebenleistung" von der Erlaubnis mit umfasst. Die der Testamentsvollstreckung zeitlich vorgelagerten Handlungen sind vielmehr als eigene Rechtsdienstleistungen separat zu beurteilen.[16] Da die Testamentsvollstreckung und ihre Modalitäten aber nur durch eine letztwillige Verfügung rechtswirksam angeordnet werden können, nimmt etwa eine Honorarregelung zwischen Erblasser und Bank stets auch Einfluss auf die Gestaltung des betreffenden Testaments oder Erbvertrags. Hierin könnte bereits eine unzulässige Rechtsdienstleistung der Bank liegen, soweit diese dem Erblasser ihre Honorarerwartungen etwa in Form einer vorformulierten Klausel vorgibt. Diese Frage wird erfahrungsgemäß von den Rechtsabteilungen der testamentsvollstreckenden Institute aufgeworfen.

---

15 Davon abgesehen sind auch diese Berufsgruppen nicht per se über jeden Verdacht möglicher Interessenkollisionen erhaben, insbesondere im Hinblick auf den Abschluss lukrativer Anschlussmandate. Die in der Literatur (siehe etwa *Schmitz*, ZErb 2005, 80) postulierte, begrüßenswerte und überfällige Diskussion über einen Verhaltenskodex für Testamentsvollstrecker sollte daher berufsgruppenübergreifend geführt werden.

16 *Balzer/Weidlich*, ZIP 2012, 356 m.w.N.

1. Testamentsvollstreckungsvertrag

Als ein Lösungsansatz wurde in der Praktikerliteratur teilweise eine lebzeitig geschlossene Vergütungsvereinbarung zwischen Bank und Erblasser, der so genannte „**Testamentsvollstreckungsvertrag**" empfohlen.[17] Darin ließen sich nicht nur die Höhe der Testamentsvollstreckervergütung, sondern beispielsweise auch die Zahlungsmodalitäten, die Vergütung weiterer eigener Leistungen sowie die Nichtanrechnung von Entgeltansprüchen Dritter regeln. Diese Vorgehensweise hätte den Vorteil, dass die genannten Punkte nicht in ein Testament oder einen Erbvertrag „hineinberaten" werden müssten, sondern als Bestandteile eines gegenseitigen Vertrags im Hinblick auf das Rechtsdienstleistungsgesetz unbefangen verhandelt werden könnten.

12

Allerdings begegnet der Testamentsvollstreckungsvertrag aus anderen Gründen berechtigten Bedenken. Als wesentlicher Teil der Ausgestaltung des Testamentsvollstreckeramtes bedarf eine solche Vereinbarung der erbrechtlich vorgeschriebenen Form einer letztwilligen Verfügung gem. § 2231 BGB, also der notariellen oder handschriftlichen.[18] Die in einem lebzeitig zwischen Erblasser und Bank geschlossenen privatschriftlichen oder Formularvertrag getroffenen Vergütungsregelungen sind somit gem. § 125 BGB formnichtig. Ihre Regelungswirkung könnte eine entsprechende Vereinbarung allenfalls dadurch entfalten, dass der Erblasser sie in seiner – formgültig errichteten – letztwilligen Verfügung in Bezug nimmt. Sie könnte dann als Auslegungshilfe hinsichtlich der Modalitäten der dort angeordneten Testamentsvollstreckung dienen. Dies ist im Rahmen der von der Rechtsprechung angewendeten sog. **Andeutungstheorie** auch bei formbedürftigen Erklärungen nicht ausgeschlossen. Demnach können auch außerhalb der Urkunde (hier: Testament oder Erbvertrag) liegende Umstände zur Auslegung ihres Inhalts herangezogen werden, sofern sie in dieser einen wenn auch unvollkommenen Ausdruck gefunden haben.[19] Keinesfalls ausreichend wäre aber die Benennung einer Bank als Testamentsvollstreckerin in der Annahme, dass damit auch das jeweils dort verwendete und dem Kunden im Vorfeld bekannt gemachte Vergütungsmodell vereinbart sei.[20] Hier fehlt es an der erforderlichen Andeutung.

13

Ob der bloße Verweis in der letztwilligen Verfügung auf eine der bekannten **Gebührentabellen** für deren wirksame Einbindung ausreicht, ist umstritten. Gegen eine Berücksichtigung im Wege der Auslegung des Erblasserwillens wird vorgebracht, dass die wenigsten Testierenden den Inhalt der Tabellen tatsächlich

14

---

17 *Fritz/Lang/Josten*, Testamentsvollstreckung und Stiftungsmanagement durch Banken und Sparkassen, S. 173.
18 Palandt/*Weidlich*, § 2221 Rn 1.
19 Palandt/*Heinrichs*, § 133 Rn 19.
20 *Zimmermann*, Die Testamentsvollstreckung, S. 123.

gelesen und gebilligt hätten.[21] Die Gegenauffassung stuft die bekannten Tabellen unter Verweis auf § 291 ZPO und seine Anwendung im Beurkundungsverfahren als offenkundige Tatsachen ein. Daher sei eine Bezugnahme möglich.[22] Unstrittig ist aber, dass bankindividuelle Gebührentabellen jedenfalls komplett übernommen werden müssen, um Wirksamkeit zu erlangen.[23] Demnach müsste der Erblasser anstatt eines bloßen Verweises sicherheitshalber den gesamten Inhalt beispielsweise der Neuen Rheinischen Tabelle in Testament oder Erbvertrag aufnehmen.

15 Und auch bei Anwendung der Andeutungstheorie verbleiben erhebliche Risiken. Zum einen ist jede Auslegung mit Unsicherheiten verbunden. Ob lediglich die Anordnung der Testamentsvollstreckung und die Benennung der vollstreckenden Bank in Verbindung mit der Verweisung auf den Testamentsvollstreckervertrag ausreicht, oder ob auch dessen Inhalte in der letztwilligen Verfügung mit angedeutet sein müssen, um die gewünschte Wirkung zu erzielen, steht zunächst im Ermessen des Auslegenden.[24] Darüber hinaus stellt sich zum anderen die Frage, ob das gezielte Ausnutzen der Andeutungstheorie zur Heilung eines bewusst formnichtigen Vertrags als **Umgehungstatbestand** überhaupt zulässig ist.[25] Jedenfalls kann sich bei Abschluss eines Testamentsvollstreckervertrags und nur rudimentärer testamentarischer Regelung weder der spätere Erblasser noch der Testamentsvollstrecker darauf verlassen, dass die getroffenen Vereinbarungen am Ende auch Umsetzung finden. Angesichts solcher Unsicherheiten kommt diese Methode als verlässliche Geschäftsgrundlage kaum in Betracht.[26]

2. Honorarregelung in der letztwilligen Verfügung

16 Vor diesem Hintergrund sollten die testamentsvollstreckenden Kreditinstitute eine andere Methode wählen, ihre Konditionen ohne Kollision mit dem Rechtsdienstleistungsgesetz in die letztwilligen Verfügungen ihrer Kunden Eingang finden zu lassen.

a) Profitestament

17 Relativ unproblematisch erscheinen dabei die Fälle, in denen der Bankkunde seinen letzten Willen mittels notariellen Testaments oder Erbvertrags regelt oder sich bei der Abfassung von einem qualifizierten Rechtsanwalt beraten lässt. Das Profitestament ist aus Sicht der professionellen Testamentsvollstrecker stets die vorzugswürdige Variante. Nicht nur die höhere Rechtssicherheit spricht dafür.

---

21 *Zimmermann*, Die angemessene Testamentsvollstreckervergütung, ZEV 2001, 334.
22 *Reithmann*, ZEV 2001, 385.
23 *Theiss/Bogner*, BKR 2006, 404.
24 *Theiss/Bogner*, BKR 2006, 401.
25 Vgl. *Theiss/Bogner*, BKR 2006, 403.
26 Kritisch auch Seibert/*Plesse*, Rn 389.

Auch reduziert die Beratung des Erblassers durch einen neutralen Anwalt oder Notar das Risiko, dass sich die vollstreckende Bank später vorhalten lassen muss, ihren Kunden über die Folgen und Kosten einer Testamentsvollstreckung nicht hinreichend aufgeklärt zu haben. Händigt die Bank dem beurkundenden Notar eine vorformulierte Klausel zur Aufnahme in die letztwillige Verfügung ihres Kunden aus, in der die Kosten und genauen Modalitäten der späteren Durchführung einer Testamentsvollstreckung geregelt sind, so liegt hierin jedenfalls kein Verstoß gegen das Rechtsberatungsverbot des § 3 RDG.

Ausweislich seines § 1 Abs. 1 S. 2 dient das Rechtsdienstleistungsgesetz dazu, „die Rechtsuchenden, den Rechtsverkehr und die Rechtsordnung vor unqualifizierten Rechtsdienstleistungen zu schützen". Im Rahmen der gebotenen restriktiven Auslegung des Gesetzes[27] kommt die Verletzung des Rechtsberatungsverbots gegenüber einem Mitglied der rechtsberatenden Berufe **mangels Schutzbedürftigkeit** nicht in Betracht. Auch der Kunde ist in diesem Fall vor unqualifizierten Rechtsdienstleistungen geschützt, da der von ihm mandatierte Anwalt oder Notar ja gerade den Auftrag und die Pflicht hat, dessen möglicherweise fehlenden Rechtskenntnisse zu kompensieren und die Mandanteninteressen zu wahren. Sofern es keinen direkten Kontakt zwischen Bank und Rechtsberater des Kunden gibt und dieser von Kundenseite auch nicht gewollt ist, bestehen im Hinblick auf das RDG auch keine Bedenken, die schriftlich niedergelegte Klausel dem Kunden selbst zuzusenden, damit dieser sie seinem Rechtsberater zur Übernahme in die letztwillige Verfügung aushändigen kann. In diesem Fall übernimmt der Kunde lediglich **Botenfunktion**. Adressat der vermeintlichen Beratung durch die Bank ist der Rechtsberater. Insoweit fehlt es für einen Verstoß am Tatbestandsmerkmal des „Tätigwerdens". 18

Anders ist der Fall zu beurteilen, wenn der Rechtsberater nicht vom Kunden, sondern von der Bank mandatiert wird und keinen unmittelbaren Kontakt zum Kunden hat. Für eine derart gelagerte Konstellation hat das OLG Karlsruhe[28] entschieden, dass ein eventuell vorliegender Verstoß gegen das Rechtsberatungsverbot durch die Zwischenschaltung des Anwalts nicht geheilt werden kann. Hier fehle es an der neutralen Prüfungsmöglichkeit des Anwalts. 19

b) Laientestament

Entscheidet sich der Bankkunde hingegen für ein handschriftliches Testament ohne zusätzliche Beratung durch einen selbst mandatierten Anwalt, könnten die Gespräche über die diesbezügliche Gestaltung des Testaments eher eine verbotene Rechtsdienstleistung darstellen. Fraglich ist dabei zunächst, ob die Vorgabe oder Verhandlung einer Honorarklausel überhaupt den Tatbestand einer Rechtsdienst- 20

---

27 Vgl. *Kleine-Cosack*, Rn 172.
28 OLG Karlsruhe NJW-RR 2007, 206; eingehend zum Rechtsdienstleistungsgesetz als Grenze der Bankberatung Seibert/*Fritz*, Rn 991.

leistung erfüllt. Laut Legaldefinition des § 2 Abs. 1 RDG ist eine Rechtsdienstleistung „jede Tätigkeit in konkreten fremden Angelegenheiten, sobald sie eine rechtliche Prüfung des Einzelfalls erfordert". In der Anbahnungssituation einer Testamentsvollstreckung geht es jedenfalls um eine konkrete und nicht nur abstrakte Rechtsfrage. Fehlen dürfte aber bereits das Tatbestandsmerkmal der „**fremden Angelegenheit**". „Fremd" in diesem Sinne sind Angelegenheiten, die nicht die eigene Rechtsposition des Besorgenden betreffen und daher an sich der Sorge eines anderen obliegen.[29] Dadurch, dass die Bank als Testamentsvollstreckerin im Rahmen der letztwilligen Verfügung eine Art **Parteirolle** übernimmt, handelt es sich für sie insoweit auch um eine eigene Rechtsposition. Anderenfalls müsste jede Vertragsgestaltung durch die Bank eine verbotene Rechtsdienstleistung darstellen, da der zweiseitige Vertrag stets auch die Rechtsverhältnisse der Gegenseite mitgestaltet. Der einzige Unterschied zur hier diskutierten Situation liegt darin, dass eine zweiseitige vertragliche Regelung vorliegend aufgrund des Formzwangs für letztwillige Verfügungen nicht zu Gebote steht.

21 Weiterhin ist auch keine rechtliche **Prüfung des Einzelfalls** erforderlich. Dies setzt voraus, dass der Schwerpunkt der Tätigkeit im Bereich der rechtlichen Prüfung und nicht nur der Rechtsanwendung liegt.[30] Bei der Verhandlung der genauen Modalitäten einer späteren Testamentsvollstreckung einschließlich der Testamentsvollstreckervergütung handelt es sich auch aus Kundensicht eher um wirtschaftliche als um rechtliche Fragen. Die Gestaltung des Testaments ist hier nicht Gegenstand der Prüfung, sondern lediglich Vehikel zur rechtssicheren Regelung der Modalitäten. Dies gilt umso mehr, wenn die Bank für alle Testamentsvollstreckungsmandate dieselben Formulierungsvorlagen verwendet.

22 Selbst wenn man davon abweichend von einer für die Bank fremden Angelegenheit mit rechtlichem Prüfungsbedarf ausgehen sollte, dürfte die Annexkompetenz des § 5 Abs. 2 Nr. 1 RDG greifen. Demnach gelten „als erlaubte Nebenleistungen [...] Rechtsdienstleistungen, die im Zusammenhang mit einer Testamentsvollstreckung erbracht werden". Davon ist denknotwendig auch die Anbahnung und damit die Gestaltung einer entsprechenden Klausel erfasst, zumal ja eben keine andere Möglichkeit besteht, diese Dienstleistung rechtssicher zu regeln. Das OLG Karlsruhe führt im Hinblick auf die Annexkompetenz aus: „Sie [die Regelung der Annexkompetenz] setzt nicht voraus, dass die berufliche Tätigkeit ohne die Rechtsberatung schlechthin unmöglich wäre, sondern gilt auch dann, wenn sie sonst **nicht sachgemäß** erledigt werden könnte".[31] Genau das ist hier der Fall, wie oben ausgeführt.

---

29 *Kleine-Cosack*, Rn 172.
30 *Kleine-Cosack*, Rn 172.
31 OLG Karlsruhe NJW-RR 2007, 206.

II. Honorarmodelle und -höhe

Die gesetzliche Regelung zur Vergütung des Testamentsvollstreckers in § 2221 BGB gilt selbstverständlich berufsgruppenübergreifend und somit auch für Banken. Um Streit und Unklarheiten zu vermeiden, sollte der Erblasser die Vergütung des späteren Testamentsvollstreckers im Einvernehmen mit diesem selbst regeln. Die am Markt tätigen Institute bieten ihren Kunden in der Praxis unterschiedliche Honorarmodelle an, die teils auf **Stundensätzen**, teils auf **Tabellen** basieren. Bei der Entscheidung zwischen den unterschiedlichen Vergütungsmodellen gelten für Banken grundsätzlich dieselben Erwägungen wie für Testamentsvollstrecker aus anderen Berufsgruppen.

23

Eine gewisse Präferenz scheint im Bankbereich zugunsten der bekannten Vergütungstabellen, insbesondere der **Neuen Rheinischen Tabelle**,[32] zu bestehen – teils unverändert, teils mit leichten Modifikationen. Dass sich diese Empfehlungen an sich nur an die notariellen Testamentsvollstrecker richten, tut ihrer Popularität auch bei den übrigen Berufsgruppen am Markt keinen Abbruch. Das Argument, die dort angesetzten Quoten vom Bruttovermögen gingen von der besonders hohen juristischen Qualifikation der Notare aus und ließen sich daher nicht in gleicher Höhe auf Testamentsvollstrecker anderer beruflicher Provenienz anwenden, überzeugt aus Sicht der Finanzbranche nicht. Aufgaben und Risiko des Testamentsvollstreckers sind in jedem Fall gleich. Der organisatorische Grundaufwand, um die Dienstleistung revisionssicher und flächendeckend anbieten zu können, fällt bei Banken eher noch höher aus als in einem Notariat. Schließlich liegt der Schwerpunkt einer Testamentsvollstreckung häufig eben nicht im juristischen, sondern im wirtschaftlichen Bereich, wie der BGH in seiner Grundsatzentscheidung dargelegt hat.[33] Und hier fällt die Kompetenzvermutung eher zugunsten der Banken und Steuerberater aus als zugunsten der rechtsberatenden Berufe.

24

Für die Vergütungstabelle spricht aus Banksicht, dass ein vermögensbasierter Honoraransatz bereits bei anderen Bankdienstleistungen eingeführt und daher weder Kunden noch Mitarbeitern gegenüber besonders erklärungsbedürftig ist: Das Honorar für Vermögensverwaltungsmandate bemisst sich heute in der Mehrzahl der Fälle als Pauschale nach einem bestimmten Prozentsatz des verwalteten Vermögens („**All-in-fee**"). Ähnlich wird etwa die Bestandsvergütung bei Investmentfonds berechnet. Hinzu kommt, dass das Kalkulationsrisiko für Banken relativ überschaubar ist, da sie in aller Regel einen fundierten Überblick über die Vermögenssituation des Kunden haben oder sich diesen zumindest durch vorgeschaltete Dienstleistungen wie Estate oder Financial Planning verschaffen

25

---

32 Empfehlungen des Deutschen Notarvereins für die Vergütung des Testamentsvollstreckers aus dem Jahr 2000; zur hohen Akzeptanz der Neuen Rheinischen Tabelle in der Praxis: *Wigand/Andersson/Martin*, S. 368.
33 BGH NJW 2005, 969.

Fritz

können.³⁴ Auch für den Kunden sind die späteren Kosten auf diese Weise transparenter und besser greifbar. Marktübliche **Modifikationen** betreffen beispielsweise die Staffelung der Vermögensgrößen oder die Konkretisierung der Zuschlagstatbestände. Nicht selten wird das maximal mögliche Gesamthonorar durch eine Limitierung der möglichen Zuschläge begrenzt.

26 Die Vergütung von Bankdienstleistungen **nach Zeitaufwand** ist hingegen trotz der gesetzgeberischen Bemühungen, die Honoraranlageberatung zu fördern,³⁵ nach wie vor eher ungebräuchlich und wird von der Mehrzahl der Kunden heute nur in Randbereichen wie Financial und Estate Planning weitgehend vorbehaltlos akzeptiert. Soweit bankseitige Beratungsleistungen nach Aufwand vergütet werden, sind heute Stundensätze zwischen 150 und 250 EUR zuzüglich Umsatzsteuer marktüblich.

III. Verhältnis zu anderen Bankdienstleistungen

27 Eine entscheidende Frage einerseits für den wirtschaftlichen Erfolg der Testamentsvollstreckung durch Banken, andererseits für die Außenwirkung des einzelnen Kreditinstituts in dieser Rolle dürfte das Verhältnis zwischen dem Testamentsvollstreckerhonorar und den Entgelten für sonstige während der Abwicklung erbrachte Bankdienstleistungen sein. Insbesondere liegt hier ein sensibler Gradmesser für den Umgang mit der potenziellen Kollision zwischen Bank- und Erblasserinteressen.³⁶ Im Wesentlichen geht es darum, welche Leistungen durch das Testamentsvollstreckerhonorar mit abgegolten und welche zusätzlich zu vergüten sind.

1. Mutmaßlicher Erblasserwille

28 Hat der Erblasser hierzu keine ausdrückliche, formgültige Regelung getroffen, so ist sein Wille im Wege der **Auslegung** zu ermitteln. Spätestens nach der Beratung im Rahmen der Anbahnung einer Testamentsvollstreckung sollte dem Bankkunden und späteren Erblasser klar geworden sein, dass die Testamentsvollstreckung ein **zusätzliches Angebot** zu den banküblichen Leistungen darstellt und grundsätzlich davon unabhängig zu vergüten ist. Bezüglich der klassischen Bankgebühren ist dies auch ohne weiteres einleuchtend: Kosten etwa für Konto- und Depotführung, einzelne Wertpapiertransaktionen oder sonstige Leistungen fielen bereits vor dem Erbfall an und würden danach erst recht weiterhin entstehen, wenn ein bankexterner Vollstrecker tätig würde.

---

34 Hierzu näher *Rott/Kornau/Zimmermann*, S. 78.
35 Vgl. Gesetz zur Förderung und Regulierung einer Honorarberatung über Finanzinstrumente (Honoraranlageberatungsgesetz) vom 25.4.2013, BT-Drucks 17/13131.
36 Vgl. *Rott/Kornau/Zimmermann*, S. 289.

Fritz

Darüber hinaus haben auch Testamentsvollstrecker aus anderen Berufsgruppen 29
Anspruch auf Vergütung ihrer durch die Testamentsvollstreckung veranlassten
berufsmäßigen Dienste, sofern diese im Rahmen der **ordnungsgemäßen Nachlassverwaltung** gem. § 2216 BGB angefallen sind und der Testamentsvollstrecker
sie gem. den §§ 2218 Abs. 1, 670 BGB für **erforderlich** halten durfte.[37] So ist
etwa für Rechtsanwälte,[38] Steuerberater, Notare oder auch Handwerker anerkannt, dass diese neben ihrem Testamentsvollstreckerhonorar weitere berufsmäßige Leistungen gesondert in Rechnung stellen dürfen[39] – etwa der Anwalt für
das Einklagen einer Nachlassforderung oder der Steuerberater für die Erstellung
der Erbschaftsteuererklärung. Gleiches muss für Dienstleistungen der Bank selbst
oder konzernzugehöriger Unternehmen gelten, beispielsweise Maklergebühren
bei der Veräußerung einer Nachlassimmobilie.

Zweifelhaft mag jedoch erscheinen, ob der Erblasser eine volle doppelte Gebührenbelastung auch für die Leistungen gebilligt hätte, die für die Bank erheblich 30
unaufwändiger sind als für bankexterne Testamentsvollstrecker und die bei Testamentsvollstreckungen häufig anfallen. Als Beispiele kommen hier etwa die Zweitbeschaffung von Konto- und Depotauszügen oder hausinterne Nachforschungen
über zurückliegende Kontobewegungen in Betracht. Zudem darf der Erblasser
wohl davon ausgehen, dass die im Rahmen der Testamentsvollstreckung anfallenden sonstigen Bankgebühren gegenüber den von ihm lebzeitig gewohnten Konditionen nicht ohne wichtigen Grund deutlich nach oben abweichen.

Relevanter und damit auch streitanfälliger dürften die im Rahmen von Vermögensverwaltungsmandaten für Entwicklung und Umsetzung der Anlagestrategie 31
anfallenden Gebühren sein. Sofern getrennt ausgewiesen, zählen die Transaktionskosten nicht dazu.[40] Hier sind zwei Fälle zu unterscheiden: Beauftragt die
Bank als Testamentsvollstreckerin erst nach dem Erbfall des Kunden das eigene
Haus mit der laufenden Depotpflege (was sich unter Compliance-Gesichtspunkten im Sinne getrennter Verantwortlichkeiten empfehlen kann), so liegt es nahe,
dass der Kunde hierfür **keine zusätzliche Kostenbelastung** des Nachlasses gebilligt hätte. Hatte der Kunde hingegen bereits lebzeitig das aktive Wertpapiermanagement der Bank in Anspruch genommen, so mag es seinen Vorstellungen eher
entsprechen, dass die Kosten für das Mandat auch weiterhin separat belastet
werden. Grundsätzlich gilt aber: Wählt der Erblasser eine Bank als Testamentsvollstreckerin aus, so geschieht dies in der Regel, weil er sich von ihr eine besondere Expertise bei der produktiven Verwaltung der liquiden Nachlassteile verspricht. Sofern dies nicht ausdrücklich anders vereinbart ist, darf er im Zweifelsfall wohl erwarten, dass sich die Bank diese bereits für die Auswahlentscheidung

---

37 Fritz/*Roller*, Gesteuerte Vermögensübertragung, Rn 892.
38 *Bonefeld*, in: Mayer/Bonefeld, Testamentsvollstreckung, § 23 Rn 4.
39 *Theiss/Bogner*, BKR 2006, 401, 404.
40 *Theiss/Bogner*, BKR 2006, 404.

wichtige Expertise nicht noch separat vergüten lässt.[41] Sind diese Punkte in der letztwilligen Verfügung nicht klar geregelt, bleibt häufig nur noch die nachträgliche Vergütungsvereinbarung mit den Erben als Auffanglösung.[42]

32 Ob im Falle einer Verrechnung auf die üblichen Gebühren verzichtet oder die Testamentsvollstreckervergütung entsprechend gekürzt wird, liegt im Ermessen der Bank. Angesichts der **strategischen Zielsetzung** der Testamentsvollstreckung im Bankgeschäft (siehe oben Rn 6), unter **Transparenzgesichtspunkten** und nicht zuletzt im Interesse einer sauberen bankinternen **Kostenabbildung** wird die Testamentsvollstreckervergütung in der Regel die „nachgiebigere" Gebühr sein.

2. Ausdrückliche Anordnung

33 Vor dem Hintergrund des skizzierten Auslegungsspielraums empfiehlt es sich für jedes testamentsvollstreckende Kreditinstitut unbedingt, den späteren Erblasser bereits in der Anbahnungsphase unmissverständlich über die eigenen Honorarvorstellungen aufzuklären und ihm die voraussichtlich anfallenden Kosten transparent zu machen. Im Sinne eines fairen Wettbewerbs sollten für den Kunden verschiedene Angebote auch unter Gebührenaspekten vergleichbar sein. Unter diesen Voraussetzungen dürfte auch seine Bereitschaft steigen, umfangreichere Gebührenklauseln in seine letztwillige Verfügung aufzunehmen.

34 Üblicherweise bestehen die Gebührenklauseln aus zwei Komponenten: dem **Vergütungsgrundsystem** und den **Sonderregeln**. Das Grundsystem setzt in der Bankpraxis bei der Abwicklungsvollstreckung entweder auf einem Zeithonorar oder einer auf dem Bruttonachlasswert bemessenen quotalen Gebührentabelle auf. Für die Verwaltungs- und Dauervollstreckung kommen auch die Vermögenserträge als Bemessungsgrundlage in Betracht. In der Praxis begegnet am häufigsten die Neue Rheinische Tabelle als Vergütungsgrundsystem (siehe oben Rn 24). Basiert das Honorar auf Stundensätzen, sollte deren Höhe einem eventuellen Kaufkraftschwund zwischen Testamentserrichtung und -vollstreckung angepasst werden können. Die Sonderregeln modifizieren und ergänzen das Grundsystem. Hier werden insbesondere die ansonsten auslegungsbedürftigen und damit streitanfälligen Punkte wie eine eventuelle **Doppelbelastung** mit Vermögensverwaltungs- und Testamentsvollstreckergebühr oder der Einbehalt von **Provisionen Dritter** geregelt. Als fair und transparent bietet sich im Fall eines Vermögensverwaltungsmandats jedoch der Abzug der im betreffenden Zeitraum gezahlten Vermögensverwaltungsgebühren vom Testamentsvollstreckungshonorar an. Die damit verbundenen Transaktionskosten sollten separat ausgewiesen werden.

---

41 So auch *Theiss/Bogner*, BKR 2006, 405.
42 *Theiss/Bogner*, BKR 2006, 404.

Checkliste: Wichtige Regelungen zu Vergütung und zum Auslagenersatz
- Bemessungsgrundlage für das Testamentsvollstreckerhonorar
- Eventuelle Vergünstigungen für das im eigenen Haus verwaltete Vermögen
- Auslagenersatz für die Honorare eingeschalteter externer Hilfspersonen, z.B. Rechtsanwälte, Steuerberater, Makler
- Erstattungsfähigkeit sonstiger Bankdienstleistungen im eigenen Haus
- Umgang mit Drittprovisionen, die im Rahmen der Testamentsvollstreckung an die Bank fließen
- Übernahme einer auf die konkrete Vollstreckung bezogenen Zusatzhaftpflichtversicherung[43]
- Übernahme der Umsatzsteuer auf die Testamentsvollstreckervergütung.[44]

35

Unter die Sonderregeln fallen auch solche, die für den Nachlass günstiger sind als die als Grundsystem einbezogenen Tabellen. Einzelne Häuser versuchen die Testamentsvollstreckung bereits zu Lebzeiten des Kunden als Bindungs- und Akkumulationsinstrument zu nutzen. Vor diesem Hintergrund kommt beispielsweise eine Incentivierungklausel in Betracht, die die im Zeitpunkt des Erbfalls im Hause verwalteten Vermögenswerte bei der Berechnung des Bruttonachlasswertes als Gebührenbemessungsgrundlage ausnimmt oder privilegiert.

36

---

43 Hierzu näher *Rott/Kornau/Zimmermann*, S. 290.
44 Eingehend zur Umsatzbesteuerung des Testamentsvollstreckers: *Wälzholz/Vassel-Knauf*, in: Mayer/Bonefeld, Testamentsvollstreckung, § 45 Rn 51.

Fritz

§ 7 Zeitvergütung für den Testamentsvollstrecker

Übersicht: Rn
A. Einführung 1
B. Zulässigkeit der Zeitvergütung 4
  I. Grundsätzliche Positionen von Rechtsprechung und Literatur 5
  II. Immer zulässig: Zeitvergütung kraft Erblasseranordnung 9
C. Pro und contra Zeitvergütung 13
  I. Vorteile zeitbezogener Vergütung 13
  II. Nachteile zeitbezogener Vergütung 15
D. Höhe des Stundensatzes 18
E. Nachweis der geleisteten Stunden 22
F. Formulierungshilfe 27
G. Praxismuster für die Abrechnung eines Testamentsvollstreckers 28

A. Einführung

Die zeitbezogene Vergütung gilt grundsätzlich als faires Vergütungsprinzip. Sie hat auch etwas mit Seriosität zu tun. Im vermögensverwaltenden Bereich hat sich gerade in den letzten Jahren die Erkenntnis durchgesetzt, dass tätigkeitsbezogene Vergütungen der Qualität der Arbeit eher förderlich sind als in Prozentsätzen des verwalteten Vermögens bemessene Vergütungen.[1] Im Bereich der Steuerberater ist die Zeitgebühr schon seit langem als Vergütungsmodell gesetzlich verankert, § 13 StBVV. Im Bereich der Abrechnung anwaltlicher Honorare hat sich diese Abrechnungspraxis, insbesondere bei wirtschaftlich oder auch (nur) ideell bedeutenden Mandaten, ebenfalls längst durchgesetzt. Auch die Reformbestrebungen des Gesetzgebers im anwaltlichen Gebührenrecht waren in den letzten Jahren von dem Versuch geprägt, den zeitlichen Aufwand des Anwalts in ein brauchbares Verhältnis zum Gesamthonorar zu bringen.

1

> **Hinweis**
> Zu Recht verweist *Zimmermann*[2] darauf, dass der Rechtsuchende Transparenz erwarte und nicht nachvollziehen könne, dass er für eine einstündige Beratung ein paar Tausend Euro zahlen müsse, wenn nur der Wert seines streitbefangenen Vermögens hoch genug sei.

2

Für die gemäß § 1987 BGB gleichfalls unter dem Angemessenheitsgesichtspunkt zu bestimmende Vergütung des Nachlassverwalters hat sich in der Praxis eben-

3

---

1 Am 25.4.2013 hat der Bundestag den Gesetzesentwurf der Bundesregierung zur Förderung und Regulierung einer Honorarberatung angenommen, um auf dem Gebiet des Finanzmarktes für mehr Transparenz zu sorgen.
2 *Zimmermann*, Zur Höhe der Testamentsvollstreckervergütung: BGH-Rechtsprechung und Neue Rheinische Tabelle, in: Festschrift für Damrau, 2007, S. 37–61 (39).

falls eine Abrechnung nach Zeitaufwand durchgesetzt.³ Es ist daher grundsätzlich kein Anlass ersichtlich, warum im Bereich der qualifizierten Testamentsvollstreckung etwas anderes gelten sollte und warum die zeitabhängige Vergütung nicht ebenso geeignet sein soll, die angemessene Testamentsvollstreckervergütung im Sinne des § 2221 BGB zu ermitteln, wie die bisherigen Modelle einer im Wesentlichen wertabhängigen Vergütung. Allein schon die Existenz einer Vielzahl von Vergütungstabellen zur Ermittlung der Angemessenheit des Testamentsvollstreckerhonorars – es dürften einschließlich des Vorschlages einer entsprechenden Anwendung der Vergütungsordnung für Insolvenzverwalter bald ein Dutzend sein[4] – zeigt doch, dass der Wertgebühr ein zu hohes Maß an Rechtssicherheit beigemessen wird.

B. Zulässigkeit der Zeitvergütung

4   Gleichwohl werden immer wieder Einwände gegen eine Vergütung des Testamentsvollstreckers nach Zeitaufwand erhoben.[5] Sie vermögen im Ergebnis jedoch nicht zu überzeugen.

I. Grundsätzliche Positionen von Rechtsprechung und Literatur

5   Zunächst wird der sicherlich in der Praxis erhebliche Einwand erhoben, der Bundesgerichtshof habe die Zeitvergütung ausdrücklich abgelehnt.[6] Tatsächlich hat sich der Bundesgerichtshof zuletzt im Jahr 2005 im Rahmen einer Nichtzulassungsbeschwerde mit der Frage eines Zeithonorars als Kriterium für die Angemessenheitsbestimmung im Rahmen des § 2221 BGB beschäftigt. Für den konkret entschiedenen Fall einer Erbteilsvollstreckung weist der BGH im Rahmen der Überprüfung der vorinstanzlichen Entscheidung darauf hin, dass bei der gegebenen Sachlage „*die Heranziehung des Gesamtnachlasswertes als eines Gesichtspunkts unter anderen zur Ermittlung des angemessenen Honorars für den Erbteilsvollstrecker nicht als grundsätzlich verfehlt angesehen werden (kann)*".[7]

6   Eine Entscheidung gegen eine zeitabhängige Vergütung als eine Möglichkeit zur Bestimmung des angemessenen Honorars eines Testamentsvollstreckers gemäß

---

3   *Klinck*, in: jurisPK-BGB, 6. Aufl. 2012, § 1987 BGB Rn 5 mit zahlr. Nachweisen aus der Rspr.
4   Staudinger/*Reimann* (Neubearbeitung 2012), § 2221 Rn 39, führt 8 Tabellen auf.
5   Vgl. nur *Lenzen*, in: Frieser, Fachanwaltskommentar Erbrecht, 4. Auflage 2013, § 2221 BGB Rn 11.
6   *Lenzen*, in: Frieser, Fachanwaltskommentar Erbrecht, 4. Auflage 2013, § 2221 BGB Rn 11; *J. Mayer*, in: Mayer/Bonefeld, Testamentsvollstreckung, 3. Auflage 2010, § 21 Rn 15 (S. 273).
7   BGH, Beschl. v. 24.10.2004, IV ZR 243/03, zit. nach juris, Rn 10.

§ 2221 BGB wird man hierin richtigerweise nicht sehen können. Die Frage der Berechnung der Testamentsvollstreckervergütung anhand des erbrachten Zeitaufwandes stellte sich gar nicht, da die Erblasserin eine konkrete Vergütungsanordnung in Höhe der „*jeweils üblichen Honorare getrennt nach Konstituierung- und Verwaltungsgebühr*" angeordnet hatte.[8] Zudem hat der BGH die erst in den letzten Jahren eingetretenen Veränderungen in der Testamentsvollstreckerlandschaft – vollständige Freigabe der geschäftsmäßigen Testamentsvollstreckung durch § 5 Abs. 2 Nr. 1 RDG für jedermann – noch nicht berücksichtigen können.[9] Vergleicht man zudem die Entwicklung in der Schweiz, deren Rechtsinstitut der Willensvollstreckung dem der deutschen Testamentsvollstreckung sehr ähnlich ist, so stellt man fest, dass dort eine Abkehr von wertbezogenen Pauschalvergütungen hin zu einer stundenbezogenen Vergütung erfolgte. Pauschale Vergütungsmodelle müssen nunmehr einer Schattenrechnung auf Stundenbasis standhalten.[10] Damit wird dem Umstand Rechnung getragen, dass stetig steigende Nachlasswerte zu unvertretbar hoch erscheinenden Vergütungen für Testamentsvollstrecker führen.[11]

Instanzgerichtliche Rechtsprechung, die sich mit der Frage der Zulässigkeit einer Zeitvergütung zur Bemessung der angemessenen Testamentsvollstreckervergütung beschäftigt hätte, ist nicht einschlägig veröffentlicht. In der Literatur werden beide Auffassungen vertreten.[12]

---

8 *Zimmermann*, Zur Höhe der Testamentsvollstreckervergütung: BGH-Rechtsprechung und Neue Rheinische Tabelle, in: Festschrift für Damrau, 2007, S. 37–61 (48).
9 Zuvor – noch im Anwendungsbereich des Rechtsberatungsgesetzes – bereits BGH, Urt. v. 11.11.2004, I ZR 213/01, AnwBl. 2005, 289 (Testamentsvollstreckung durch Banken, BGH, Urt. v. 11.11.2004, I ZR 182/02 (Testamentsvollstreckung durch Steuerberater). BGH, Urt. v. 24.2.2005, I ZR 128/02 (Fördermittelberatung ist keine Rechtsberatung).
10 *Künzle*, in: Pruns (Hrsg.), Deutsche Testamentsvollstreckung und schweizerische Willensvollstreckung, Tagungsband zum 3. Deutschen Testamentsvollstreckertag, Bonn 2010, 81.
11 Dieser Gedanke hat den Gesetzgeber des anwaltlichen Gebührenrechts bewogen, in § 22 Abs. 2 RVG eine Kappungsgrenze für den Gegenstandswert (i.d.R. max. 30 Mio. EUR) einzuführen.
12 Für die Zeitvergütung sprechen sich u.a. aus *Zimmermann*, Die angemessene Testamentsvollstreckervergütung, ZEV 2001, 334; *ders.*, Zur Höhe der Testamentsvollstreckervergütung: BGH-Rechtsprechung und Neue Rheinische Tabelle, in: Festschrift für Damrau, 2007, S. 37–61; *Rott/Schiffer*, Moderne Formen der Vergütung von Testamentsvollstreckern in der Praxis, BBEV 2008, 102–110; *Rott/Schiffer*, in: Pruns (Hrsg.), Moderne Formen der Vergütung von Testamentsvollstreckern, Tagungsband zum 3. Deutschen Testamentsvollstreckertag, Bonn 2010, 135–168; *Birk*, Vergütung und Aufwendungsersatz des Testamentsvollstreckers, jur. Diss. 2003, S. 169. Gegen die Zeitvergütung sprechen u.a. *Lenzen*, in: Frieser, Fachanwaltskommentar Erbrecht, 4. Auflage 2013, § 2221 BGB Rn 11; Staudinger/*Reimann*, (Neubearbeitung 2012) § 2221 Rn 31; *J. Mayer*, in: Mayer/Bonefeld, Testamentsvollstreckung, 3. Auflage 2010, § 21 Rn 15 (S. 273); *Eckelskemper*, RNotZ 2010, 242, der eine eigene Werttabelle entwickelt hat.

8 **Stellungnahme**
Die Kritiker der Zeitvergütung verweisen zur Begründung ihrer Auffassung häufig darauf, dass die Zeitvergütung die Verantwortung des Testamentsvollstreckers und sein Haftungsrisiko nicht so gut abbilden könne, wie die herkömmliche Vergütungsbemessung anhand von Werttabellen. Insbesondere die Haftung hänge nicht vom Zeitaufwand, sondern vom Wert des dem Testamentsvollstrecker anvertrauten Vermögens ab. Dem kann schon im Ansatz nicht gefolgt werden. Die Fehlerrate des individuellen Testamentsvollstreckers steigt nicht dadurch, dass das von ihm verwaltete Festgeldkonto sich statt auf 100.000 EUR auf 1 Million EUR beläuft. Haftungsrisiken entstehen typischerweise durch unüberlegte und nicht ausreichend abgewogene Entscheidungsprozesse, anders formuliert, wenn nicht genügend Zeit zur Verfügung steht oder investiert wird. Damit spricht das Ziel, den Nachlass vor unüberlegten Handlungen des Testamentsvollstreckers zu bewahren, eher für als gegen eine Zeitvergütung. Wer die Zeit zum Nachdenken vergütet erhält, wird eher nachdenken, als derjenige, der seine Vergütung auch ohne Nachdenken erhält. Überdies wird vom eigentlichen Kern der Diskussion abgelenkt. Es geht darum, die Zeitvergütung als eigenständige Form der Vergütungsbemessung gemäß § 2221 BGB im gleichen Maße zu etablieren, wie die tradierte Wertvergütung. Und hiergegen gibt es keinen wirklich ernsthaften Einwand.

II. Immer zulässig: Zeitvergütung kraft Erblasseranordnung

9 Nach dem System des §§ 2221 BGB wird die Höhe der Testamentsvollstreckervergütung vorrangig durch den Willen des Erblassers bestimmt. Hat er eine Vergütung, wozu auch die Art und Weise der Bemessung der Vergütung gehört, selbst bestimmt, ist diese Bestimmung verbindlich.[13]

Praxishinweis
Von diesem Grundsatz ist nur in krassen Ausnahmefällen abzuweichen. So hatte sich das Landgericht Köln[14] bei einer auf Lebenszeit angeordneten Dauertestamentsvollstreckung mit folgender Anordnung zur Vergütung zu befassen:
„Der Testamentsvollstrecker erhält neben dem Ersatz seiner notwendigen Auslagen eine Vergütung in Höhe von 10 % des Wertes meines Nachlasses, und zwar jährlich. Darüber hinaus hat er für jede einzelne Geschäftstätigkeit einen Anspruch, den er mit 10/10 aus dem jeweiligen Wert nach der Bundesrechtsanwaltsgebührenordnung abrechnen soll, im übrigen sind die sonstigen Auslagen und Steuern hinzuzurechnen."

---

13 Staudinger/*Reimann*, (Neubearbeitung 2012) § 2221 Rn 21.
14 LG Köln, Urt. v. 14.5.2009, 15 O 586/08; Ergebnis bestätigt durch OLG Köln, Beschl. v. 2.12.2009, 2 U 79/09.

Das Gericht hielt diese Anordnung, zumal der Testamentsvollstrecker zugleich testamentsberatender Rechtsanwalt gewesen ist, für sittenwidrig und wertete die Entnahme aus dem Nachlassvermögen als Untreue i.S.d. § 266 Abs. 1 2. Alt. StGB.
Erscheint dem Testamentsvollstrecker die angeordnete Vergütung als zu gering, verbleibt ihm nur, sein Amt nicht anzutreten oder gegebenenfalls niederzulegen. Sinnvoller ist es, zuvor die Möglichkeit zu prüfen, ob nicht mit den Erben eine auskömmliche Vergütung vereinbart werden kann.[15]

Im Rahmen der Festsetzung der Vergütung des Testamentsvollstreckers durch den Erblasser gelten die allgemeinen Auslegungsgrundsätze. Es ist also nach dem wahren Willen des Erblassers zur Höhe der Vergütung seines Testamentsvollstreckers zu forschen.[16] Wie auch ansonsten bei der Auslegung letztwilliger Verfügungen sind unter Beachtung der Anklangtheorie auch Umstände außerhalb der Testamentsurkunde heranzuziehen. 10

An dieser Stelle wird in der Praxis häufig nicht intensiv genug nach dem wahren Erblasserwillen geforscht. Gerade Testamente mit der Anordnung von Testamentsvollstreckungen sind häufig beratene Testamente. Lässt sich derartiges feststellen, dann wir zu hinterfragen sein, welche Vergütungsabrede der Erblasser mit seinem Berater bei der Testamentsgestaltung getroffen hatte. Möglicherweise handelte es sich um einen Erblasser, wie beispielsweise einem Unternehmer, der auch in anderen Rechtsbereichen umfassend beraten war. In diesen Fällen entspricht es der Lebenswirklichkeit, dass ein derart beratener Erblasser mit seinem (anwaltlichen) Berater über Jahre oder Jahrzehnte hinweg im Rahmen einer Zeitvergütungsabrede verbunden war. Einem solchen Erblasser sind Wertgebühren, die manche Juristen möglicherweise als selbstverständlich ansehen, vollkommen fremd. In diesen Fällen liegt es nahe, dass er auch von einer Zeitvergütung seines Testamentsvollstreckers ausging. Gegebenenfalls lässt sich so auch der Wille des Erblassers zur Höhe der Vergütung seines Testamentsvollstreckers ergründen, beispielsweise der übliche anwaltliche Stundensatz, den der Erblasser von seiner beauftragten Anwaltskanzlei (zumindest sofern diese den Testamentsvollstrecker stellt) gewohnt war. 11

Gestaltungshinweis 12
Auch wenn es somit nach der hier vertretenen Auffassung keineswegs ausgeschlossen ist, dass auch deutsche Gerichte in Zukunft eine Stundenabrechnung als Grundlage einer Angemessenheitsbestimmung nach § 2221 BGB zulassen werden, empfiehlt es sich im Interesse der Rechtssicherheit, dass ein Erblasser, der seinem Testamentsvollstrecker eine entsprechende Vergütung zukommen lassen will, dies ausdrücklich in der letztwilligen Verfügung festlegt.

---

15 Vgl. zu dieser Möglichkeit *Rott*, in: Rott/Kornau/Zimmermann, Testamentsvollstreckung, 2. Auflage 2012, S. 274 f.
16 Staudinger/*Reimann*, (Neubearbeitung 2012) § 2221 Rn 21.

C. Pro und contra Zeitvergütung

I. Vorteile zeitbezogener Vergütung

13 Die Vorteile der Zeitvergütung liegen auf der Hand. Sie wird dem Zeitaufwand im Einzelfall in besonderem Maße gerecht und löst daneben viele praktische Probleme aus dem Bereich der Testamentsvollstreckervergütung. Ganz nebenbei kann sie in der Praxis erfahrungsgemäß häufig zu einer positiven Streitkultur beitragen, indem sie besänftigend auf allzu streitlustige Erben einzuwirken vermag. Jeden unnötigen Stein, den die Erben dem Testamentsvollstrecker in den Weg legen, müssen sie in diesem Fall aus dem Nachlass bezahlen.

14 Konkret lassen sich aus unserer Sicht folgende **Vorzüge der Zeitvergütung** festhalten:
– Die in der Praxis oftmals sehr streitige Frage der Verwirklichung zusätzlicher Gebührentatbestände oder die Berechnung von Zuschlägen wird gegenstandslos.
– Fälle unplanmäßiger Testamentsvollstreckung, beispielsweise bei vorzeitiger Beendigung, lassen sich deutlich einfacher vergütungsmäßig berechnen.
– Die Vergütung kann dem durch den einzelnen Nachlassbeteiligten individuell in unterschiedlichem Ausmaß verursachten Arbeitsaufwand konkret zugerechnet werden.
– Eine Aufteilung, beispielsweise für steuerliche Zwecke, ist mühelos möglich.
– Bei Mehrtestamentsvollstreckerlösungen kann der jeweilige Vergütungsanteil des einzelnen Testamentsvollstreckers exakt zugerechnet werden.
– Zusatzleistungen des Testamentsvollstreckers, wie beispielsweise die Abwicklung von Pflichtteilsansprüchen aufgrund Pflichtteilsvollmacht, ist rechnerisch und tatsächlich sehr einfach möglich; Gleiches gilt für die Inanspruchnahme eigener berufsmäßiger Dienste.
– Die Abrechnung bei der Einschaltung von Hilfspersonen ist einfacher und fairer. Eine Vergütung des Testamentsvollstreckers trotz Einschaltung von Hilfspersonen ist – anders als bei den üblichen Vergütungstabellen – weitgehend ausgeschlossen.
– Bei weniger werthaltigen Nachlässen lassen sich einfacher kompetente Testamentsvollstrecker finden.

II. Nachteile zeitbezogener Vergütung

15 Im Vergleich zu ihren Vorteilen werden die Nachteile der zeitbezogenen Vergütung regelmäßig überbewertet. Vielfach wird es für unzumutbar gehalten, dass ein Testamentsvollstrecker eine Zeiterfassung führt. Nach der hier vertretenen Auffassung, dass die Zeitvergütung eine gleichberechtigt neben den Wertvergütungen stehende Methodik der Angemessenheitsbestimmung nach § 2221 BGB darstellt, handelt es sich lediglich um ein Scheinproblem. Der Testamentsvollstre-

cker, der keine Zeiterfassung führen möchte, hat nach wie vor die Möglichkeit, seine Vergütung nach den herkömmlichen Tabellenmodellen zu berechnen. Überdies lassen die Einwendungen gegen das Führen von Zeiterfassungen in dem Umfang nach, wie sich dieses Modell etabliert. Die Entwicklung der Zeitvergütung bei der Abrechnung von Rechtsanwälten hat dies nachdrücklich gezeigt.

Da die Abrechnung des Testamentsvollstreckers in jedem Falle gerichtlich überprüfbar ist, lassen sich auch allzu langsam arbeitende Testamentsvollstrecker dadurch disziplinieren, dass die Frage der Erforderlichkeit ihrer Tätigkeit überprüft werden kann. Im Bereich anwaltlicher Vergütungsvereinbarungen ist dies längst Praxis, auch die Schweizer Gerichte haben mit einer entsprechenden Überprüfung keine Probleme.

Auch bei einer zeitbezogenen Vergütung des Testamentsvollstreckers kann eine angemessene Relation zum Nachlasswert gewahrt bleiben. Dabei wird eine Obergrenze von 12 % des Brutto-Nachlasswertes zur Begrenzung von stundenbezogenen Abrechnungen genannt, jedenfalls soweit es sich nicht um Dauervollstreckungen handelt. Ob diese Begrenzung wirklich sachgerecht ist, erscheint fraglich. Nach diesseitiger Auffassung muss eine pauschale Deckelung der nach Stunden bemessenen Testamentsvollstreckervergütung, jedenfalls dann, wenn sie durch den Erblasser angeordnet wurde, in der letztwilligen Verfügung zumindest einen erkennbaren Anklang gefunden haben. Darüber hinaus widerspricht eine starre Obergrenze dem Wesen der Zeitvergütung, die sich gerade von Pauschalen lösen will. Der Einzelfall muss daher immer berücksichtigt werden. Ist der erhöhte Stundenaufwand beispielsweise darauf zurückzuführen, dass die Erben sich in besonderem Maße als streitlustig erweisen, wird man sich an einer solchen Obergrenze nicht sklavisch festhalten dürfen.

D. Höhe des Stundensatzes

Als das größte Problem der stundenmäßigen Vergütung wird die Höhe des Stundensatzes des Testamentvollstreckers gesehen. *Birk* schlägt für anwaltliche Testamentvollstrecker einen Stundensatz von 120 EUR zuzüglich Umsatzsteuer vor.[17] Er orientiert sich dabei am durchschnittlichen Stundensatz eines Rechtsanwaltes, wobei er auf das Statistische Berichtssystem für Rechtsanwälte (STAR) bezogen auf das Wirtschaftsjahr 1997 zurückgreift. Dieser pauschale Ansatz greift bereits vom Ansatz her zu kurz. Anwaltliche Stundensätze differieren sehr stark. Sie hängen von vielen Faktoren ab, beispielsweise vom örtlichen Marktgefüge, von der Größe der Kanzlei, der Zahl der Beschäftigten, der vorgehaltenen Infrastruktur, dem bearbeiteten Rechtsgebiet, aber auch der Reputation und den individuel-

---

17 *Birk*, Vergütung und Aufwendungsersatz des Testamentsvollstreckers, jur. Diss. Konstanz 2002, S. 109.

len Erfahrungen des jeweiligen Anwaltes. Einen „Regelsatz" für einen als Testamentsvollstrecker tätigen Rechtsanwalt kann es daher nicht geben, dies würde auch der Angemessenheitsbetrachtung im Rahmen des § 2221 BGB nicht gerecht. Immerhin geht es auf die Entscheidung des jeweiligen Erblassers zurück, wenn er einen konkreten Rechtsanwalt mit der Testamentsvollstreckung beauftragt.

Im Bereich der Rechtsanwälte, die eine Vorsorgebevollmächtigung übernommen haben, ist dieser Gedanke bereits umgesetzt. So gehen die Empfehlungen des VorsorgeAnwalt e.V. für anwaltliche Übernahme einer Vorsorgebevollmächtigung von einem Stundensatz von 100 EUR bis 300 EUR aus.[18] Zu berücksichtigen sein wird im konkreten Einzelfall auch immer die Struktur der jeweils beauftragten Anwaltsorganisation. Höhere Stundensätze sind dann gerechtfertigt, wenn ein komplettes Anwaltsbüro mit qualifizierten Mitarbeitern unterhalten wird und diese auch im Bereich der Testamentsvollstreckung eingesetzt werden (bspw. für die Fertigung von Schriftsätzen, Telefonaten, Recherchen im Internet, Grundbuchabfragen, zur Aktenführung, Vorbereitung von Steuererklärungen u.a.). Werden diese Leistungen nicht vorgehalten oder in der Testamentsvollstreckung nicht eingesetzt, bspw. weil der Testamentsvollstrecker seine Leistungen außerhalb seiner Sozietät erbringt und dabei jeden Schriftsatz selbst in den Computer eingibt, ist dies mit einer entsprechenden Reduzierung des Stundensatzes zu berücksichtigen.[19]

19 **Praxishinweis**
Aktuell belaufen sich die üblichen Stundensätze für Rechtsanwälte typischerweise zwischen 190 EUR und 400 EUR, wobei sie in Einzelfällen auch deutlich darüber liegen und nach unseren Erfahrungen in besonderen Themenbereichen und bei ganz großen Werten auch bis zu 1.000 EUR erreichen.
Hierzu einige Leitsätze aus der Rechtsprechung:
- Anwaltliche Stundensätze von 260 EUR bzw. 225 EUR für angestellte Rechtsanwälte sind nicht zu beanstanden. Sie sind ortsüblich (konkret: Spezialisierung im Wirtschaftsrecht).[20]
- Ein Stundensatz bis zu 250 EUR in der Vergütungsvereinbarung mit einem Strafverteidiger begegnet keinen Bedenken.[21]
- Eine mit einem Rechtsanwalt geschlossene Honorarvereinbarung zu einem Stundensatz von höchstens 400 EUR ist nicht sittenwidrig.[22]

---

18 *Kurze*, Vergütungsempfehlungen des VorsorgeAnwalt e.V. für die anwaltliche Übernahme einer Vorsorgebevollmächtigung, ZErb 2011, 300–303.
19 So ausdrücklich für den anwaltlichen Nachlasspfleger ohne Kanzleibetrieb OLG Schleswig, Beschl. v. 27.06.2013, 3 Wx 5/13, OLGR Nord 28/2013, Anm. 1.
20 OLG München, Urt. v. 21.7.2010, 7 U 1879/10.
21 OLG Koblenz, Beschl. v. 26.4.2010, 5 U 1409/09.
22 OLG Koblenz, Beschl. v. 10.3.2010, 5 U 1409/09.

- Für die beratende Tätigkeit eines Anwaltes (Durchsetzung einer Forderung) beträgt eine ortsübliche Vergütung (Bielefeld) 190 EUR netto pro Stunde.[23]
- Soll die Abrechnung auf der Basis eines mittleren Stundenhonorars für Rechtsanwälte erfolgen, waren im Jahr 2004 Stundensätze zwischen 150 EUR und 350 EUR üblich. Eine Leistungsbestimmung nach §§ 315, 316 BGB auf einen Stundensatz von 200 EUR zzgl. MwSt für eine Rechtsanwältin als Vorsorgebevollmächtigte ist daher nicht zu beanstanden.[24]
- Stundensatz eines Rechtsanwaltes (Strafverteidiger, Fachanwalt, Lehrbeauftragter) in Höhe von 500 DM (im Jahr 2000) ist nicht zu beanstanden, auch nicht die Abrechnung von 1.941 Fotokopien mit je 1 DM.[25]

Geht man von dem Fall aus, dass der Erblasser die Person des Testamentsvollstreckers konkret bestimmt hat, erscheinen auch höhere Stundensätze denkbar, beispielsweise wenn ein besonders spezialisierter Wirtschaftsanwalt tätig werden soll. Die Beurteilung der Vergütung im Rahmen des § 2221 BGB ist immer eine Beurteilung der insgesamt angefallenen Vergütung. Ein Wirtschaftsanwalt, der seine Anwaltsstunde mit 750 EUR vergütet erhält, aber parallel dazu Mitarbeiter für Aufgaben einsetzt, die er als Testamentsvollstrecker nicht persönlich erledigen muss, und hierfür beispielsweise 4 Mitarbeiterstunden einsetzt, verursacht letztendlich für 5 Stunden Testamentsvollstreckung auch keine höheren Kosten als ein Rechtsanwalt, der sämtliche Arbeiten zu einem Stundensatz von 150 EUR selbst durchführt. Die Angemessenheitsprüfung im Rahmen des § 2221 BGB kann sich also nicht nur in der Beurteilung des anwaltlichen Stundensatzes erschöpfen, sie muss zusätzlich berücksichtigen, welche Aufgaben erledigt wurden. Je mehr Aufgaben (im Rahmen des rechtlich möglichen) delegiert wurden, umso höher kann im Ergebnis der konkrete Stundensatz des als Testamentsvollstrecker tätigen Anwaltes sein, ohne die Grenzen der Angemessenheit zu überschreiten.

Nicht übersehen werden darf, dass die Testamentsvollstreckerlandschaft von heute nicht mehr von der Anwaltschaft dominiert wird. Mit der Freigabe der geschäftsmäßigen Testamentsvollstreckung für jedermann haben sich andere Berufsgruppen längst etabliert. Damit gehen auch andere Vergütungsmodelle einher. Während im Bereich der Anwaltschaft im Stundensatz des Anwaltes sämtliche Hilfskräfte mit erfasst sind, werden beispielsweise bei Steuerberatern Mitarbeiter gesondert zu üblicherweise niedrigeren Stundensätzen abgerechnet.

---

23 AG Bielefeld, Urt. v. 2.3.2010, 4 C 3/09.
24 LG Bonn, Urt. v. 25.4.2008, 18 O 60/05.
25 OLG Hamm, Urt. v. 5.12.2006, 28 U 31/05.

Praxishinweis
Wenn es darum geht, einen angemessenen Stundensatz für die Tätigkeit als Testamentsvollstrecker im Testament zu verankern,[26] stellt sich die Frage, wie dieser Stundensatz inflationsgesichert werden kann. Hier bietet sich ein Rückgriff auf den gesetzlich geregelten Stundensatz der Steuerberater an, sofern man darauf vertraut, dass dieser den geänderten Kaufkraftverhältnissen regelmäßig angepasst wird. Durch einen individuellen Multiplikator kann den Anforderungen an die eigenen betriebswirtschaftlichen Bedürfnissen Rechnung getragen werden.

Formuliert werden könnte etwa wie folgt:

Formulierungsbeispiel: Vergütung nach Zeitaufwand
Der Testamentsvollstrecker soll für seine Tätigkeit eine angemessene Vergütung erhalten. Diese bemisst sich nach dem von ihm persönlich erbrachten Zeitaufwand. Der Testamentsvollstrecker hat diesen Zeitaufwand tabellarisch zu erfassen und mit einer kurzen Bezeichnung seiner Tätigkeit zu versehen. Abzurechnen ist minutengenau. Als Stundensatz ist der 1,8-fache Höchstbetrag nach § 13 StBGebV in der jeweils aktuellen Fassung zugrunde zu legen. Dies entspricht einem Stundensatz von derzeit 252 EUR. Der Testamentsvollstrecker kann bei Antritt seines Amtes einen angemessenen Vorschuss sofort aus dem Nachlass entnehmen. Im Übrigen soll er seine Vergütung monatlich abrechnen.

Der Testamentsvollstrecker hat darüber hinaus für alle Bereiche seiner Testamentsvollstreckung einen Anspruch auf Ersatz der erforderlichen Auslagen einschließlich einer angemessenen Vermögensschadenhaftpflichtversicherung, soweit diese speziell für diesen Nachlass abgeschlossen wurde, sowie der Umsatzsteuer. Berufsmäßige Dienste des Testamentsvollstreckers sind von der Testamentsvollstreckervergütung nicht erfasst, sondern gesondert wie vorstehend zu vergüten, sofern das Gesetz keine höhere Vergütung vorsieht.

E. Nachweis der geleisteten Stunden

22 In dem Maße, in dem sich die Stundenvergütung von Testamentsvollstreckern gerade bei anspruchsvollen Nachlassgestaltungen durchzusetzen beginnt, werden die Anforderungen an den Nachweis der geleisteten Tätigkeit des Testamentsvollstreckers unterschiedlich beurteilt. Auszugehen ist zunächst von dem Grundsatz, dass derjenige, der eine für sich positive Rechtsfolge geltend macht, für die hierfür

---

26 Siehe auch: *Schiffer/Rott*, Testamentsvollstreckung: Grundlagen der richtigen Gestaltung der Vergütung, BBEV 2008, 13–20; *Rott/Schiffer*, in: Pruns (Hrsg.), Moderne Formen der Vergütung von Testamentsvollstreckern, Tagungsband zum 3. Deutschen Testamentsvollstreckertag, Bonn 2010, S. 135–168.

erforderlichen Tatsachen darlegungs- und beweispflichtig ist. Dies bedeutet, dass der Testamentsvollstrecker im etwaigen Vergütungsprozess zunächst die Tatsachen darzulegen hat, aus denen sich die Angemessenheit der von ihm beanspruchten Vergütung ergibt. Dies gilt unabhängig davon, ob die Vergütung traditionell nach Tabellen ermittelt wird oder anhand des Zeitaufwandes des Testamentsvollstreckers. Im Rahmen einer Zeitvergütung hat der Testamentsvollstrecker die Angaben zu machen, die nötig sind, damit der Erbe und gegebenenfalls das Gericht die Angemessenheit der Vergütungsforderung überprüfen können.

Wie umfassend die Angaben gemacht werden müssen, ergibt sich aus der Funktion der Stundenabrechnung. Eine wirkungsvolle Kontrollmöglichkeit durch den Erben setzt voraus, dass der Testamentsvollstrecker jede einzelne erbrachte Leistung zumindest in einer Kurzfassung so nachvollziehbar erfasst, dass sie einer Überprüfung überhaupt zugänglich sind.[27] Bei Fertigung eines Schriftsatzes oder der Führung eines Telefonates gehört es beispielsweise dazu, dass sich aus der Zeiterfassung erkennen lässt, mit wem und aus welchem Grund der Testamentsvollstrecker kommuniziert hat. Schließlich müssen Erbe und Gericht gegebenenfalls auch kontrollieren können, ob der abgerechnete zeitliche Aufwand des Testamentsvollstreckers erforderlich oder zumindest vertretbar gewesen ist.

23

Mit dieser Anforderung geht auch keine Überforderung des Testamentsvollstreckers einher. Zunächst einmal hat er die freie Wahl, ob er sein Amt überhaupt annimmt. Anschließend hat er die freie Wahl, ob er sich überhaupt auf eine Zeitvergütung einlassen möchte oder nicht stattdessen die herkömmliche Abrechnung nach Vergütungstabellen bevorzugt. Selbst wenn der Erblasser eine zeitbezogene Vergütung ausdrücklich angeordnet hat, hat er immer noch die Wahl, die Annahme seines Amtes von der Akzeptanz der Erben mit einer auszuhandelnden anderweitigen Vergütungsabrede abhängig zu machen. Sodann bietet die heutige Computertechnik völlig ausreichende Hilfsmittel, sich – selbst von Außenterminen aus – Verfahren zur Zeitvergütung zu bedienen, die die zeitliche Erfassung der einzelnen Tätigkeiten keineswegs übertrieben aufwändig erscheinen lassen. Rechtsanwälten und Steuerberatern stehen die ohnehin in ihrer EDV vorhandenen Zeiterfassungssysteme zur Verfügung. Aber auch anderen Berufsgruppen ist es ohne weiteres zumutbar, die Zeiterfassung mit einem handelsüblichen Kalkulationsprogramm durchzuführen. Eine weitere Selbstverständlichkeit sollte sein, dass die Zeiterfassung zeitnah geführt wird, wie es beispielsweise für ein Fahrtenbuch gefordert wird, um betrieblich von privat veranlassten Fahrten gegeneinander abzugrenzen. Auch erscheint es keine übertriebene Anforderung, die Zeittaktung nach Minuten zu bemessen.

24

Hat der Testamentsvollstrecker eine diesen Erfordernissen entsprechende Zeitabrechnung vorgelegt, so ist es anschließend Sache des Erben, substantiiert einzelne

25

---

27 *Rott/Schiffer*, in: Pruns (Hrsg.), Moderne Formen der Vergütung von Testamentsvollstreckern, Tagungsband zum 3. Deutschen Testamentsvollstreckertag, Bonn 2010, S. 135–168.

Abrechnungspositionen zu bestreiten. Hierzu wird er in der Praxis auch regelmäßig in der Lage sein, weil ihm nach Beendigung der Testamentsvollstreckung die Unterlagen außer Nachlassabwicklung vollständig vorliegen.

Gleichzeitig beschränkt die Substantiierungspflicht den gerichtlichen Nachprüfungsaufwand. Gerichte sind durchaus in der Lage, mit Zeitabrechnungen sachgerecht umzugehen. Bei der schweizerischen Willensvollstreckung, die gemäß Art. 517 Abs. 3 ZGB dem Willensvollstrecker (Testamentsvollstrecker) eine mit § 2221 BGB vergleichbare „angemessene" Vergütung zubilligt, wird dies bereits seit vielen Jahren praktiziert.

Praxishinweis
Dass Gerichte sehr wohl und sehr gut in der Lage sind, gut geführte Zeiterfassungen zu überprüfen, zeigt das Beispiel des Urteils des Bezirksgerichts Zürich vom 14.9.2000.[28] Bei einer länger dauernden Testamentsvollstreckung wurden von geltend gemachten 1.618,65 Zeitstunden für das Aktenstudium 150 h, für Konzilien 125 h sowie 32,75 nicht geleistete Stunden in Abzug gebracht.

26 Mit der zunehmenden Verbreitung von Zeitvergütungen im Bereich der anwaltlichen Dienstleistung haben sich mittlerweile auch deutsche Gerichte bereits häufiger mit der Überprüfung von Zeitabrechnungen zu befassen gehabt.

Praxisfall
Exemplarisch ist hier das Urteil des OLG Koblenz v. 29.5.2008[29] zu nennen: „Der Zeuge W. hat in der Beweisaufnahme glaubhaft für den Senat dargelegt, dass er die mit Schriftsatz vom 16.12.2005 (GA 81 ff.) vorgetragenen Tätigkeiten für den Kläger wahrgenommen hat. Er hat den Inhalt der Aufwandserfassung (K 35, GA 99) bestätigt. Der Zeuge hat hierzu bekundet, dass er die Erfassung der Daten zeitnah zu der jeweiligen Tätigkeit vorgenommen habe. Der Zeuge hat die Vorgehensweise für den Senat anschaulich dargelegt. Danach sei in der Honorarvereinbarung als geringst mögliche Zeitspanne eine solche von 6 Minuten vereinbart. Diese werde für die jeweilige Tätigkeit als Mindestzeit berechnet. In dieser Zeiterfassung seien ausschließlich Tätigkeiten enthalten, die er persönlich vorgenommen habe. Zeitlicher Aufwand durch nicht juristische Mitarbeiter werde nicht berechnet. Der Zeuge hat auf Vorhalt durch den Prozessbevollmächtigten des Beklagten zu den einzelnen Honorarrechnungen teilweise detaillierte Angaben gemacht. Auch wenn der Zeuge zu den geschilderten Vorgängen zum Teil keine konkreten und präsenten Erinnerungen mehr hatte und auf die erstellten Unterlagen (Zeiterfassung etc.) Bezug nehmen musste, hatte der Senat gleichwohl keine Bedenken an der

---

28 Prozess-Nr. U/CG970283, abgedr. bei *Künzle*, Willensvollstreckung – Aktuelle Rechtsprobleme, 2006, Anhang 4.
29 OLG Koblenz, Urt. v. 29.5.2008, 2 U 1620/06, FamRZ 2009, 817–818.

Richtigkeit seiner Aussage. Die Honorarforderungen waren in dem dargestellten Umfange berechtigt."

F. Formulierungshilfe

Formulierungsbeispiel: Anordnung einer Zeitvergütung in der letztwilligen Verfügung 27
1. Der Testamentsvollstrecker soll für seine Tätigkeit eine angemessene Vergütung erhalten. Diese bemisst sich nach dem von ihm persönlich erbrachten Zeitaufwand. Der Testamentsvollstrecker hat diesen Zeitaufwand tabellarisch zu erfassen und mit einer kurzen Bezeichnung seiner Tätigkeit zu versehen. Abzurechnen ist minutengenau. Als Stundensatz ist der 1,8-fache Höchstbetrag nach § 13 StBGebV in der jeweils aktuellen Fassung zugrunde zu legen. Das sind derzeit 252 EUR.
2. Der Testamentsvollstrecker kann bei Antritt seines Amtes einen angemessenen Vorschuss sofort aus dem Nachlass entnehmen. Im Übrigen soll er seine Vergütung monatlich abrechnen und diese dem Nachlass entnehmen.
3. Der Testamentsvollstrecker hat darüber hinaus für alle Bereiche seiner Testamentsvollstreckung einen Anspruch auf Ersatz der erforderlichen Auslagen einschließlich einer angemessenen Vermögenschadenhaftpflichtversicherung sowie der Umsatzsteuer. Berufsmäßige Dienste des Testamentsvollstreckers sind von der Testamentsvollstreckervergütung nicht erfasst, sondern gesondert mit dem vorbezeichneten Stundensatz zu vergüten.

G. Praxismuster für die Abrechnung eines Testamentsvollstreckers

28

Datum	Tätigkeit[30]	Zeit in Minuten[31]	Uhrzeit Beginn	Uhrzeit Ende
29.4.2013	Inaugenscheinnahme Immobilie (X-Straße in Y) gemeinsam mit Herrn E. (Absprache Umgang mit Hausrat und Vermögensgegenständen u.a.), einschl. Anfahrt	72	9:44	10:56
29.4.2013	Durchsicht Notartestament Dr. H. v. 22.12.2011, Diktat Schr. an Nachlassgericht in Y (Amtsannahmeerklärung, Antrag auf Testamentseröffnung)	42	16:54	17:36
3.5.2013	Besprechung mit Herrn E. (Erfüllung und Fälligkeit der Vermächtnisse)	38	10:20	10:58
3.5.2013	Fortsetzung Besprechung mit Herrn E. (Abwicklung der Testamentsvollstreckung, grundsätzl. Aufgabenverteilung, Einschaltung von Verwertern, Zuarbeit für Erstellung Nachlassverzeichnis, Umfang Fotodokumentationen	84	10:59	12:23
3.5.2013	Tel. mit Herrn E. (auf Anruf) wg. Nutzungsverhältnis X-Str. 47, OG bzgl Herrn D.	5	17:53	17:58
6.5.2013	Besprechung bei Erbin B. mit Herrn E., Herrn A. (Vermögensberater des	118	11:31	13:29

---

30 Im Rahmen anwaltlicher Zeitvergütung wird eine kurze Beschreibung der Tätigkeit zu Recht für erforderlich gehalten, vgl. OLG Düsseldorf, Urt. v. 18.2.2010, 24 U 183/05, FamRZ 2010, 1184–1187. Nach unserer Auffassung sollte dies auch für Testamentsvollstrecker eine Selbstverständlichkeit sein. Überdies hat der Testamentsvollstrecker damit auch eine präzise Grundlage über den Umfang seiner Tätigkeit. Gleichzeitig ermöglicht ihm das eine (wirtschaftliche) Erfolgskontrolle seiner Tätigkeit und ist auch in einem potenziellen Haftungsstreit von Vorteil, da seine Entscheidungsgänge anhand der Dokumentation nachvollziehbar sind.

31 Ob die Zeitintervalle für die anwaltliche Zeiterfassung, die durchaus nicht unumstritten sind, auch auf die Zeiterfassung von Testamentsvollstreckern anzuwenden sind, ist gerichtlich bislang nicht entschieden, erscheint aber naheliegend. Gegen die Zeitabrechnung auf Minutenbasis sind im Bereich der anwaltlichen Vergütungsberechnung – soweit ersichtlich – noch keine Bedenken erhoben worden. Je größer der Zeittakt, desto höher das Risiko, dass die Abrechnung einer gerichtlichen Kontrolle nicht standhalten könnte, vgl. OLG Düsseldorf, Urt. v. 18.2.2010, 24 U 183/05, FamRZ 2010, 1184–1187 zur Unwirksamkeit einer 15 Minutentaktung gemäß § 307 BGB im Rahmen einer Anwaltsvergütung. In der Praxis findet sich aber durchaus auch der „großzügige" Hinweis, dass nur vollendete ¹/₄-Stunden abgerechnet werden.

Datum	Tätigkeit[30]	Zeit in Minuten[31]	Uhrzeit Beginn	Uhrzeit Ende
	Herrn Dr. H., einschl. Abfahrt (Anfahrt anderweitig verrechenbar)			
6.5.2013	Besprechung mit Herrn E. (weitere Wohnmöglichkeit Herr D., Erfassung Mietverträge A-str. Nachfrage zu Nebenkostenabrechnungen, Unklarheit bzgl. Abrechnungsverfahren in der Vergangenheit, zwischenzeitlich Diktate Schr. an Mieter A-Str., Schreiben an die 24 Vermächtnisnehmer	85	16:24	17:49
9.5.2013	Tel. mit Herrn A. (auf Anruf), WestLB konnte veräußert werden zu 99,5 %, Ertragswertfonds Nr. 4 zzgl. im Vermögen von Dr. H. enthalten, Nennwert 60 TEUR, weitere Behandlung im Hinblick auf Veräußerung	11	12:33	12:44
9.5.2013	Bespr. im Hause X-Str. des Erblassers mit Herrn E. und Fr. Ü. wg. Räumung und teilw. Verwertung, Einschaltung eines Versteigerers wg. Möbeln, Bildern u. Teilen des Hausrates, Bespr. mit Herrn E. über Modalitäten der Veräußerung der Immobilie und Einschaltung eines Bewertungs-SV, Vorschläge zur Person des SV, Diskussion Besichtigung des Mietobjektes A-Str. Prüfung Zustand des Grabes, Besprechung Modalitäten der Grabinschrift, einschl. An-/Abfahrt	104	14:43	16:27
9.5.2013	Tel. mit Herrn D. (jun.) auf Anruf wg. Fortsetzung Leihverhältnis Wohnung DG bis 30.8. ds. J. (Abschluss der Bachelor-Arbeit), Wiederherstellungsmöglichkeiten Internetzugang, Tel. mit Herrn E. wg. Abgrenzung Wohnung DG zu übrigen Haus und Sicherungsmaßnahmen	11	16:41	16:52
9.5.2013	Durchsicht und Schlussredaktion Anschreiben an Vermächtnisnehmer	7	17:16	17:23
9.5.2013	Durchsicht und Schlussredaktion Anschreiben an Mieter	4	17:54	17:58
10.5.2013	Tel. mit Erbin (Herrn R.) über Voraussetzungen einer Annahme der Erbschaft	18	11:28	11:46

Datum	Tätigkeit[30]	Zeit in Minuten[31]	Uhrzeit Beginn	Uhrzeit Ende
10.5.2013	Tel. mit Herrn E. (auf Anruf) wg. Erstellung Expose zur Entscheidungsfindung über Erbschaftsannahme	20	11:51	12:11
12.5.2013	Schlussredaktion und Unterzeichnung der Schreiben an 24 Vermächtnisnehmer	13	11:48	12:01
12.5.2013	Vorstellung Immobilie X-Str. an Interessentin Frau Dr. St. gemeinsam mit Herrn E. (einschl. An-/Abfahrt)	96	18:44	20:20
12.5.2013	Tel. mit Herrn E. (auf Anruf), Information über weiteren Interessenten Immobilie X-Str., Absprache weiteren Vorgehens	14	9:22	9:36
16.5.2013	Besprechung mit Dr. S. als Bevollm. von Frau Dr. St. (Interessentin X-Str.)	18	10:04	10:22
17.5.2013	Durchsicht gescannter Bauunterlagen Immobilie X-Str., Abgleich mit Original, E-Mail an Herrn E.	19	19:02	19:21
18.5.2013	Bespr. mit Dr. S. wegen Interessentin Arndtstr. 1, Durchsicht Tel.-Vermerk über Anruf von VNin Fr. Jutta N., Durchsicht Unterlagen Nachlassgericht (Schr. v. 12.5.2013 üb. Eröffnungs-AO, Verzeichnis, Veranlassung Fristenüberwachung), Durchsicht Postrückläufe Margret R., Anne P., Elisabeth H., bzgl. Mieter Eheleute P. und Kathrin H. Veranlassung Neuzustellung, Tel. mit Fr. Jutta N., Aufnahme Wunsch nach persönl. Gegenständen, Erfragen von Adressen, Tel. mit Fr. Eva S. (V.), u.a. Problem Danksagungen, Adresse Fr. Elisabeth H. wird nachgereicht, erfolgt während weiterer Bearbeitung durch Frau Jutta N., Erstellung Vermächtnisnehmerliste für Nachlassgericht, Diktat Schriftsatz an Nachlassgericht	116	14:23	16:19
18.5.2013	Telefonische Besprechung mit Herrn E.: Bericht von seinen Telefonaten mit Frau V. und Herrn Dr. D., Besprechung Umgang mit Wasserschaden bei Mieter P. (= Verursacher – Waschmaschine – Angebot seiner Haftpflichtver-	52	19:36	20:28

Datum	Tätigkeit[30]	Zeit in Minuten[31]	Uhrzeit Beginn	Uhrzeit Ende
	sicherung auf Übernahme von 50 % der Schadensumme (= 600 EUR), weil Gebäudeversicherer ebenfalls eintrittspflichtig sei, Herr Dr. H. hatte jedoch nur Feuerschäden versichert, Änderung der Versicherung bereits zu Lebzeiten von Dr. H. durch Herrn E. veranlasst, Unterlagen und Korrespondenz folgen, Überprüfung der lebzeitigen Kontobewegungen auf etwaige Doppelzahlungen und Veranlassung von Rückbuchungen, Prüfung des Vertrages über das Sauerstoffgerät und Klärung mit Versicherung, Nebenkostenabrechnung A-Str. für Vorjahr durch ISTA erledigt und Zahlungseingang erfolgt, NK-Abrechnung wird durch Herrn E. vorbereitet, Bericht von Besprechung Herr E. mit Prof. Dr. A. und Ehefrau sowie T. und Gattin vom Vorabend bzgl. Kaufinteresse, Besichtigungstermin mit Eheleuten Dr. B. am 20.5.2013, Abstimmung weitere Vorgehensweise bzgl. Grundstücksveräußerungen			
19.5.2013	Tel. mit Herrn E. (KraKa prüft Übernahme der Kosten für Sauerstoffgerät)	2	9:42	9:44
20.5.2013	tel. Bespr. mit Herrn R. (für die Erbin), Erläuterung Testament, Bitte um Testamentsübersendung, Verzicht auf GB-Vermerk	12	11:50	12:02
20.5.2013	Wahrnehmung Besichtigungstermin am Objekt mit Eheleuten Dr. St. und Architekt, anschl. Besichtigungstermin mit Eheleuten B., jeweils gemeinsam mit Herrn E., Besprechung zur Vorgehensweise bzgl. Erfassung der Gemälde, Durchsicht weiterer Unterlagen, dabei handschriftl. Testament des Dr. H. v. 22.5.1995 aufgefunden mit Inhalt alleiniger Erbeinsetzung seiner Ehefrau C. H., (einschl. An-/Abfahrt)	162	16:41	19:23
23.5.2013	Tel. Bespr. über Behandlung der steuerrechtl. relevanten Unterlagen, Erstellung geschlossener Zusammenstellun-	9	9:55	10:04

Datum	Tätigkeit[30]	Zeit in Minuten[31]	Uhrzeit Beginn	Uhrzeit Ende
	gen aus den lose verstreuten Belegen zur geordneten Herausgabe an die Erbin			
23.5.2013	Durchsicht Unterlagen Bank v. 16.5.2013 bzgl. Auflösung bestandslosen WP-Depots, Veranlassung Aktenanlage, Prüfung und Unterzeichnung Antragsformular, Durchsicht Quartalsbericht zum Bestand der Vermögensverwaltung	7	18:22	18:29
24.5.2013	Bearbeitung Postrückläufer bzgl. VN Doris C. u. Ulrich F., Recherche neue Adresse über Internet, Veranlassung Neuversendung	13	19:46	19:59
25.5.2013	Tel. mit Herrn E. (Behandlung weiterer Anfragen nach Überlassung persönlicher Erinnerungsstücke an Angehörige)	12	12:44	12:56
30.5.2013	Besprechung mit Dr. S. als Bevollm. von Frau Dr. St. (Interessentin X-Str. 47) über Möglichkeiten der Grundstücksaufteilung, Angebot über 1.100 m² zu je 350,– EUR	31	15:02	15:33
	Summe Minuten	1195		
	Summe Stunden	19:55:00		

129

§ 8 Besteuerung der Testamentsvollstreckervergütung

Übersicht: Rn
A. Einführung 1
B. Besteuerung der Testamentsvollstreckervergütung beim Testamentsvollstrecker 2
   I. Ertragsteuern 2
     1. Einkünfteerzielung 2
     2. Einkommensteuerliche Zuordnung zu den Einkunftsarten 4
        a) Einkünfte aus sonstiger selbständiger Arbeit i.S.v. § 18 Abs. 1 Nr. 3 EStG 4
        b) Einkünfte aus freiberuflicher Tätigkeit i.S.v. § 18 Abs. 1 Nr. 1 EStG 5
        c) Einkünfte aus sonstigen Leistungen i.S.v. § 22 Nr. 3 EStG 6
        d) Gewerbliche Einkünfte i.S.v. § 15 Abs. 1 und 2 EStG 7
        e) Einkünfte aus mehrjähriger Tätigkeit gem. § 34 Abs. 1, Abs. 2 Nr. 4 EStG 16
     3. Körperschaftsteuer 17
     4. Gewerbesteuer 18
  II. Erbschaftsteuer 19
 III. Umsatzsteuer 22
     1. Steuerbarkeit 22
     2. Ort der Leistungserbringung 28
     3. Kleinunternehmerregelung und Vorsteuerabzug 30
     4. Bemessungsgrundlage und Steuersatz 31
C. Die Abzugsfähigkeit der Testamentsvollstreckervergütung beim Erben 32
   I. Erbschaftsteuer 32
  II. Ertragsteuern 37
 III. Vorsteuerabzug 44

A. Einführung

Die Einnahmen, die der Testamentsvollstrecker aus seiner Tätigkeit erzielt, sind 1
regelmäßig sowohl beim Testamentsvollstrecker selbst als auch bei den Erben
steuerlich relevant. Beim Testamentsvollstrecker stellt sich vor allem die Frage
der Steuerpflicht der Vergütung im Bereich der Einkommen-, Gewerbe- und
Umsatzsteuer, während bei den Erben die Frage der Abzugsfähigkeit der Aufwendungen für die Testamentsvollstreckung im Bereich der Einkommen- und
Erbschaftsteuer sowie der Vorsteuerabzug zu hinterfragen ist.

B. Besteuerung der Testamentsvollstreckervergütung beim Testamentsvollstrecker

I. Ertragsteuern

1. Einkünfteerzielung

Einkommensteuerlich relevant ist die Tätigkeit als Testamentsvollstrecker nur, 2
wenn sie gegen Entgelt erfolgt. Auch eine entgeltliche Tätigkeit führt aber nicht
zwangsläufig zur Besteuerung der erzielten Einnahmen, denn Einkünfte kann
nur erzielen, wer auch in der Absicht tätig ist, einen Einnahmenüberschuss oder

Rieck

Gewinn zu erzielen, auch wenn dies nur ein Nebenzweck ist (§ 15 Abs. 2 S. 1 und 3 EStG). Wer sich nicht wie ein Einkünfteerzieler verhält, erzielt steuerlich nicht relevante – regelmäßig negative – „Einkünfte" aus Liebhaberei. Derartige Einkünfte aus Liebhaberei oder gemeinnütziger Tätigkeit sind nicht steuerbar.

Die Einkünfteerzielung setzt objektiv eine wirtschaftlich auf Vermögensmehrung im Sinne eines Totalgewinns gerichtete Tätigkeit und subjektiv als innere Tatsache eine entsprechende Absicht des Steuerpflichtigen voraus; Liebhaberei kommt danach insbesondere in Betracht, wenn die Tätigkeit des Testamentsvollstreckers auf einkommensteuerlich unbeachtlichen Motiven aus dem Bereich der allgemeinen Lebensführung oder persönlicher Neigung beruht.[1]

3   Abfindungszahlungen oder Entschädigungen, die für den Verzicht auf die Ausübung des Amtes des Testamentsvollstreckers entrichtet werden, stellen nach § 24 Nr. 1 EStG ebenfalls Einkünfte dar und unterliegen damit grundsätzlich der Steuerpflicht.

2. Einkommensteuerliche Zuordnung zu den Einkunftsarten

a) Einkünfte aus sonstiger selbständiger Arbeit i.S.v. § 18 Abs. 1 Nr. 3 EStG

4   Die Vergütung für die Vollstreckung von Testamenten gehört nach der nicht abschließenden Aufzählung des § 18 Abs. 1 Nr. 3 EStG zu den Einkünften aus sonstiger selbständiger Arbeit.[2] Die Tätigkeit umfasst sämtliche Aufgaben, die dem Testamentsvollstrecker durch die Anordnungen des Erblassers oder durch Gesetz zugewiesen sind.[3] Auch die Führung oder Überwachung eines zum Nachlass gehörenden Gewerbebetriebes als Vertreter oder Treuhänder des Erben oder Vermächtnisnehmers führt nicht zur Gewerblichkeit der Tätigkeit des Testamentsvollstreckers; denn nur die Erben oder Vermächtnisnehmer sind insoweit gewerbliche (Mit-)Unternehmer.[4]

b) Einkünfte aus freiberuflicher Tätigkeit i.S.v. § 18 Abs. 1 Nr. 1 EStG

5   Rechtsanwälte, Steuerberater, Wirtschaftsprüfer und Notare erzielen als sog. Katalogberufler i.S.v. § 18 Abs. 1 Nr. 1 S. 2 EStG grundsätzlich Einkünfte aus freiberuflicher Tätigkeit. Werden sie auch im Bereich der Testamentsvollstrecker tätig, so kann sich ein Qualifikationskonflikt zu § 18 Abs. 1 Nr. 3 EStG ergeben, der für die Möglichkeit der gewerblichen Prägung der Leistungen von Bedeutung sein kann (siehe unten Rn 7 ff.)

---

1 Schmidt/*Weber-Grellet*, EStG, 32. Aufl. 2013, § 2 Rn 18; Schmidt/*Wacker*, EStG, § 15 Rn 32.
2 *Kanzler*, FR 1994, 114.
3 Korn/*Korn*, EStG, § 18 Rn 97.
4 BFH, IV R 36/73, BStBl II 1978, 499; BFH, VIII R 18/93, BStBl II 1995, 714; *Möhring/ Sebrecht*, BB 1974, 1561; Herrmann/Heuer/Raupach/*Brandt*, EStG, § 18 Rn 261.

c) Einkünfte aus sonstigen Leistungen i.S.v. § 22 Nr. 3 EStG

Die einmalige oder nur gelegentlich ausgeübte Testamentsvollstreckung fällt nicht unter § 18 EStG, wenn die Tätigkeit nicht nachhaltig und mit Teilnahme am allgemeinen wirtschaftlichen Verkehr erfolgt. Die Dauer der Tätigkeit ist dabei ohne Bedeutung. Derart entgeltliche Leistungen im Privatbereich fallen als sonstige Leistungen unter § 22 Nr. 3 EStG,[5] sofern die Einkünfte eine Freigrenze von 256 EUR im Kalenderjahr erreichen oder übersteigen. Bereits die Absicht, die Tätigkeit bei nächster sich bietender Gelegenheit zu wiederholen, begründet jedoch eine hinreichende Nachhaltigkeit, so dass auch eine einmalige Tätigkeit bereits zu Einkünften aus § 18 EStG führen kann, da die Erfassung unter § 22 Nr. 3 EStG grundsätzlich subsidiär zu den anderen Einkunftsarten ist.

d) Gewerbliche Einkünfte i.S.v. § 15 Abs. 1 und 2 EStG

Im Rahmen seiner freiberuflichen Tätigkeit im Sinne des § 18 Abs. 1 Nr. 1 EStG, z.B. im Rahmen eines Katalogberufes als Rechtsanwalt, Steuerberater, Notar oder beratender Betriebswirt, darf sich der Freiberufler nach Maßgabe des Satzes 3 der Vorschrift der Mithilfe fachlich vorgebildeter Arbeitskräfte bedienen, ohne dass seine Tätigkeit damit den Charakter eines Gewerbebetriebes annehmen würde. Er kann seine Arbeitsleistung damit bis zu einer gewissen Leistungsspanne ausdehnen und „vervielfältigen"; Voraussetzung ist jedoch, dass er dabei aufgrund eigener Fachkenntnisse leitend und eigenverantwortlich tätig wird. Durch die Einfügung von Satz 3 in die Vorschrift des § 18 Abs. 1 Nr. 1 EStG reagierte der Gesetzgeber im Rahmen des Steueränderungsgesetzes 1960 auf die zunehmend arbeitsteilige Berufsausübung auch von Freiberuflern, die ansonsten aufgrund der bis dahin von der Rechtsprechung verfolgten sog. Vervielfältigertheorie in die Gewerblichkeit abzudriften drohten.

Im Rahmen der vermögensverwaltenden Tätigkeiten i.S.d. § 18 Abs. 1 Nr. 3 EStG blieb es hingegen mangels gesetzlicher Regelungen zunächst weiter bei der Geltung der Vervielfältigertheorie.[6] Danach werden sonstige selbständige Tätigkeiten wie die des Testamentsvollstreckers als gewerblich qualifiziert, wenn sie in ihrem Kernbereich nicht mehr auf der eigenen Arbeitskraft des Berufsträgers beruhen, insbesondere wenn der Umfang der Tätigkeit die ständige Beschäftigung mehrerer Angestellter oder aber die Einschaltung von Subunternehmern erforderlich macht und diese nicht nur untergeordnete, insbesondere vorbereitende und mechanische Tätigkeiten übernehmen.[7] Entscheidend ist im Einzelfall das Gesamt-

---

5 BFH, XI B 64/05, BFH/NV 2006, 1331; *Feitner*, DStR 2006, 484.
6 RFH, VI 568/38, BStBl III 1939, 577; BFH, IV 668/55-U, BStBl III 1958, 34; BFH, IV R 126/91, BStBl II, 936.
7 BFH, I R 122/81, BStBl II, 823.

bild der Verhältnisse. Nach h.M. reichte es jedoch bereits aus, wenn mehr als ein qualifizierter Mitarbeiter beschäftigt wird.[8]

9   Steuerliches Gefahrenpotential drohte nach dieser Sichtweise damit insbesondere bei Freiberuflern, die in einer Personengesellschaft zusammengeschlossen sind. Denn nach der sog. „Abfärbe"- oder „Infektions"-Theorie des § 15 Abs. 3 Nr. 1 EStG sind die Einkünfte einer Personengesellschaft, die neben freiberuflichen Einkünften auch gewerbliche Einkünfte erzielt, vollumfänglich als gewerbliche Einkünfte zu qualifizieren. Neben der Gewerbesteuerpflicht zieht dies für Überschussermittler nach Aufforderung durch das Finanzamt gem. § 141 AO auch die Verpflichtung zum Übergang zur Bilanzierung nach sich. Um diese Konsequenzen zu vermeiden, bleibt die Möglichkeit, potentiell gewerbesteuerpflichtige Tätigkeiten höchstpersönlich im Namen und für Rechnung des einzelnen Mitunternehmers in dessen Sonderbetriebsbereich abzuwickeln; eine Abfärbung vom Sonder- auf den Gesamthandsbereich des Mitunternehmers einer Personengesellschaft ist ausgeschlossen.[9] Alternativ kann die kritische Tätigkeit auf eine personenidentische Schwester-Personengesellschaft ausgegliedert werden. Die Ausgründung einer selbständigen, möglicherweise gewerblich tätigen Tochter-Personengesellschaft der eigentlichen Freiberufler-Personengesellschaft ist hingegen nicht zielführend, da auch Beteiligungen an gewerblichen Mitunternehmerschaften zu einer gewerblichen Infektion der Einkünfte der Obergesellschaft führen. Hier muss auf eine Kapitalgesellschaft als Rechtsform für die Ausgliederung auf eine Tochtergesellschaft zurückgegriffen werden.

10 Für die als Rechtsanwälte oder Steuerberater im Bereich der Testamentsvollstreckung tätigen Katalogberufler i.S.d. § 18 Abs. 1 Nr. 1 EStG stellte sich vor dem Hintergrund der Vervielfältigertheorie die zentrale Frage, ob sie die Tätigkeit der Testamentsvollstreckung noch im Rahmen ihrer freiberuflichen Tätigkeit ausüben und damit auch problemlos qualifizierte Mitarbeiter einbinden können oder ob mit der Testamentsvollstreckung eine separate, neben der Freiberuflichkeit stehende Einkunftsquelle nach § 18 Abs. 1 Nr. 3 EStG erschlossen wird, mit der deutlich größeren Gefahr, mit der Tätigkeit als Testamentsvollstrecker in die Gewerblichkeit hineinzurutschen.

11 Umsatzsteuerlich hatte die Rechtsprechung der Finanzgerichte die Tätigkeit des Testamentsvollstreckers bereits in der Vergangenheit nicht als anwaltliche Vorbehaltsaufgabe und auch nicht als berufstypische Beratungsleistung eines Anwalts, Steuerberaters oder Wirtschaftsprüfers, sondern vielmehr als eine durch reine Verwaltungsarbeiten geprägte Tätigkeit klassifiziert.[10]

---

8   *Wälzholz/Vassel-Knauf*, in: Mayer/Bonefeld, Testamentsvollstreckung, § 45 Rn 3; Bengel/Reimann/*Engelskemper*, X Rn 146.
9   BFH, XI R 31/05, BStBl II 2006, 2344.
10 BFH, V R 33/79, BStBl II 1987, 524; BFH, V R 25/02, BStBl II 2003, 734; BFH, V R 62/05, BFH/NV 2008, 1406; EuGH Rs. C 401/06, HFR 2008, 195.

Die einkommensteuerliche Rechtsprechung war zunächst noch davon ausgegangen, dass die Testamentsvollstreckung etwa für einen Wirtschaftsprüfer keine Sondertätigkeit, sondern als treuhänderische Tätigkeit seit jeher berufsüblich sei und es insoweit auch unerheblich sei, dass diese Testamentsvollstreckertätigkeit ggf. von der übrigen Tätigkeit des Wirtschaftsprüfers abgrenzbar sei.[11] Auch soweit die Gerichte davon ausgingen, dass die Tätigkeit als Testamentsvollstrecker für einen Rechtsanwalt, Wirtschaftsprüfer oder Steuerberater grundsätzlich, d.h. von berufstypischen Einzelleistungen, wie Prozessvertretung, Bilanzerstellung oder Abschlussprüfung abgesehen, nicht als berufstypische Leistung anzusehen sei, so subsumierten sie gleichwohl diese Einkunftselemente aus nicht berufstypischen Leistungen unter den freiberuflichen Leistungen des § 18 Abs. 1 Nr. 1 EStG, wenn sie mit der eigentlichen berufstypischen Leistung in einem engen, tatsächlichen, insbesondere wirtschaftlichen Zusammenhang stehen. Hiernach reicht es aus, dass es sich bei Testamentsvollstreckungen zwar nicht um eine berufstypische, jedoch um eine berufsübliche Tätigkeit des betreffenden freien Berufs handelt.[12] Wird danach eine an sich unter § 18 Abs. 1 Nr. 3 EStG fallende Tätigkeit im Rahmen eines freien Berufs i.S.d. Nr. 1 der Vorschrift ausgeübt, so sollte sie der Hauptberufstätigkeit zuzurechnen sein.[13]

Zur Vorsicht mahnten jedoch die Entscheidungen des Bundesfinanzhofs zur ebenfalls in § 18 Abs. 1 Nr. 3 EStG aufgeführten Tätigkeit des Insolvenzverwalters. Danach stehen die in § 18 Abs. 1 Nr. 3 EStG erfassten Tätigkeiten ihrer Natur nach einer kaufmännischen Betätigung per se näher als die in Nr. 1 genannten freien Berufe. Die Tätigkeit als Insolvenzverwalter gehört etwa nur dann zu den freiberuflichen Einkünften eines Wirtschaftsprüfers oder Steuerberaters, wenn sie isoliert die Voraussetzungen erfüllt, die an eine sonstige selbständige Tätigkeit gestellt werden, nicht dagegen, wenn sie sich als gewerbliche Tätigkeit darstellt. Jedenfalls sei die Grenze zur Gewerblichkeit überschritten, wenn die Tätigkeit einen Umfang angenommen hat, der allein hierfür die Beschäftigung mehrerer Angestellter oder die Einschaltung von Subunternehmern erforderlich macht und diesen Personen nicht nur untergeordnete, insbesondere vorbereitende und mechanische Arbeiten übertragen werden.[14] Der BFH wendete damit zumindest auf Insolvenzverwalter die Vervielfältigungstheorie an, da andernfalls die vom Gesetz beabsichtigte Unterscheidung zwischen § 18 Abs. 1 Nr. 1 und Nr. 3 EStG verloren ginge.[15] Die Anwendung der Vervielfältigungstheorie für die vermögensverwaltende Tätigkeit des Insolvenzverwalters begründete der BFH auch damit, dass sich dessen Tätigkeit zu einem eigenen Beruf entwickelt habe.[16]

12

---

11 BFH, IV R 77/70, BStBl II 1973, 729.
12 FG Hamburg I 264/85, EFG 1989, 21.
13 BFH, IV R 125/89, BStBl II 1990, 1028.
14 BFH, IV R 126/91, BStBl II 1994, 936.
15 BFH, XI R 56/00, BStBl II 2002, 202.
16 BFH, VIII B 179/07, BFH/NV 2008, 1874.

13 Wenngleich man für die Ausübung der Testamentsvollstreckung konstatieren darf, dass sie in der Praxis noch nicht den erheblichen Spezialisierungs- und Professionalisierungsgrad erreicht hat, wie die ganz überwiegend von Rechtsanwälten betriebene Insolvenzverwaltung, so musste man doch befürchten, dass die Vervielfältigungstheorie auch für als Freiberufler tätige Testamentsvollstrecker Anwendung finden könnte, zumal der BFH § 18 Abs. 1 Nr. 3 EStG auf einen Kernbereich vermögensverwaltender Tätigkeiten beschränkt sah, der eher gelegentliche und nur ausnahmsweise auch nachhaltig ausgeübte Betätigungen umfasst.[17] Auch der Bundesgerichtshof hat die Tätigkeit des Testamentsvollstreckers nicht als Besorgung fremder Rechtsangelegenheiten im Sinne des Rechtsberatungsgesetzes angesehen und argumentierte dabei weitgehend auf der Linie der Rechtsprechung des BFH.[18] Bestätigt wird diese Tendenz zur gewerblichen Charakterisierung der Tätigkeit des Testamentsvollstreckers durch die vollzogene Anpassung des Rechtsberatungsgesetzes, wonach die geschäftsmäßige Testamentsvollstreckung für jedermann als Nebentätigkeit zu einem Gewerbebetrieb gestattet ist.

14 In jüngster Zeit hat der BFH jedoch eine vollständige Kehrtwende vollzogen. So hat er die Einkünfte einer aus einem beratenden Betriebswirt und einem Diplom-Ökonomen bestehende Partnerschaftsgesellschaft, die Insolvenzverwaltung betreibt, auch dann als Einkünfte aus sonstiger selbständiger Arbeit i.S.d. § 18 Abs. 1 Nr. 3 EStG beurteilt, wenn diese fachlich vorgebildete Mitarbeiter einsetzt, sofern ihre Gesellschafter als Insolvenzverwalter selbst leitend und eigenverantwortlich tätig bleiben. An der Anwendung der Vervielfältigungstheorie hält der achte Senat, auf den die alleinige Zuständigkeit für die Einkünfte aus selbständiger Arbeit übergegangen ist, nach erneuter Prüfung ausdrücklich nicht mehr fest. Weder der ursprünglichen Fassung des Gesetzes (EStG 1934) noch derjenigen durch das Steueränderungsgesetz 1960 vom 30.7.1960[19] lässt sich nach Auffassung des erkennenden Senats entnehmen, dass der Gesetzgeber die Zulässigkeit des Einsatzes fachlich vorgebildeter Mitarbeiter für Berufe i.S.v. § 18 Abs. 1 Nr. 1 und Nr. 3 EStG unterschiedlich beurteilt sehen wollte.[20] Diese neue Rechtsprechung ist seit dem 1.6.2011 allgemein anwendbar. Für Testamentsvollstrecker, die im Rahmen des § 18 Abs. 1 Nr. 3 EStG tätig sind, ist daher allein entscheidend, ob ihre Arbeit über die Festlegung der Grundzüge der Organisation und der dienstlichen Aufsicht hinaus durch Planung, Überwachung und Kompetenz zur Entscheidung in Zweifelsfällen gekennzeichnet ist und die Teilnahme des Berufs-

---

17 BFH, IV R 26/03, BStBl II 2005, 288 zum Berufsbetreuer.
18 BGH, I ZR 182/02, NJW 2005, 968; BGH, I ZR 213/01, NJW 2005, 969.
19 BGBl I 1960, 616, BStBl I 1960, 514.
20 BFH, VIII R 50/09, BStBl II 2011, 506; BFH, VIII R 3/10, BStBl II 2011, 498.

trägers an der praktischen Arbeit in ausreichendem Maße gewährleistet ist.[21] Angesichts des höchstpersönlichen Pflichtenkanons des Testamentsvollstreckers sollte dies die Regel sein.[22] Eine Gewerblichkeit der Tätigkeit des Testamentsvollstreckers und eine mögliche Abfärbung auf entsprechende Zusammenschlüsse von Freiberuflern droht daher allenfalls noch in extrem gelagerten Ausnahmefällen.

Diese grundsätzliche Einkünftequalifizierung nach § 18 EStG gilt jedoch ausdrücklich nicht für Bevollmächtigte eines Testamentsvollstreckers; so ist der vom Testamentsvollstrecker mit der Verwertung des überwiegend aus Grundvermögen bestehenden Nachlasses Beauftragte als Gewerbetreibender anzusehen und erzielt Einkünfte aus § 15 EStG.[23]

15

e) Einkünfte aus mehrjähriger Tätigkeit gem. § 34 Abs. 1, Abs. 2 Nr. 4 EStG

Für außerordentliche Einkünfte sieht § 34 Abs. 1 EStG eine Tarifermäßigung nach der sog. „Fünftelregelung" vor, um eine Übermaßbesteuerung durch die Progressionswirkung bei einer Zusammenballung von Einkünften in einem Veranlagungszeitraum zu vermeiden. Zu den außerordentlichen Einkünften rechnen nach § 34 Abs. 2 Nr. 4 EStG auch Vergütungen für eine mehrjährige Tätigkeit; mehrjährig ist eine Tätigkeit, soweit sie sich über mindestens zwei Veranlagungszeiträume erstreckt und einen Zeitraum von mehr als zwölf Monaten umfasst. Erhält der Testamentsvollstrecker seine Vergütung als einmaligen Gesamtbetrag nach einer mehrjährigen Tätigkeit, so käme eine Inanspruchnahme der Fünftelregelung nach dem Wortlaut der Vorschrift durchaus in Betracht; Rechtsprechung und Verwaltung sind jedoch äußerst restriktiv. Zum einen ist § 34 Abs. 2 Nr. 4 EStG nur auf selbständig Tätige anwendbar, die ihren Gewinn durch Überschussermittlung nach § 4 Abs. 3 EStG ermitteln. Zudem muss sich der Testamentsvollstrecker während mehrerer Kalenderjahre ausschließlich einer bestimmten Aufgabe gewidmet haben und die Vergütung dafür in einem Veranlagungszeitraum erhalten haben oder als eine sich über mehrere Jahre erstreckende Sondertätigkeit, die sich von seiner übrigen Tätigkeit hinreichend abgrenzt und nicht zu seinem regelmäßigen Gewinnbetrieb gehört und in einem Veranlagungszeitraum vergütet wird, ausgeübt haben oder aber für eine mehrjährige Tätigkeit eine Nachzahlung in einem Betrag aufgrund einer vorausgegangenen rechtlichen Auseinanderset-

16

---

21 BFH, IV 61/65 U, BStBl III 1965, 557; BFH, IV R 43/96, BStBl II 1997, 681; BFH, I R 173/66, BStBl II 1968, 820; BFH, X B 54/87, BStBl II 1988, 17; BFH, V R 56/97, BFHE 189, 569; BFH, IV B 205/03, BFH/NV 2006, 48.

22 Auch die Berufsbetreuung durch Rechtsanwälte unterliegt nach geänderter Rechtsprechung des BFH § 18 Abs. 1 Nr. 3 EStG und damit den gleichen Anforderungen an die eigenverantwortliche und selbst leitende Berufsausübung wie andere selbstständige Tätigkeiten; BFH, VIII R 10/09, BStBl II 2010, 906; BFH, VIII R 14/09, BStBl II 2010, 906.

23 BFH, IV R 155/86, BFH/NV 1990, 372.

zung erhalten haben.²⁴ Damit kommt im Ergebnis eine Anwendung der Fünftelregelung nur in seltenen Ausnahmefällen überhaupt in Betracht. Selbst ein Wirtschaftsprüfer, der als Testamentsvollstrecker für die mehrere Jahre andauernde Auseinandersetzung lediglich eines Nachlasses eine einmalige Vergütung erhält, kann für diese Vergütung die Tarifbegünstigung nicht beanspruchen, weil die Tätigkeit als Testamentsvollstrecker für ihn keine Sondertätigkeit darstellt.²⁵

3. Körperschaftsteuer

17   Wird die Tätigkeit der Testamentsvollstreckung durch Körperschaften, z.B. Banken, ausgeübt, so unterliegen die Einnahmen stets der Körperschaftsteuer (§ 8 Abs. 2 KStG).

4. Gewerbesteuer

18   Der Gewerbesteuer unterliegt jedes gewerbliche Unternehmen im Sinne des Einkommensteuergesetzes. Solange die Testamentsvollstreckung daher nicht zu gewerblichen Einkünften nach § 15 EStG führt, unterliegt sie auch nicht der Gewerbesteuer, es sei denn sie wird in der Rechtsform einer Kapitalgesellschaft ausgeübt (§ 2 Abs. 1, 2 GewStG).

II. Erbschaftsteuer

19   Übersteigt die im Testament festgelegte oder von den Erben zugebilligte Vergütung des Testamentsvollstreckers einen angemessenen Betrag (§ 2221 BGB), so kann in Höhe des unangemessenen Teils zivilrechtlich ein Vermächtnis des Erblassers, soweit dieser die Vergütung festgesetzt hat, oder eine freigiebige Zuwendung der Erben, soweit die Erben die Höhe der Vergütung bestimmen, gewollt sein.²⁶ Naheliegend wäre insoweit auch steuerrechtlich eine Aufteilung der Testamentsvollstreckervergütung in einen angemessenen und i.S.d. § 18 EStG einkünfterelevanten Anteil und einen unangemessenen und insoweit zwar nicht einkünfterelevanten, aber der Erbschaftsteuer zu unterwerfenden Anteil nach § 3 Abs. 1 Nr. 1 (Vermächtnis) bzw. § 7 Abs. 1 Nr. 1 ErbStG (freigiebige Zuwendung).²⁷

---

24   BFH, IV R 57/05, BStBl II 2007, 180; H 34.4 „Gewinneinkünfte" EStR; Schmidt/*Wacker*, EStG, § 34 Rn 38.
25   BFH, IV R 77/70, BStBl II 1973, 729; BFH, I R 119/91, BFH/NV 1993, 593. Diese Rechtsprechung erscheint zweifelhaft, da der BFH und der EuGH die Tätigkeit eines Rechtsanwalts, Steuerberaters oder Wirtschaftsprüfers als Testamentsvollstrecker weder als eine berufstypische noch als eine ähnliche Tätigkeit qualifizieren; BFH, V R 62/05, BStBl II 2008, 900; EuGH Rs. C-401/06, EuGHE I, 10609.
26   BayOLG, 1 Z 70/71, BB 1973, 114.
27   OFD Hamburg v. 14.3.1974, StEk, EStG § 18 Nr. 65; Littmann/Bitz/Pust/*Güroff*, EStG, § 18 Rn 297; Kirchhoff/Söhn/Mellinghoff/*Stuhrmann*, EStG, § 18, B 221.

B. Besteuerung der Testamentsvollstreckervergütung beim Testamentsvollstrecker

Eine derartige, zivilrechtlich naheliegende Aufteilung kommt nach Auffassung des BFH steuerlich jedoch nur in Betracht, wenn aus der letztwilligen Verfügung oder den Umständen des Einzelfalles hervorgeht, dass der Erblasser dem Testamentsvollstrecker aus privaten Gründen zusätzlich einen Betrag zuwenden wollte und die Vergütung tatsächlich und rechtlich nicht mit der Testamentsvollstreckung zusammenhängt und daher nicht zu den Einkünften i.S.d. § 2 Abs. 1 S. 1 Nr. 3 i.V.m. § 18 Abs. 1 Nr. 1 oder 3 EStG zählt.[28] Ansonsten besteht eine Vermutung dafür, dass eine vom Erblasser als Testamentsvollstreckerhonorar bezeichnete Vergütung auch insoweit einkommensteuerlich zu erfassen ist, als sie den angemessenen Betrag übersteigt.[29] Diese Vermutung dürfte im Verhältnis des Testamentsvollstreckers zu einem fremden Dritten kaum zu widerlegen sein; ist der Testamentsvollstrecker hingegen ein Familienangehöriger, so wird man den Einzelfall genauer analysieren müssen, insbesondere wenn die Vergütung ganz erheblich überhöht erscheint.[30]

20

Die Einkommensteuerpflicht der Testamentsvollstreckervergütung hat daher grundsätzlich Vorrang, zumal der Testamentsvollstrecker die Vergütung nur erhält, wenn er sein Amt auch tatsächlich ausübt und die Vergütung damit in einem wirtschaftlichen Austauschverhältnis steht. Der Testamentsvollstreckervergütung fehlt, auch wenn sie überhöht ist, als Teil eines Leistungsaustausches das Merkmal der Unentgeltlichkeit.[31] Eine doppelte Berücksichtigung der Vergütung im Rahmen der Einkommen- und Erbschaftsteuer scheidet in jedem Fall aus.

21

III. Umsatzsteuer

1. Steuerbarkeit

Die Testamentsvollstreckung ist eine sonstige Leistung, die der Umsatzsteuer unterliegt, wenn sie im Inland gegen Entgelt im Rahmen eines Unternehmens, d.h. nachhaltig und selbständig zur Erzielung von Einnahmen, ausgeführt wird; auf die Absicht, Gewinn zu erzielen, kommt es dabei nicht an (§ 1 Abs. 1 Nr. 1, 2 Abs. 1 S. 1, 3 UStG).

22

Wird die Tätigkeit also einmalig und ohne Wiederholungsabsicht aufgenommen, so ist sie im Regelfall nicht umsatzsteuerbar. Erstreckt sich eine schwierige Testamentsvollstreckung hingegen über mehrere Jahre, so ist der Testamentsvollstrecker auch dann nachhaltig tätig, wenn er nur einen Nachlass vollstreckt, aber über einen längeren Zeitraum eine Vielzahl von Handlungen vornimmt. Dies gilt selbst dann, wenn die Testamentsvollstreckung aus privaten Gründen aufgenommen wurde und der Testamentsvollstrecker selbst Miterbe ist und von der Erben-

---

28 BFH, II R 18/03, BStBl II 2005, 489; Blümich/*Hutter*, EStG, § 18 Rn 176.
29 BFH, IV R 125/89, BStBl II 1990, 1028.
30 Bengel/Reimann/*Piltz*, VIII Rn 172.
31 BFH, II R 18/03, BStBl II 2005, 489.

gemeinschaft nebenberuflich mit der Testamentsvollstreckung beauftragt wurde. Die Nachhaltigkeit ist auch nicht bereits deshalb zu verneinen, weil keine Verwaltungs-, sondern eine Auseinandersetzungsvollstreckung ausgeführt wird.[32]

23 Der Testamentsvollstrecker ist regelmäßig nachhaltig und selbständig und damit unternehmerisch tätig, je nach Art und Umfang auch bei der Auseinandersetzung eines durchschnittlichen bürgerlichen Haushalts.[33]

24 Auch der Verzicht auf die Ausübung des Amtes als Testamentsvollstrecker stellt eine umsatzsteuerbare sonstige Leistung dar, wenn er gegen Entgelt erfolgt. Durch den Rechtsverzicht erlangt nämlich der Erbe einen Vorteil, da er durch den Verzicht über den Nachlass ohne die Beschränkungen durch die Testamentsvollstreckung verfügen kann; es handelt sich insoweit nicht um „echten", nicht steuerbaren Schadensersatz.[34]

25 Wird die Testamentsvollstreckung, z.B. durch einen Freiberufler, im Rahmen seines bestehenden umsatzsteuerlichen Unternehmens vorgenommen, so unterliegt sie wegen des Grundsatzes der Unternehmenseinheit, wonach das Unternehmen sämtliche beruflichen Tätigkeiten desselben Unternehmers umfasst (§ 2 Abs. 1 S. 2 UStG; A 2.7 UStAE), stets der Umsatzbesteuerung, auch wenn sie nur einmalig und nicht nachhaltig betrieben wird.

26 Bei Sozietäten ist es hingegen denkbar, dass der Testamentsvollstrecker außerhalb des Unternehmens der Sozietät unternehmerisch tätig wird. Eine Abgrenzung wird jedoch häufig schwierig sein, da regelmäßig zur Abwicklung der Testamentsvollstreckung auch auf die Ressourcen der Sozietät zurückgegriffen werden dürfte.

27 Wird ein zum Nachlass gehörendes Unternehmen von einem Testamentsvollstrecker im Rahmen seiner Verwaltungstätigkeit für den Erben fortgeführt, ist nicht dieser der Unternehmer, sondern der Inhaber der Vermögensmasse, für die er tätig wird.[35] Führt ein Testamentsvollstrecker ein Handelsgeschäft als Treuhänder der Erben im eigenen Namen weiter, ist er der Unternehmer und Steuerschuldner.[36]

---

32 BFH, V R 43/71, BStBl II 1976, 57; BFH, V R 1/87, UR 1993, 194; BFH, V R 26/93, UR 1997,143; BFH, V R 6/05, BStBl II 2007, 148; ebenso FG Rheinland-Pfalz, 6 K 1914/10, EFG 2013, 891; Rev. BFH V R 13/13.
33 BFH, V R 26/93, BFH/NV 1996, 938.
34 EuGH-Urteil Rs. C-63/92, BStBl II, 480; BFH, V R 40/02, BStBl II 2004, 854.
35 BFH, V R 203/83, BStBl II 1988, 920; BFH, V R 16/81, BStBl II 1986, 579; BFH, V R 80/82, BStBl II 1987, 691; A 2.1 Abs. 7 UStR.
36 Vgl. BFH, Urt. v. 11.10.1990, V R 75/85, BStBl II 1991, 191.

2. Ort der Leistungserbringung

Umsatzsteuerbar sind nur Leistungen, deren Leistungsort im Inland liegt. Bei Rechtsanwälten, Steuerberatern und Wirtschaftsprüfern fallen alle berufstypischen Leistungen unter § 3a Abs. 4 S. 2 Nr. 3 UStG, so dass man annehmen könnte, dass auch die Leistungen im Bereich der Testamentsvollstreckung wie die typischen Berufsleistungen am Ort des Leistungsempfängers steuerbar wären. Die Leistung als Testamentsvollstrecker oder Nachlasspfleger ist nach Auffassung des Europäischen Gerichtshofes jedoch weder eine hauptsächlich und gewöhnlich von einem Rechtsanwalt erbrachte Leistung noch eine Leistung, die denjenigen von Rechtsanwälten ähnlich ist. Denn aufgrund der beträchtlichen Verschiedenartigkeit der Aufgaben, mit denen ein Testamentsvollstrecker betraut sein kann – von der Verwaltung eines Vermögens über die bloße Verteilung von Beträgen oder beweglichen oder unbeweglichen Sachen bis hin zur Wahrung immaterieller Interessen –, lässt sich nur schwer eine typische Form der Testamentsvollstreckungsleistung ausmachen. Der Auftrag des Testamentsvollstreckers ist es nämlich, den Willen des Erblassers umzusetzen, was Verwaltungstätigkeiten, Rechtshandlungen und einen großen Fächer tatsächlicher oder rechtlicher Vorgänge umfassen kann. Die Leistung der Testamentsvollstreckung entspricht jedoch überwiegend einer wirtschaftlichen Tätigkeit, da es für den Testamentsvollstrecker in den meisten Fällen um die Bewertung und Verteilung des Vermögens des Erblassers zugunsten der Empfänger der Leistung, bisweilen auch, insbesondere im Rahmen der Verwaltung von Vermögensgegenständen minderjähriger Kinder, um den Schutz dieses Vermögens und die Fruchtziehung daraus geht. Dagegen dienen die Leistungen eines Rechtsanwalts vor allem der Rechtspflege, auch wenn der Anwaltstätigkeit wirtschaftliche Erwägungen natürlich nicht fremd sind.[37]

Da die Leistung des Testamentsvollstreckers keine berufstypische oder ähnliche Leistung eines Rechtsanwaltes oder Steuerberaters darstellt, erfolgt die Bestimmung des Leistungsorts bei Testamentsvollstreckungen an Privatpersonen damit vielmehr nach § 3a Abs. 1 UStG nach dem Ort, an dem der Unternehmer sein Unternehmen betreibt. Wird die Testamentsvollstreckung von einer Betriebsstätte ausgeführt, gilt die Betriebsstätte als der Ort der sonstigen Leistung. Damit ist auch die von einem inländischen Rechtsanwalt oder Steuerberater an einen im Ausland lebenden Erben erbrachte Vollstreckungsleistung im Inland umsatzsteuerbar.[38]

---

37 BFH, V R 62/05, BStBl II 2008, S. 900; EuGH Rs. C-401/06, EuGHE I, 10609; anders noch BFH, II R 4/96, BStBl II 1998, 760, wonach ein als Testamentsvollstrecker tätiger Rechtsanwalt regelmäßig in Ausübung seines Berufs handele, weil seine Ernennung regelmäßig im Hinblick auf seine berufliche Stellung und seine Rechtskenntnisse erfolgt.
38 BFH, V R 25/02, BStBl II 2003, 1392.

3. Kleinunternehmerregelung und Vorsteuerabzug

30 Mangels Steuerbefreiung sind die im Inland gegen Entgelt erbrachten Leistungen des Testamentsvollstreckers grundsätzlich umsatzsteuerpflichtig. Gleichzeitig besteht die Möglichkeit, die in Eingangsrechnungen ausgewiesene Umsatzsteuer als Vorsteuer abzuziehen.

Allerdings ist – zumindest soweit die Testamentsvollstreckung nicht im Rahmen des bestehenden anwaltlichen oder steuerberatenden Unternehmens des Testamentsvollstreckers erbracht wird – in vielen Fällen die sog. Kleinunternehmerregelung des § 19 UStG anwendbar. Danach wird die geschuldete Umsatzsteuer von inländischen Unternehmern nicht erhoben, wenn deren Umsatz zuzüglich der darauf entfallenden Steuer im vorangegangenen Kalenderjahr 17.500 EUR nicht überstiegen hat und im laufenden Kalenderjahr 50.000 EUR voraussichtlich nicht übersteigen wird. Die Kleinunternehmerregelung bietet damit für die gelegentliche Testamentsvollstreckung viele Erleichterungen; viele Formalien im Zusammenhang mit der Rechnungsstellung sowie die monatliche Umsatzsteuervoranmeldung können entfallen. Allerdings sind Kleinunternehmer auch nicht vorsteuerabzugsberechtigt. Da die von ihnen gezahlten Vorsteuerbeträge jedoch ohnehin regelmäßig über den Auslagenersatz abgerechnet werden, spielt dies materiell keine Rolle, so dass auch die grundsätzlich mögliche Option zur Umsatzsteuer für Testamentsvollstrecker als Kleinunternehmer meist keinen Sinn macht. Auch für die Erben als Leistungsempfänger ist der Ausweis der Umsatzsteuer durch den Testamentsvollstrecker regelmäßig nachteilig, da die Testamentsvollstreckung regelmäßig nicht für ihr Unternehmen erbracht wird und damit ein Vorsteuerabzug ausgeschlossen ist. Wegen dieser Interessenlage ist es für den im Rahmen seines anwaltlichen oder steuerberatenden Unternehmens tätigen und zum Ausweis der Umsatzsteuer wegen Überschreitens der Kleinunternehmergrenzen gezwungenen Testamentsvollstrecker um so wichtiger, die Erstattung der auf seine Leistungen entfallenden Umsatzsteuer bei Anordnung der Testamentsvollstreckung durch den Testierenden sicherzustellen.

4. Bemessungsgrundlage und Steuersatz

31 Sind die Leistungen des Testamentsvollstreckers umsatzsteuerpflichtig und kommt die Kleinunternehmerregelung nicht zur Anwendung, so unterliegen seine Leistungen dem Regelsteuersatz. Bemessungsgrundlage im Sinne des § 10 UStG ist das Entgelt. Entgelt ist alles, was der Leistungsempfänger aufwendet, um die Leistung zu erhalten, jedoch abzüglich der Umsatzsteuer. Zum Entgelt gehören regelmäßig auch die Auslagen, die der Testamentsvollstrecker getragen hat, da er sie regelmäßig im eigenen Namen ausgegeben hat. Nur soweit Beträge im Namen und für Rechnung der Erben vereinnahmt oder verausgabt wurden, gehören sie gem. § 10 Abs. 1 S. 6 UStG als durchlaufende Posten nicht zum Entgelt.

C. Die Abzugsfähigkeit der Testamentsvollstreckervergütung beim Erben

I. Erbschaftsteuer

Nach § 10 Abs. 5 Nr. 3 ErbStG sind Kosten, die dem Erwerber unmittelbar im Zusammenhang mit der Abwicklung, Regelung oder Verteilung des Nachlasses oder mit der Erlangung des Erwerbs entstehen, als Nachlassverbindlichkeiten bei der Erbschaftsteuer abzugsfähig. Danach können die Abwicklungs-, Konstituierungs- und Auseinandersetzungsgebühr grundsätzlich bei der Erbschaftsteuer geltend gemacht werden, nicht hingegen die Kosten für die Verwaltung des Nachlasses durch den Testamentsvollstrecker. Die Verwaltungskosten, z.B. bei einer Dauervollstreckung, können aber ggf. einkommensteuerlich relevant sein. Um die Abzugsfähigkeit sicherzustellen, ist daher eine detaillierte Leistungsbeschreibung im Rahmen der Rechnungsschreibung durch den Testamentsvollstrecker angezeigt. 32

Voraussetzung für die Abzugsfähigkeit der Testamentsvollstreckergebühren als Nachlassverbindlichkeit ist jedoch zusätzlich, dass diese angemessen sind. Da die Erbschaftsteuer an den bürgerlich-rechtlichen Rechtsgrund (z.B. „freigiebige Zuwendung") anknüpft, ist es denkbar, dass die Erben den unangemessen hohen Teil einer Testamentsvollstreckervergütung nicht als Kosten der „Abwicklung, Regelung oder Verteilung des Nachlasses", sondern nur als Vermächtnis (§ 10 Abs. 5 Nr. 2 ErbStG) abziehen dürfen.[39] Eine mangels testamentarischer Anordnung zwischen den Erben und dem Testamentsvollstrecker vereinbarte Vergütung ist regelmäßig angemessen. Für den Erwerber des Nachlasses spielt die Angemessenheit daher auf den ersten Blick kaum eine Rolle, da er entweder als Nachverlassverbindlichkeit oder als Vermächtnis abzugsbefugt ist.[40] Wirtschaftliche Effekte ergeben sich jedoch im Hinblick auf die unterschiedlichen individuellen Steuersätze im Erbschafts- bzw. Einkommensteuerrecht. 33

Ggf. anteilig nicht abzugsfähig sind auch diejenigen Testamentsvollstreckergebühren, die in wirtschaftlichem Zusammenhang mit Vermögensgegenständen stehen, die nicht der Besteuerung unterliegen, also etwa nach § 13a ErbStG befreitem Betriebsvermögen oder nach § 13c ErbStG befreitem Wohneigentum. 34

Für die Kosten nach § 10 Abs. 5 Nr. 3 ErbStG, die jedoch auch die Kosten der Bestattung des Erblassers, die Kosten für ein angemessenes Grabdenkmal sowie die Kosten für die übliche Grabpflege mit ihrem Kapitalwert für eine unbestimmte Dauer umfassen, kann insgesamt ein Pauschbetrag von 10.300 EUR ohne Nachweis abgezogen werden. Wird der Pauschbetrag geltend gemacht, können einzelne Kosten daneben nicht mehr berücksichtigt werden. Sofern höhere Nach-

---

39 RFH III e 33/37, RStBl. 1938, 517; Hessisches FG, 10 K 221/85, EFG 1991, 332.
40 Bengel/Reimann/*Piltz*, VIII Rn 170; *Siebert*, ZEV 2010, 121.

lassverbindlichkeiten der genannten Art angefallen sind, sind sie daher im Einzelnen nachzuweisen. Der Pauschbetrag kann allerdings in Fällen von Vorteil sein, in denen erhebliche Teile des zum Nachlass gehörenden Vermögens nicht der Besteuerung unterliegen; er ist nämlich – anders als einzeln nachgewiesene Nachlassverbindlichkeiten – in diesen Fällen nicht zu kürzen.[41]

35 Erstellt der Testamentsvollstrecker die Erbschaftsteuererklärung und verlangt hierfür ein Honorar, so war lange Zeit strittig, ob diese Kosten erbschaftsteuerlich als unmittelbar mit der Nachlassregelung verbundene Aufwendungen als Nachlassverbindlichkeit abzugsfähig sind. Die Frage ist höchstrichterlich nach wie vor ungeklärt.[42] Die Finanzverwaltung vertritt jedoch eine großzügige Haltung und sieht die Steuerberatungsgebühren für die von den Erben in Auftrag gegebene Erstellung der Erbschaftsteuererklärung oder der Erklärung zur gesonderten Feststellung nach § 157 i.v.m. § 151 BewG als unmittelbar durch den Erbfall verursachte und den Erben unabhängig von der späteren Verwaltung und Verwertung des Nachlasses treffende öffentlich-rechtliche Verpflichtung an und lässt den Abzug der Kosten zu. Auch die Kosten eines Gutachtens für die Ermittlung der Werte des Grundbesitzes oder des Betriebsvermögens sind abzugsfähig, soweit diese für die Auseinandersetzung einer Erbengemeinschaft oder im Zusammenhang mit der Verpflichtung zur Abgabe einer Feststellungserklärung anfallen. Eine Kürzung im Hinblick auf steuerbefreites Vermögen im Nachlass braucht nicht zu erfolgen.[43]

36 Nicht als Nachlassverbindlichkeiten abzugsfähig sind hingegen Steuerberatungs- oder Rechtsberatungskosten sowie Gutachtenskosten, die in einem sich an die Steuerfestsetzung oder Wertfestsetzung anschließenden Rechtsbehelfs- oder Klageverfahren anfallen;[44] Gleiches gilt für andere Verfahren, in denen eine Änderung der Steuerfestsetzung oder Wertfestsetzung beantragt wird.[45] Hier wird auch wegen der möglichen Verfahrensdauern sowie dem Zusammenhang mit der möglichen Reduzierung der nicht abzugsfähigen Erbschaftsteuer kein unmittelbarer Zusammenhang mit der Nachlassregelung gesehen.[46] Diese Grenzziehung zwischen Veranlagungsverfahren einerseits und Einspruchs- bzw. Klageverfahren andererseits ist kaum nachvollziehbar.[47]

---

41 R 10.9 ErbStR.
42 Offen gelassen zuletzt BFH, II R 29/06, BStBl II 2007, 722; vgl. aber BFH, II 155/59 U, BStBl III 1961, 102; ablehnend FG Köln, 9 K 5033/89, EFG1991, 198; FG München, 4 K 1888/89, UVR 1991, 215; zustimmend FG Münster, 9206/Erb, n.v.; OFD Münster, S 3810 – 23 – St 22 – 35.
43 E 10.7 ErbStR.
44 BFH, II R 29/06, BStBl II 2007, 722; BFH, II R 71/06, BStBl II 2008, 874.
45 E 10.7 ErbStR.
46 Troll u.a./*Gebel*, ErbStG, § 10 Rn 220.
47 *Moench*, DStR 1992, 1191; *Kapp/Ebeling*, ErbStG, § 10 Rn 150.

II. Ertragsteuern

Für die Entscheidung der Frage, ob Kosten der Testamentsvollstreckung als Werbungskosten oder Betriebsausgaben abziehbar sind, kommt es darauf an, ob sie der Erwerbung, Sicherung oder Erhaltung von Einnahmen dienen. Ausschlaggebend sind darum die Art und der Zweck der Tätigkeit, die der Testamentsvollstrecker im Einzelfall ausführt.[48]

37

Aufwendungen, die im Zusammenhang mit einem Erbfall und dem hiermit verbundenen Übergang des Vermögens des Erblassers auf den Erben oder die Miterben stehen, gehören grundsätzlich nicht zum betrieblichen Bereich.[49] Auch eine Auseinandersetzung hinsichtlich eines zum Nachlass gehörenden Gewerbebetriebs ist dem außerbetrieblichen Bereich zuzuordnen, sofern die Auseinandersetzung innerhalb einer angemessenen Frist nach dem Erbfall stattfindet; in diesem Fall wird die Auseinandersetzung wirtschaftlich noch als Teil des Erbfalls angesehen. Diese für die Auseinandersetzung eines Gewerbebetriebs entwickelten Grundsätze gelten im Allgemeinen auch, wenn der Erblasser nicht Inhaber eines Gewerbebetriebs, sondern Gesellschafter einer Personengesellschaft war und der Gesellschaftsanteil auf die Miterben übergeht, weil der Gesellschaftsvertrag die Fortführung des Gesellschaftsverhältnisses mit ihnen vorsieht.[50] Gleichermaßen gelten diese Grundsätze im Bereich der Überschusseinkünfte. Gebühren, wie die Abwicklungs-, Konstituierungs- und Auseinandersetzungsgebühr, sind als den Vermögensbereich treffende Aufwendungen daher einkommensteuerlich nicht abzugsfähig.[51]

38

Wenn auch die Einsetzung eines Testamentsvollstreckers stets den Eintritt eines Erbfalls und damit einen privaten Vorgang voraussetzt, so schließt das nicht aus, dass es Testamentsvollstreckerhonorare (oder Teile hiervon) geben kann, die als betrieblich veranlasst anzusehen und deshalb als Werbungskosten oder Betriebsausgaben abziehbar sind. Die Entscheidung, ob Aufwendungen für einen Testamentsvollstrecker abzugsfähige Aufwendungen oder (private) Erbfallkosten sind, richtet sich nach der Art und dem Zweck der Tätigkeit, die der Testamentsvollstrecker im Einzelfall ausführt. Ist die Testamentsvollstreckung auf die Verwaltungs- oder Dauervollstreckung gerichtet, so ist ein Abzug als Werbungskosten oder Betriebsausgaben grundsätzlich möglich.[52]

39

Verwaltet der Testamentsvollstrecker etwa ein zu einem Nachlass gehörendes Handelsgeschäft oder einen zum Nachlass gehörenden Anteil an einer Personengesellschaft, so kann die hierfür gezahlte Vergütung ebenso als Betriebsausgabe abziehbar sein, wie das Honorar für einen vertraglich bestellten Treuhänder oder

40

---

48 BFH, VIII R 47/77, BStBl II 1980, 351.
49 BFH, IV R 115/75, BStBl II 1977, 209.
50 BFH, I R 146/73, BStBl II 1976, 191.
51 FG Köln, 6 K 4501/96, EFG 1998, 752.
52 BFH, I R 146/73, BStBl II 1976, 191.

Geschäftsführer. Liegt die Veräußerung des Geschäfts- bzw. des Gesellschaftsanteils im Rahmen einer ordnungsmäßigen Verwaltung, so können auch die im Zusammenhang mit der Veräußerung entstandenen Testamentsvollstreckerkosten abzugsfähig sein.[53] Zwar mag die letzte Ursache der Verwaltertätigkeit ebenfalls privater Natur sein; denn auch die Verwaltertätigkeit wäre nicht denkbar ohne den dem privaten Bereich zuzuordnenden Erbfall und die Einsetzung des Testamentsvollstreckers. Diese private Ursache tritt jedoch in den Hintergrund, wenn die Aufgabe, die der Testamentsvollstrecker als Verwalter eines Handelsgeschäftes oder eines Anteils an einer Personengesellschaft ausübt, in einem engen wirtschaftlichen Zusammenhang mit dem jeweiligen Betrieb steht. Es ist dabei gleichgültig, ob der Testamentsvollstrecker im eigenen Namen und unter eigener persönlicher Haftung für den Erben als Treuhänder oder im Namen des Erben und unter dessen persönlicher Haftung als Bevollmächtigter tätig wird; in jedem Fall nimmt er wirtschaftlich eine dem vertraglich bestellten Treuhänder oder Geschäftsführer vergleichbare Rolle ein. Es liegt deshalb nahe, die hieraus erwachsenden Kosten ebenso zu behandeln, wie die Vergütung für einen Treuhänder oder Geschäftsführer. Die an diese Personen geleisteten Honorare können abzugsfähige Betriebsausgaben sein.[54] So ist eine den Abzug rechtfertigende betriebliche Veranlassung insbesondere anzunehmen bei Tätigkeiten wie Unternehmensleitung, Buchführung, Steuerberatung und Prozessführung für den Betrieb und dergleichen.[55] Eine betriebliche Veranlassung kann auch dann gegeben sein, wenn der Gesellschafter einer Personengesellschaft jemanden zur Verwaltung seines Gesellschaftsanteils bestellt;[56] die insoweit entstandenen Kosten können somit ebenfalls Betriebsausgaben sein. Daraus folgt, dass auch diejenigen Kosten abziehbar sein können, mit denen eine hiermit vergleichbare Tätigkeit eines Testamentsvollstreckers abgegolten werden soll.[57]

41 Ertragsteuerlich muss daher hinsichtlich der Kosten der Testamentsvollstreckung stets differenziert werden, ob sie zum Vermögensbereich oder zum Verwaltungsbereich zählen. Ggf. ist eine Aufteilung im Schätzwege geboten; § 12 EStG gilt insoweit nicht.[58]

Auch die auf die Verwaltungs- und Dauervollstreckung entfallenden Gebühren der Testamentsvollstreckung sind nur einkommensteuerlich abzugsfähig, insoweit Einkunftserzielungsvermögen betroffen ist und dem Abzug zudem kein konkretes Abzugsverbot entgegensteht.

---

53 BFH, VI R 36/73, BStBl II 1978, 499.
54 RFH VI A 753/33, RStBl. 1933, 991.
55 Herrmann/Heuer/Raupach/*Stapperfend*, EStG, § 4 Anm. 863.
56 RFH, VI A 237/32, RStBl. 1934, 250; RFH, VI A 417/35, RStBl. 1935, 1447.
57 BFH, VI R 36/73, BStBl II 1978, 499.
58 Schmidt/*Loschelder*, EStG, § 9 Rn 27.

Unterliegen also Vermögenswerte der Vollstreckung, die der einkommensteuerlich irrelevanten Sphäre zuzurechnen sind, also Privatgegenstände oder Liebhabereivermögen, so ist dieser Gebührenanteil steuerlich ebenfalls auszuscheiden. Innerhalb des Einkunftserzielungsvermögens besteht insbesondere für Kapitalvermögen nach § 20 Abs. 9 EStG ein Verbot des Abzugs der tatsächlichen Werbungskosten im Rahmen der Abgeltungsteuer; dies gilt auch im Rahmen einer Günstigerprüfung nach § 32 Abs. 6 EStG.

42

Die mit dem Erbfall entstehenden Steuerberatungskosten für die Erstellung der Erbschaftsteuer- oder Festsetzungserklärungen durch den Testamentsvollstrecker sind seit dem Veranlagungszeitraum 2006 nicht mehr[59] als Sonderausgaben, sondern allenfalls noch als Werbungskosten oder Betriebsausgaben abzugsfähig. Nach Auffassung der Finanzverwaltung rechnen die Steuerberatungskosten, die die Erbschaft- oder Schenkungsteuer betreffen, jedoch zu den der Privatsphäre zuzurechnenden Aufwendungen i.S.v. § 12 EStG, so dass ein Abzug gänzlich ausscheidet;[60] dem ist zuzustimmen, da Erbfall und Erbauseinandersetzung einkommensteuerlich irrelevante Vorgänge sind und damit keiner Einkunftsart zugeordnet werden können.

43

Ein Abzug von Testamentsvollstreckerkosten als außergewöhnliche Belastung nach § 33 EStG scheidet aus, soweit der Nachlass zur Deckung der Aufwendungen ausreicht.[61]

III. Vorsteuerabzug

Die Erben oder Vermächtnisnehmer können die ihnen vom Testamentsvollstrecker in Rechnung gestellte Umsatzsteuer dann als Vorsteuer abziehen, wenn sie selbst als Unternehmer im Sinne des § 2 UStG anzusehen sind und kein Vorsteuerausschluss nach § 15 Abs. 2 UStG vorliegt. Dies ist regelmäßig dann der Fall, wenn die entsprechenden Aufwendungen für die Verwaltung durch den Testamentsvollstrecker auch einkommensteuerlich als Betriebsausgaben oder Werbungskosten abzugsfähig sind, etwa wenn der Testamentsvollstrecker ein Einzelunternehmen in Vollmachtslösung fortführt oder Immobilien mit Umsatzsteuerausweis vermietet.[62] Da die umsatzsteuerlichen Leistungen für Abzugsumsätze verwandt werden müssen, kommen also die Verwaltungsgebühr- und ggf. die Auseinandersetzungsgebühr, nicht hingegen die Konstituierungs- und Abwicklungsgebühr für einen Vorsteuerabzug in Betracht.[63]

44

---

59 Bisher § 10 Abs. 1 Nr. 6 EStG; BFH, X R 29/08, BFH/NV 2010, 848.
60 BMF, IV B 2 – S-2144 / 07 / 0002, BStBl I 2008, 256, Tz. 5.
61 Herrmann/Heuer/Raupach/*Kanzler*, EStG, § 33 EStG, Anm. 300 „Nachlassverbindlichkeit".
62 Bengel/Reimann/*Piltz*, VIII Rn 189.
63 *Wälzholz/Vassel-Knauf*, in: Mayer/Bonefeld, Testamentsvollstreckung, § 45 Rn 61.

§ 9 Oft gestellte Fragen aus der Testamentsvollstreckerpraxis

1. Kann ein Erblasser die Vergütung vorab mit dem Testamentsvollstrecker vereinbaren?

(Bearbeitet von RA Norbert Schönleber, Köln) 1

Auch bei der Testamentsvollstreckung musste sich der Gesetzgeber überlegen, welche Vergütung geschuldet sein soll, wenn die Beteiligten dies nicht regeln und also eine gesetzliche Regelung eingreifen muss.

Beim Kaufvertrag ist der Gesetzgeber richtigerweise davon ausgegangen, dass die Vertragsparteien diesen Punkt stets bedenken und von sich aus festlegen. Beim Werkvertrag ging er davon aus, dass dieser Punkt des Öfteren bei den Vertragsverhandlungen offen bleibt und hat daher im Fall der fehlenden Regelung in § 632 Abs. 2 BGB die übliche Vergütung als Entlohnung angesetzt.

Bei der Testamentsvollstreckung geht der Gesetzgeber in § 2221 BGB eingangs davon aus, dass eine angemessene Vergütung zu leisten ist. In seinem liberalen Verständnis von frei handelnden Rechtssubjekten, die im Rahmen der Privatautonomie ihre Dinge nach Möglichkeit selber regeln, hat er allerdings nachfolgend auch aufgezeigt, dass eigentlich der Wille des Erblassers maßgeblich sein soll („..., *sofern nicht der Erblasser ein anderes bestimmt hat."*, vgl. § 2221 BGB, 2. Halbsatz).

Dieser wichtige Gesichtspunkt kann nicht genug betont werden. Es lässt sich lange und sehr tiefgehend darüber streiten, was im Einzelfall eine angemessene Vergütung darstellt. Wirtschaftliche, philosophische und auch politische Überlegungen fließen hier ein und stehen je nach Betrachtungswinkel im Widerspruch miteinander.

Maßgeblich sollte aber nach Möglichkeit allein der Erblasserwille sein. Es ist letztlich sein Vermögen, aus dem die Testamentsvollstreckervergütung hervorgeht. Er bestimmt, wen er zum Erben einsetzt und wen nicht, ob Testamentsvollstreckung angeordnet wird oder nicht, welche Aufgaben der Testamentsvollstrecker übernimmt und welche nicht.

Von daher kann jedem, der an der Anordnung einer Testamentsvollstreckung gestaltend mitwirkt, nur empfohlen werden, dem Erblasser nahezulegen, dass er eine aus seiner Sicht zutreffende Regelung der Vergütungsfragen trifft. Dabei sollte aber dem Erblasser der voraussichtliche Arbeitsumfang und die Bedeutung der Stellung vor Augen geführt werden. Fehlvorstellungen nach unten, aber ggf. auch nach oben sollten so maßvoll korrigiert werden. Dies ist sicherlich nicht leicht und kann auch nicht immer gelingen, ist aber der Mühe wert.

§ 2221 BGB macht deutlich, dass der Erblasserwille Vorrang hat und er allein bestimmt, wie die geschuldete Vergütung auszusehen hat. Ihm steht es sogar frei, eine nicht angemessene Vergütung vorzusehen. Hiervon ist aber im Regelfall abzuraten, weil bei einer unangemessen niedrigen Vergütung der vorgesehene Testamentsvollstrecker das Amt wahrscheinlich nicht wahrnehmen wird und eine unangemessen hohe Vergütung regelmäßig die Streitlust der Erben stark fördert.

Zur Klarstellung sei jedoch abschließend darauf hingewiesen, dass der Erblasser zwar zur Festlegung einer bestimmten Vergütung angeregt werden kann. Es kann aber nicht verhindert werden, dass der Erblasser dies im Nachhinein durch eine neue letztwillige Verfügung abändert.

§ 1937 BGB sichert die Testierfreiheit. Verbindliche Festlegungen außerhalb der letztwilligen Verfügung können zu Lebzeiten nicht erfolgen. Selbst durch einen Erbvertrag kann die Testamentsvollstreckerbestellung sowie die Vergütung nicht bindend fixiert werden. Nach § 2278 Abs. 2 BGB entfalten nur die Erbeinsetzung, das Vermächtnis und die Auflage eine erbvertragliche Bindung.

2. Darf, soll oder muss der Testamentsvollstrecker eine Vermögensschadenhaftpflichtversicherung abschließen?

(Bearbeitet von RA Matthias Pruns, Bonn)

Eine allgemeine Pflicht des Testamentsvollstreckers zum Abschluss einer Vermögensschadenhaftpflichtversicherung kennt das Recht der Testamentsvollstreckung in Deutschland nicht. Da der Testamentsvollstrecker *„dem Erben und ... dem Vermächtnisnehmer"* zum Ersatz eines durch eine Verletzung seiner Testamentsvollstreckerpflichten entstandenen Schadens verpflichtet ist (vgl. § 2219 Abs. 1 BGB), ist der Abschluss einer solchen Versicherung aber dringend anzuraten. Dabei ist darauf zu achten, dass der Umfang des Versicherungsschutzes im Einzelfall ausreicht und auch alle in betracht kommenden Tätigkeiten des Testamentsvollstreckers bei der speziellen Testamentsvollstreckung abdeckt. So kann etwa die unternehmensbezogene Tätigkeit bei einer Vermögensschadenhaftpflichtversicherung ausgeschlossen sein.

In den Berufshaftpflichtversicherungen der Steuerberater, Wirtschaftsprüfer, Rechtsanwälte und Notare ist das Risiko der Tätigkeit als Testamentsvollstrecker – jedenfalls derzeit noch – mit eingeschlossen. Vorsicht ist dennoch insbesondere für Steuerberater geboten, weil die Berufshaftpflichtversicherung der Steuerberater keine Deckung für Testamentsvollstreckungen übernimmt, wenn die Testamentsvollstreckung die überwiegende Tätigkeit des Steuerberaters darstellt.

Wie bei allen Versicherungen darf der Abschluss allein nicht zur Unvorsichtigkeit verleiten. Denn verschiedene Haftungssituationen sind hierdurch nicht versichert. So dürfte eine Haftung für Steueransprüche gem. § 69 AO bei sämtlichen Versicherungsformen ausgeschlossen sein.

3. Kann der Testamentsvollstrecker die Kosten einer Vermögensschadenhaftpflichtversicherung abrechnen?

(Bearbeitet von RA Matthias Pruns, Bonn)

Es ist umstritten,[1] ob die Versicherungsprämien einer Vermögensschadenhaftpflichtversicherung Aufwendungen darstellen, die mit der Testamentsvollstreckervergütung abgedeckt sind oder ob es sich um Auslagen handelt, die nach §§ 2218, 670 BGB zusätzlich aus dem Nachlass entnommen werden können.[2]

Richtigerweise ist u.E. zu differenzieren:[3]

– Besteht für den Testamentsvollstrecker das Erfordernis einer Haftpflichtversicherung, um seinen Beruf überhaupt ausüben zu dürfen, gilt: Der sich durch die Einsetzung des Berufsträgers als Testamentsvollstrecker dokumentierte Wille des Erblassers wird regelmäßig dahingehend zu verstehen sein, dass er bis zur Höhe der von dem Berufsträger typischerweise unterhaltenen Deckungssumme die Aufwendungen für die Haftpflichtversicherung nicht dem Auslagenersatzanspruch zugerechnet wissen will. Im Übrigen würde eine Abgrenzung von den allgemeinen Bürokosten auch an der praktischen Schwierigkeit einer Aufteilung scheitern.

– Wird hingegen, was insbesondere bei besonders werthaltigen oder risikoreichen Testamentsvollstreckungen dringend anzuraten ist, eine auf diese Vollstreckung beschränkte Zusatzversicherung (sog. Excedentenversicherung) abgeschlossen, wird von einem entsprechenden Auslagenerstattungsanspruch des Testamentsvollstreckers auszugehen sein.

4. Können Testamentsvollstrecker mit besonderen Qualifikationen (z.B. einer Zertifizierung) ein höheres Honorar verlangen?

(Bearbeitet von RA Matthias Pruns, Bonn)

Ob Testamentsvollstrecker mit besonderen Qualifikationen (z.B. einer Zertifizierung) ein höheres Honorar verlangen können, ist eine Frage des Einzelfalls.[4]

Hat der Erblasser in seinem Testament bereits eine Vergütung für den von ihm bestimmten Testamentsvollstrecker festgelegt, so ist davon auszugehen, dass sowohl die Auswahl des Testamentsvollstreckers als auch die bestimmte Vergütung die ggf. vorhandenen besonderen Qualifikationen berücksichtigt. Ein vom Erblasserwillen abweichendes höheres Honorar ist dann nicht gerechtfertigt.

---

1 S. Staudinger/*Reimann* (2012), § 2219 Rn 35, m.w.N.
2 So *Birk*, Vergütung und Aufwendungsersatz des Testamentsvollstreckers, jur. Diss., Konstanz 2002, S. 150.
3 Ausführlich dazu in diesem Buch § 1 Rn 82 ff.
4 Ausführlich dazu in diesem Buch § 2 Rn 20 f.

Bei einer sich an der Neuen Rheinischen Tabelle orientierenden Vergütung ist zu berücksichtigen, dass diese noch davon ausgehen, die Testamentsvollstreckung werde im Wesentlichen durch Notare und Rechtsanwälte erbracht. An diesen Berufsgruppen orientiert sich folglich der Vergütungsansatz.

Für die frühere Rheinische Tabelle hat das Oberlandesgericht Köln es als einen Reduzierungsgrund angesehen, wenn der Testamentsvollstrecker nicht zu einer derart qualifizierten Berufsgruppe gehört (OLG Köln, Urt. v. 5.7.1994 – 22 U 15/94, NJW-RR 1995, 202, Leitsatz 3: *„Die Vergütungshöhe bestimmt sich bei einem Testamentsvollstrecker, der weder Anwalt noch Notar ist, nicht ohne weiteres nach Vergütungsrichtlinien"*).

Im Zeitalter der geschäftsmäßigen Testamentsvollstreckung durch jedermann wird dieser Gedanke fortentwickelt werden müssen. Neben der Berufsgruppe der Notare und Rechtsanwälte werden auch Steuerberater und Wirtschaftsprüfer, darüber hinaus aber sicherlich auch qualifizierte Banker, insbesondere aus dem Nachlass- und Stiftungsmanagement, durch die Tabelle unmittelbar angesprochen werden. Es kann aber auch nicht unberücksichtigt bleiben, dass sich Angehörige aus diesen Berufsgruppen wiederum in besonderem Maße dem Gedanken der Verantwortungsvollstreckung verpflichtet fühlen und daher einen hohen Weiterbildungsaufwand betreiben, Vermögensschadenhaftpflichtversicherungen vorhalten und sich als Testamentsvollstrecker oder Fachberater zertifizieren lassen. Der erforderliche Blick auf den konkreten Einzelfall führt deshalb dazu, neben Abschlägen für weniger qualifizierte Testamentsvollstrecker Zuschläge für höher qualifizierte Testamentsvollstrecker zuzulassen.

Nach der Lebenserfahrung kann davon ausgegangen werden, dass mit steigendem Grad an Qualifizierung und Spezialisierung auch das von der Rechtsprechung aufgestellte Kriterium der sich im Einzelfall im Erfolg der Testamentsvollstreckung auswirkenden Geschicklichkeit signifikant häufiger erreicht werden wird. Diese Erkenntnis rechtfertigt es, einen entsprechenden Spezialistenzuschlag als zusätzliches Kriterium in die Tabelle aufzunehmen. Ein Zuschlag von 15 % auf die sich im konkreten Fall ergebende Gesamtvergütung des Testamentsvollstreckers erscheint angemessen. Für Testamentsvollstrecker unterhalb der Eingangsqualifikation sollte der Abschlag bis zu 50 % betragen.

5. Wie berechnet sich die Testamentsvollstreckervergütung nach den Notartabellen? Insbesondere: Wie sind „Stufensprünge" beim Nachlasswert zu berücksichtigen (Differenzmethode; Stufenmethode, ...)?

5 *(Bearbeitet von RA Matthias Pruns, Bonn)*

Die Notartabellen (Rheinische Tabelle und Neue Rheinische Tabelle) arbeiten bei der Ermittlung des Vergütungsgrundbetrags mit Stufen, und zwar dergestalt, dass der Testamentsvollstrecker einen gewissen Prozentsatz des Nachlasswertes als Vergütungsgrundbetrag erhält, der Prozentsatz aber von dem Wert des Nachlasses abhängig ist.

Nach der älteren Rheinischen Tabelle beträgt der Vergütungsgrundbetrag 4 % des Nachlasswertes, soweit dieser 10.225,84 EUR (20.000 DM) nicht übersteigt. Ist der Wert des Nachlasses höher, so beträgt der Vergütungsgrundbetrag 3 % für den **Mehrbetrag** bis zu 51.129,19 EUR. Der Vergütungsgrundbetrag errechnet sich also bei beispielsweise bei einem Nachlasswert von 50.000 EUR als **Summe** von 4 % aus 10.225,84 EUR (das sind rund 409,03 EUR) und 3 % aus EUR 39.774,16 (das sind rund 1.193,22 EUR), insgesamt also rund 1.602,25 EUR. Die weiteren Stufen sind 2 % aus dem Mehrbetrag bis zu 511.291,88 EUR (1 Mio. DM) und 1 % aus dem darüber hinausgehenden Betrag.

Die Neue Rheinische Tabelle kennt fünf Stufen, nämlich 4 % bis 250.000 EUR, 3 % bis 500.000 EUR, 2,5 % bis 2.500.000 EUR, 2 % bis 5.000.000 EUR und 1,5 % über 5.000.000 EUR. Ein wichtiger Unterschied der Neuen Rheinischen Tabelle zu der Rheinischen Tabelle aus dem Jahr 1935 besteht darin, dass der Vergütungsgrundbetrag aus dem Gesamtnachlasswert berechnet wird und nicht als Summe des Betrags verschiedener Stufen. Bei einem Nachlasswert in Höhe von 450.000 EUR erhält der Testamentsvollstrecker also einen Vergütungsgrundbetrag in Höhe von 3 % aus 450.000 EUR, das sind 13.500 EUR. Stufensprünge werden dadurch aufgefangen, dass mindestens immer der Betrag der Vorstufe zu zahlen ist. Beträgt der Nachlasswert also 300.000 EUR, so beträgt der Vergütungsgrundbetrag nicht etwa 3 % aus 300.000 EUR, also 9.000 EUR, sondern 10.000 EUR, da der höchste Vergütungsgrundbetrag der Vorstufe 4 % aus 250.000 EUR, also 10.000 EUR beträgt.[5]

6. Wer schuldet die Testamentsvollstreckervergütung?

(Bearbeitet von RA Matthias Pruns, Bonn)

Die gesetzliche Regelung in § 2221 BGB enthält keinen Hinweis darauf, wer die Kosten der Testamentsvollstreckung zu tragen hat. Aus dem Umstand, dass es sich beim Vergütungsanspruch um eine gemeinschaftliche Nachlassverbindlichkeit gem. §§ 2046 Abs. 1, 2058 BGB handelt, folgt, dass im Außenverhältnis dem Testamentsvollstrecker gegenüber die Erben als Gesamtschuldner zur Zahlung verpflichtet sind. Der Testamentsvollstrecker sieht sich hier in der komfortablen Situation, dass er von jedem Miterben wahlweise den vollen oder einen anteiligen Betrag verlangen kann.[6] Die Frage, wer innerhalb der Erbengemeinschaft, also im Innenverhältnis der Erben untereinander, die Vergütung schlussendlich zu zahlen hat, ist kein Problem des Testamentsvollstreckers, sondern der Erben.

---

5 Siehe *Deutscher Notarverein*, http://www.dnotv.de/_files/Dokumente/Testamentsvollstrecker/TV-Verguetungsempfehlungen-notar.pdf (siehe dort das Berechnungsbeispiel auf S. 3); siehe ferner in diesem Buch *Reimann*, § 3 Rn 20.
6 BGH NJW 1997, 1362; ZEV 2005,22.

Grundsätzlich klärt zunächst der Erblasser in seiner letztwilligen Verfügung auch diese Frage. Unterlässt er, wie so häufig, eine entsprechende Regelung, richtet sich die Frage nach der Kostentragung in erster Linie danach, wem die Testamentsvollstreckung zugute kommt, was ggf. im Wege der Auslegung der letztwilligen Verfügung zu klären ist.[7]

In Betracht kommen der gesamte Nachlass als solcher oder einzelne am Nachlass beteiligte Personen. Ist die Testamentsvollstreckung bspw. auf die Verschaffung eines Vermächtnisses gerichtet (Vermächtnisvollstreckung, § 2223 BGB), liegt sie primär im Interesse des Vermächtnisnehmers, so dass dieser auch Schuldner der Testamentsvollstreckervergütung ist.[8]

Anders kann es aussehen, wenn die Auseinandersetzung des Nachlasses bis zur Volljährigkeit eines minderjährigen Erben ausgeschlossen ist. Dann sind alle Erben Schuldner der Vergütung, weil der Erblasser trotz des Einzelinteresses des Minderjährigen den gesamten Nachlass als Adressat der Testamentsvollstreckung sieht.

Bei einer Erbteilsvollstreckung ist die Testamentsvollstreckervergütung, solange der Nachlass noch nicht geteilt ist, Nachlassverbindlichkeit und damit zunächst von allen Erben zu leisten. Nach Teilung des Nachlasses und Fortsetzung der Testamentsvollstreckung schuldet sie nur der einzelne Erbe, an dessen Erbteil die Testamentsvollstreckung besteht.[9]

7. Ist eine Testamentsvollstreckervergütung nach Einsatz und Zeitaufwand möglich?

(Bearbeitet von RA Matthias Pruns, Bonn)

Die Vergütung nach Zeithonorar[10] ist ein aus mehreren Gründen empfehlenswerter Ansatz für die Vergütung des Testamentsvollstreckers. Eine stundenbezogene Abrechnung hat auch etwas mit Seriosität zu tun, da sie einen möglichst genauen Nachweis des erbrachten Aufwands erfordert.

Um Ungerechtigkeiten bei der Vergütung erfahrener Nachfolgeplaner zu vermeiden, die im Vergleich zu weniger erfahrenen Gestaltern weniger Zeit benötigen, sind entweder höhere Stundensätze erforderlich oder die Vereinbarung eines Grundhonorars zusätzlich zur Zeitvergütung („Spezialistenzuschlag").

Für Notare gelten diese Gestaltungsempfehlungen nicht. Sie sind an ihre Gebührenordnung gebunden. Im Vergleich zur Anwaltschaft liegen die gesetzlichen Gebühren der Notare insbesondere bei niedrigeren Vermögenswerten noch unter den gesetzlichen Gebühren der Rechtsanwälte.

---

7 *Eckelskemper*, in: Bengel/Reimann, Handbuch der Testamentsvollstreckung, X Rn 82.
8 Palandt/*Weidlich*, § 2221 Rn 12.
9 Palandt/*Weidlich*, § 2221 Rn 12.
10 Ausführlich dazu in diesem Buch in § 7.

8. Ist eine Abrechnung für den Einsatz von Hilfskräften und (anderen) Fachleuten zulässig?

(Bearbeitet von RA Matthias Pruns, Bonn)

Die Zulässigkeit der Abrechnung der Kosten für den Einsatz von Hilfskräften und besonderen Fachleuten (z.b. Rechtsanwälten, Gutachter etc.) richtet sich danach, ob die Beauftragung für eine ordnungsgemäße Amtsführung des Testamentsvollstreckeramtes geboten war. Solche Kosten sind dann Auslagen, die der Testamentsvollstrecker ggf., also im Falle einer im Rahmen der ordnungsgemäßen Amtsführung erfolgten Beauftragung, gem. §§ 2218, 670 BGB erstattet verlangen darf.

Ob die Beauftragung einer Hilfskraft sich noch im Rahmen einer ordnungsgemäßen Amtsführung bewegt, ist Frage des Einzelfalls. Nicht ordnungsgemäß wäre z.b. die Beauftragung eines Rechtsanwalts mit der Führung eines von vornherein aussichtslosen Prozesses, nur um dem Rechtsanwalt einen Gebührenanspruch zu verschaffen.

9. Wer trägt die Kosten, die entstanden sind, weil ein Testamentsvollstrecker einen Prozess verloren hat, den er für den Nachlass geführt hat?

(Bearbeitet von RA Matthias Pruns, Bonn)

Auch hier handelt es sich erkennbar um eine Frage des Einzelfalls: Erforderliche Prozesse sind zu führen, erkennbar überflüssige hingegen zu unterlassen.[11] Zwischen diesen beiden Extremen besteht ein weites Feld möglicher Sachverhaltskonstellation.

Grundsätzlich sind die durch die Prozessführung entstandenen Kosten ersatzfähige Auslagen, und zwar auch dann, wenn der Prozess verloren geht.[12] Letztlich ist die Frage entscheidend, ob der Testamentsvollstrecker bei Anwendung der im Verkehr erforderlichen Sorgfalt davon ausgehen durfte, dass der Prozess notwendig war und eine realistische Chance für das Obsiegen in dem Prozess bestand.

Hierbei wird man auch auf die verschiedenen Phasen eines Gerichtsverfahrens abstellen müssen: Stellt sich im Laufe des Verfahrens heraus, dass ein zunächst aussichtsreicher Prozess nicht mehr gewonnen werden kann, muss der Testamentsvollstrecker die Kosten mit den zur Verfügung stehenden prozessualen Mitteln minimieren.

Hat der Testamentsvollstrecker die Kosten für einen nicht gerechtfertigten Prozess bereits dem Nachlass entnommen, so ist er gem. § 2219 BGB zur Rückzahlung verpflichtet.

---

11 Siehe etwa: *Winkler,* Der Testamentsvollstrecker, 20. Aufl. 2010, Rn 559; BGH WM 1967, 25; OLG Karlsruhe NJW-RR 2005, 452.
12 Staudinger/*Reimann,* § 2218 Rn 31 m.w.N.

10. Wann darf der Testamentsvollstrecker frühestens etwas aus dem Nachlass für die Vergütung entnehmen?

(Bearbeitet von RA Matthias Pruns, Bonn)

Grundsätzlich gilt, dass der Testamentsvollstrecker, wenn der Erblasser nichts anderes bestimmt hat, erst nach dem Abschluss seiner Tätigkeit sein Honorar und Ersatz von Aufwendung aus dem Nachlass entnehmen darf. Insbesondere ein Recht auf Vorschuss existiert nicht.[13]

Allerdings kann der Testamentsvollstrecker aufgrund seines Entnahmerechts nach § 2205 BGB Beträge aus dem Nachlass entnehmen. Da er seine Vergütung aber nicht selbst bestimmen darf, trägt er bei einer solchen Entnahme das Risiko, dass der entnommene Betrag zu hoch ist. Insbesondere kann die Entnahme einer unangemessen hohen Vergütung ein Entlassungsgrund nach § 2227 BGB sein.[14]

Bei längerer Tätigkeit des Testamentsvollstreckers kann es im Einzelfall gerechtfertigt sein, die Vergütung in regelmäßigen Zeitabschnitten fällig werden zu lassen, etwa bei einer Dauertestamentsvollstreckung jährlich im Zusammenhang mit der Rechnungslegung (vgl. § 2218 Abs. 2 BGB).

Nach den Empfehlungen des Deutschen Notarvereins darf der Testamentsvollstrecker nach der Konstituierung des Nachlasses eine Hälfte seiner Vergütung fällig stellen und die andere Hälfte mit Abschluss seiner Tätigkeit.[15]

Da diese Regelungen für geschäftsmäßige Testamentsvollstrecker, die einen Bürobetrieb unterhalten, der auf laufende monatliche Einnahmen angewiesen ist, oftmals nicht gerecht werden, empfiehlt sich eine ausdrückliche Regelung zur Entnahmemöglichkeit in der letztwilligen Verfügung.[16]

11. Wie wird die Testamentsvollstreckung beendet und gibt es eine „Schlussrechnung"?

(Bearbeitet von RA Matthias Pruns, Bonn)

Die Testamentsvollstreckung kann auf verschiedene Arten beendet werden. Als Gründe kommen insbesondere in Betracht die Erledigung aller Aufgaben des Testamentsvollstreckers oder die Erreichung des Endtermins sowie der Eintritt einer vom Erblasser bestimmten auflösenden Bedingung. Daneben kommen als praktisch wichtige Beendigungsgründe in Betracht der Tod des Testamentsvollstreckers, seine Kündigung gegenüber dem Nachlassgericht oder seine Entlassung. In letzteren Fällen ist allerdings durch Auslegung der letztwilligen Verfü-

---

13 Palandt/*Weidlich*, § 2221 Rn 13.
14 OLG Köln NJW-RR 1987, 1097.
15 DNotV-Empfehlungen Abschnitt I letzter Absatz.
16 Siehe auch im Einzelnen in diesem Buch § 5 Rn 3.

gung zu klären, ob die Testamentsvollstreckung insgesamt beendet ist oder nur das Amt des konkreten Testamentsvollstreckers, so dass eine Ersatzbestimmung durch das Nachlassgericht in Betracht kommen kann.[17]

Der Testamentsvollstrecker hat spätestens nach Beendigung seines Amtes dem Erben Rechenschaft abzulegen. Zur Rechenschaft ist der Testamentsvollstrecker ggf. auch schon dann verpflichtet, wenn er seine wesentlichen Aufgaben oder bestimmte abtrennbare Teile seines Amtes beendet hat.[18]

Wie und in welchem Umfang der Testamentsvollstrecker Rechenschaft abzulegen hat, richtet sich nach den Umständen des Einzelfalls und ist insbesondere von der Zusammensetzung des Nachlasses (ein Bankkonto oder umfangreiche Unternehmensbeteiligungen) und den Informationsinteressen des Erben abhängig.

Entbehrlich ist eine Schlussabrechnung, wenn der Testamentsvollstrecker bereits während seiner Tätigkeit ständig umfassend Auskunft gegeben hat und der Erbe hieraus umfassend über den Verbleib der Nachlassgegenstände und die Herausgabepflicht des Testamentsvollstreckers unterrichtet ist.

12. Erhält der „vermeintliche" Testamentsvollstrecker ein Honorar? Falls ja, in welcher Höhe?

(Bearbeitet von RA Matthias Pruns, Bonn)

Wird ein Testamentsvollstrecker aufgrund eines unwirksamen Testaments tätig oder glaubt er irrig aus welchem Grund auch immer als Testamentsvollstrecker berufen worden zu sein, stellt sich die Frage, ob er für seine Tätigkeiten eine Vergütung verlangen darf.[19]

Nach der Rspr. des BGH kann es darauf ankommen, ob die Erben der Testamentsvollstreckung widersprochen haben oder sie akzeptiert haben. Im erstgenannten Fall soll es bei einem hinsichtlich der Testamentsvollstreckerbestellung auslegungsbedürftigen Testament das Risiko des Testamentsvollstreckers sein, ob er tatsächlich bestellt ist oder nicht und seine Vergütung verlangen kann.[20] Haben die Erben dagegen den Testamentsvollstrecker als solchen akzeptiert, liegt darin der (konkludente) Abschluss eines Geschäftsbesorgungsvertrags zwischen den Erben und dem Testamentsvollstrecker, auf dessen Basis dieser eine Vergütung verlangen kann.[21]

Schließlich soll ein Honoraranspruch oder ein Anspruch auf Aufwendungsersatz auch dann ausgeschlossen sein, wenn dem vermeintlichen Testamentsvollstrecker

---

17 Vgl. instruktiv zu dieser Problematik OLG Düsseldorf, Beschl. v. 22.3.2013, 3 Wx 274/12, ZErb 2013, 127–128.
18 Staudinger/*Reimann* (2012), § 2218 Rn 19 m.w.N.
19 Ausführlich dazu in diesem Buch § 2 Rn 37 ff.
20 BGH NJW 1977, 1726.
21 BGH NJW 1963, 1615.

durch das Nachlassgericht zunächst ein Testamentsvollstreckerzeugnis erteilt wurde. Das für die Auslegung des Testaments zu der Frage, ob die Bestellung des Testamentsvollstreckers wirksam ist, zuständige Prozessgericht, soll insoweit nicht an die Entscheidung des Nachlassgerichts gebunden sein.[22]

13. Wann verjährt der Anspruch auf die Testamentsvollstreckervergütung? Unter welchen Umständen kommt eine Verwirkung des Anspruchs auf die Testamentsvollstreckervergütung in Frage?

13 *(Bearbeitet von RA Norbert Schönleber, Köln)*

Wie jeder schuldrechtliche Anspruch kann auch der Anspruch auf die Testamentsvollstreckervergütung verjähren und es kann diesbezüglich Verwirkung eintreten.

Zu beachten ist dabei, dass sowohl die Verjährung als auch die Verwirkung das Bestehen eines fälligen Anspruchs voraussetzt, wie dies bei der Verjährung bereits aus der Vorschrift des § 199 Abs. 1 S. 1 Ziff. 1 BGB klar hervorgeht.

Hat der Erblasser in seiner letztwilligen Verfügung für die Vergütung eine bestimmte Fälligkeit vorgesehen, ist diese maßgeblich. Falls keine Regelung getroffen wurde, ist die Vergütung erst mit der Beendigung des Amtes fällig. Es müssen die zu erledigenden Pflichten vollständig erfüllt worden sein, insbesondere die Verpflichtung zur vollständigen Rechnungslegung. Erst dann tritt Fälligkeit ein.

Bei einer Dauertestamentsvollstreckung oder einer Verwaltungsvollstreckung wird davon ausgegangen, dass die diesbezügliche Vergütung in wiederkehrenden Zeitabschnitten fällig ist. Auf Grund der Regelung des § 2218 Abs. 2 BGB mit der dort enthaltenen Verpflichtung zur jährlichen Rechnungslegung wird von einer jährlichen Fälligkeit nach Jahresablauf ausgegangen, wobei die Verpflichtung zur Rechnungslegung vorab erfüllt sein muss.

Nach der früheren Gesetzeslage verjährte der Anspruch auf die Testamentsvollstreckervergütung als erbrechtlicher Anspruch nach der Vorschrift des § 197 Abs. 1 Nr. 2 BGB a.F. erst in 30 Jahren nach Eintritt der Fälligkeit. Durch das Gesetz zur Änderung des Erb- und Verjährungsrechts, das zum 1.1.2010 in Kraft getreten ist, hat sich diese Verjährungsfrist radikal verkürzt. Seit dem 1.1.2010 beträgt die Frist nur noch drei Jahre ab Entstehung des Anspruchs und Kenntnis oder grob fahrlässiger Unkenntnis des Gläubigers von den den Anspruch begründenden Umständen und der Person des Schuldners, also der Person des Testamentsvollstreckers. Berechnet wird die Frist ab dem Ende des Jahres in dem diese Voraussetzungen vorliegen (§§ 195, 199 BGB). Die Verjährung tritt unabhängig von einer Kenntnis des Gläubigers spätestens zehn Jahre nach der Entstehung des Anspruchs ein (§ 199 BGB Abs. 3 Nr. 1 BGB).

---

22 BGH NJW 1964, 1316.

Nach der Übergangsvorschrift des § 6 Art. 229 EGBGB beginnt die Verjährungsfrist für die neue Frist erst ab dem 1.1.2010 zu laufen. Ist bei Altfällen die frühere Frist für die Verjährung kürzer, ist aber diese maßgeblich. Ansonsten gilt die neue Frist.

Auf Grund dieser deutlichen Abkürzung der Verjährungsfrist ist für eine reine Verwirkung durch Zeitablauf kaum noch Raum.

Als Ausfluss von Treu und Glauben kann ein fälliger Anspruch verwirken, wenn der Gläubiger ihn über einen längeren Zeitraum nicht geltend gemacht hat und der Schuldner berechtigterweise darauf vertrauen durfte, der Gläubiger werde ihn nicht mehr geltend machen.

Hier müssen also besondere Umstände hinzutreten, aufgrund derer die zur Zahlung der Vergütung ausnahmsweise darauf vertrauen durften, der Anspruch werde auch schon nach Ablauf eines Zeitraums von weniger als drei Jahren nicht mehr geltend gemacht. Denkbar wäre z.B. der Fall, wenn der Testamentsvollstrecker mehrfach vergeblich dazu aufgefordert wird, seinen Vergütungsanspruch geltend zu machen.

Eine Verwirkung des Vergütungsanspruches kann aber in Fällen in Betracht kommen, in denen der Testamentsvollstrecker in besonders schwerer Weise gegen seine Amtspflichten verstoßen hat. Dies kann der Fall sein, wenn er sich vorsätzlich oder zumindest grob fahrlässig über die Interessen desjenigen, für den er als Testamentsvollstrecker eingesetzt war, hinwegsetzt oder vorrangig eigene Interessen verfolgt.

14. Dürfen einzelne Kosten bei der Abrechnung der Testamentsvollstreckung pauschalisiert abgerechnet werden?

(Bearbeitet von RA Norbert Schönleber, Köln)

Die Vergütungsempfehlungen des Deutschen Notarvereins 2000 gehen davon aus, dass mit der Abrechnung auch schon die allgemeine Geschäftskosten mit abgegolten sind.[23] Hiernach kommt eine pauschalisierte Abrechnung nicht in Betracht. Nach anderer Auffassung sind monatliche Pauschalen für Telekommunikationsentgelte in Höhe von 20 EUR nicht zu beanstanden.[24] Größere Kostenpositionen, wie etwa Reisekosten, können als Aufwendungen grundsätzlich nur in ihrer tatsächlich entstandenen Höhe und nicht pauschalisiert abgerechnet werden.

Wenn besondere Berufsdienste geleistet werden, wie z.B. durch einen Rechtsanwalt, und diese Berufe nach den für sie geltenden Vergütungsvorschriften (z.B. RVG) bestimmte Kosten pauschaliert abrechnen dürfen (siehe etwa VV 7000 ff.).

---

23 *Eckelskemper*, in: Bengel/Reimann, Handbuch der Testamentsvollstreckung, X Rn 119.
24 *Rott/Kornau/Zimmermann*, Testamentsvollstreckung, 2. Auflage, S. 289 Rn 85.

RVG), stellt sich die Frage, ob auf der Basis dieser Vergütungsvorschriften solche pauschalisierten Kosten abgerechnet werden können. Das ist nur dann der Fall, wenn der Testamentsvollstrecker einen solchen Berufsdienst selbst leistet (z.B. Prozess für den Nachlass) und die von dem Erblasser bestimmte Vergütung solche Tätigkeiten nicht bereits abdecken sollte. Hat der Erblasser dagegen bestimmt, dass auch solche besonderen Berufsdienste des Testamentsvollstreckers von der Vergütung abgedeckt sein sollen, kommt eine Abrechnung auf der Basis der berufsrechtlichen Vergütungsvorschriften nicht in Betracht.[25]

15. Welchen Anspruch auf eine Vergütung haben mehrere Testamentsvollstrecker?

(Bearbeitet von RA Norbert Schönleber, Köln)

Jeder Testamentsvollstrecker hat grundsätzlich Anspruch auf eine angemessene Vergütung gem. § 2221 BGB. Fraglich ist allerdings, was die angemessene Vergütung für den einzelnen von mehreren Testamentsvollstreckern ist. Das hängt von den Aufgaben ab, die dem Testamentsvollstrecker zugewiesen sind.

Sind mehrere Testamentsvollstrecker nacheinander tätig, so hat jeder Testamentsvollstrecker nur einen Anspruch auf Vergütung der von ihm erfüllten Aufgaben. Für Arbeiten, die ein vorangegangener Testamentsvollstrecker bereits erledigt hat, kann ein nachfolgender Testamentsvollstrecker keine Vergütung verlangen.

Arbeiten mehrere Testamentsvollstrecker parallel zueinander, so sind zunächst zwei extrem voneinander abweichende Lösungswege denkbar:[26] Beide Testamentsvollstrecker erhalten gemeinsam nur so viel, wie ein allein beauftragter Testamentsvollstrecker erhalten hätte[27] oder beide Testamentsvollstrecker erhalten jeweils die volle Vergütung, die ein allein beauftragter Testamentsvollstrecker erhalten hätte.

Letzteres ist nicht angebracht, weil bestimmte Aufgaben bei der Abwicklung oder Verwaltung des Nachlasses nur einmal anfallen und nur von einem der Testamentsvollstrecker erfüllt werden. Die erstgenannte Lösung (nur eine einfache Vergütung für alle Testamentsvollstrecker zusammen) ist dagegen in der Regel auch nicht sachgerecht: Selbst wenn die mit dem Testamentsvollstreckeramt verbundenen Aufgaben so gelagert sind, dass sie auch von einem Testamentsvollstrecker allein hätten erfüllt werden können, so werden mehrere Testamentsvollstrecker aber meistens eine raschere und ggf. auch sicherere (4 Augen Prinzip!) Erfüllung der Aufgaben ermöglichen. Der Erblasser wird, wenn er mehrere Testamentsvollstrecker beauftragt hat, davon ausgegangen sein, dass die Aufgaben der

---

25 Staudinger/*Reimann* (2012), § 2218 Rn 32.
26 Siehe Staudinger/*Reimann* (2012), § 2221 Rn 54; dort auch zu dem weiteren Text.
27 So OLG Stuttgart BWNotZ 1961, 92.

Testamentsvollstrecker so wichtig sind, dass der Nachlass und damit die Erben entsprechend stärker belastet werden dürfen.[28]

In welchem Umfang die Vergütung zu erhöhen ist, hängt stark vom Einzelfall ab. In der jüngeren Rechtsprechung findet sich etwa der Fall, dass zwei Testamentsvollstrecker gemeinsam 150 % dessen zugesprochen bekamen, was für einen Testamentsvollstrecker angemessen gewesen wäre.[29]

Für die interne Aufteilung der Vergütung unter den Testamentsvollstreckern lassen sich unabhängig vom Einzelfall ebenfalls nur Orientierungspunkte nennen. Abzuwägen sind insbesondere der Umfang der von dem Erblasser dem jeweiligen Testamentsvollstrecker intern zugewiesene Aufgabenbereich sowie der Umstand, in welchem Umfang die Testamentsvollstrecker nach außen hin Verantwortung für den Nachlass tragen[30] (siehe auch § 2224 Abs. 1 S. 1 und 3 BGB).

Ein Mehraufwand aufgrund von Streitigkeiten der Testamentsvollstrecker untereinander führt nicht zu einem höheren Vergütungsanspruch.[31]

16. Muss der Testamentsvollstrecker für sein Honorar eine Rechnung stellen (z.B. als Fälligkeitsvoraussetzung)? Falls ja: Welche Voraussetzungen muss eine solche Rechnung erfüllen? An wen ist sie zu richten?

(Bearbeitet von RA Matthias Pruns, Bonn) 16

Eine Rechnung im eigentlichen Sinne schuldet der Testamentsvollstrecker nicht. Allerdings wird seine Vergütung grundsätzlich erst mit der Beendigung seines Amtes fällig und sein Amt ist erst beendet, wenn er seiner Pflicht zur Rechnungslegung nach §§ 2218, 666 BGB erfüllt hat. Erst wenn er diese Pflicht zur Rechnungslegung erfüllt hat, kann er auch die (Schluss-) Vergütung verlangen.[32]

Bei einer länger dauernden Verwaltung kann der Erbe gem. § 2218 Abs. 2 BGB jährliche Rechnungslegung verlangen. Damit korrespondiert es, dass allgemein angenommen wird, dass der Testamentsvollstrecker in solchen Fällen auch jährlich für das vergangene Jahr abrechnen darf.[33]

---

28 Staudinger/*Reimann* (2012), § 2221 Rn 54.
29 OLG Karlsruhe ZEV 2001, 286.
30 Staudinger/*Reimann* (2012), § 2221 Rn 54 m.w.N.
31 BGH NJW 2003, 3268.
32 BGH LM § 2221 BGB Nr. 1.
33 Palandt/*Weidlich*, § 2221 Rn 13 unter Verweis auf BGH WM 1964, 950.

17. Wie ist bei einer Dauertestamentsvollstreckung und wie ist bei einer Verwaltungsvollstreckung abzurechnen?

(Bearbeitet von RA Norbert Schönleber, Köln)

Der Gesetzgeber hat für die durchaus sehr unterschiedlichen Arten der Testamentsvollstreckung nur eine Vergütungsvorschrift vorgesehen. § 2221 BGB legt fest, dass der Testamentsvollstrecker für die Führung seines Amtes eine angemessene Vergütung verlangen kann, sofern der Erblasser nichts anderes bestimmt hat.

Was eine angemessene Vergütung ist, darüber lässt sich bekanntlich trefflich streiten. Auch bei der Dauertestamentsvollstreckung[34] bzw. der Verwaltungsvollstreckung sollte daher der „Fingerzeig" des Gesetzgebers aufgegriffen und die Vergütungshöhe nach Möglichkeit bereits in der letztwilligen Verfügung festgelegt werden.

Erfolgt dies nicht, muss im jeweiligen Einzelfall festgelegt werden, was als angemessene Vergütung betrachtet werden kann. Dabei ist jede Testamentsvollstreckung so unterschiedlich und vielschichtig wie der jeweilige Nachlass.

Bei der Abwicklungsvollstreckung hat sich eine Vielzahl von Vergütungsmodellen herausgebildet, wobei es sich bei fast allen Modellen um Vergütungstabellen handelt. Inzwischen sind schon über ein Dutzend auf dem „Markt". Dabei wird jeweils versucht, die Tätigkeit mit Hilfe der Tabellen für den Regelfall in einen angemessenen Rahmen zu bringen.

Bei der Dauertestamentsvollstreckung nach § 2209 S. 1 2 Hs. BGB bzw. der Verwaltungsvollstreckung nach § 2209 S. 1 1. Hs. BGB ist die Beurteilung jedenfalls bislang noch weniger ausdifferenziert. Einigkeit besteht dahingehend, dass bei der Dauertestamentsvollstreckung neben der Vergütung für die Erledigung der zugewiesenen Aufgaben noch zusätzlich eine Vergütung für die dauernde Vollstreckung zu leisten ist. Bei der Verwaltungsvollstreckung ist nur die soweit entfaltete reine Verwaltungstätigkeit zu vergüten.

Die sicherlich als führend anzusehende „Neue Rheinische Tabelle" des Deutschen Notarvereins geht davon aus, dass für die dauernde Vollstreckung pro Jahr eine Vergütung von $1/3$ bis $1/2$ % des Bruttonachlasses oder aber 2 bis 4 % des jährlichen Nachlassbruttoertrages maßgeblich sein soll. Die Rechtsprechung folgt meist dieser Empfehlung, ist aber bei den Einstufungen im Spannenrahmen eher zurückhaltend.

Diese Vergütungsmodelle betreffen die Situation, bei der das Nachlassvermögen eher konservativ und ohne besonderen persönlichen Arbeitsaufwand verwaltet und betreut wird. Zu denken ist hier an die Verwaltung von strukturiert angelegtem Kapitalvermögen bzw. die Verwaltung von Immobilien.

---

34 Siehe dazu in diesem Buch insbes. § 5 Rn 8 ff.

Wird der Testamentsvollstrecker in besonderem Umfang unternehmerisch tätig, sind auch höhere Vergütungen angemessen. Die „Neue Rheinische Tabelle" empfiehlt hier zu Recht Vergütungen in Höhe von 10 % des jährlichen Reingewinns bzw. den Ansatz eines Geschäftsführer- oder Vorstandsgehalts.

Die jeweils angemessene Vergütung ist dabei fällig nach Ablauf der Jahresfrist der Verwaltungstätigkeit, wobei zunächst die Rechnungslegungspflicht erfüllt sein muss, wie aus § 2218 Abs. 2 BGB hervorgeht.

18. Darf der Testamentsvollstrecker für die Vermittlung des Amtes einem Dritten einen Teil der Vergütung versprechen?

(Bearbeitet von RA Christoph J. Schürmann, Bonn)

Eine pauschale Beantwortung der Frage ist wegen der Vielzahl der denkbaren Fallgestaltungen nicht möglich. Grundsätzlich sind solche Absprachen aber immer bedenklich, und zwar auch dann, wenn sie sich „gerade noch" im Rahmen des rechtlich Zulässigen bewegen sollten. Das sensible Gebiet der Testamentsvollstreckung setzt ein Höchstmaß an Vertrauen voraus. Deshalb muss jeder Anschein von Vorteilnahme, Bestechlichkeit und allgemein undurchsichtigen Geschäftsmodellen vermieden werden. Drängt sich der Verdacht auf, dass jemand einen Testamentsvollstrecker nicht wegen seiner fachlichen Kompetenz, sondern vielmehr wegen wirtschaftlicher Gegenleistungen empfiehlt, steht die Glaubwürdigkeit der Beteiligten in Frage.

Tendenziell werden solche Provisionsmodelle überwiegend im Bereich der geschäftsmäßigen Testamentvollstreckung auftreten. So könnte etwa ein Kreditinstitut einer anderen Institution die Einsetzung als Testamentsvollstrecker über den Nachlass ihres Kunden vermitteln und sich dafür intern einen Teil der Testamentsvollstreckervergütung auszahlen lassen. Tatsächlich wurden auf Vortragsveranstaltungen solche Geschäftsmodelle bereits propagiert. Hier ergibt sich zunächst das Problem, inwieweit der Kunde von seiner Bank umfassend (!) über diese Zahlungen aufgeklärt wird. Das ist schon vor dem Hintergrund der Rechtsprechung des BGH zu so genannten „Kick-Back" Zahlungen (verdeckte Rückvergütungen) zwingend erforderlich.[35] Zudem wird die Bank ihrem Kunden solche Vereinbarungen regelmäßig als Formularvertrag vorlegen, so dass auch die Unwirksamkeit der betreffenden Klausel nach den AGB-Vorschriften (§§ 305 ff. BGB) in Betracht kommt.[36]

Für Rechtsanwälte und Steuerberater gelten zusätzlich die ausdrücklichen berufsrechtliche Regelungen in § 49b Abs. 3 BRAO und § 9 StBerG. Die weitgehend gleichlautenden Vorschriften besagen, dass diesen Berufsträgern *„die Abgabe oder Entgegennahme eines Teils der Gebühren oder sonstiger Vorteile für die*

---

35 Grundlegend: BGH, Urt. v. 19.12.2006, XI ZR 56/06, NJW 2007, 1876.
36 Insbesondere: Unwirksamkeit überraschender Klauseln, § 305c Abs. 1 BGB.

Vermittlung von Aufträgen" untersagt ist. Da die Übernahme des Testamentsvollstreckeramtes für den Rechtsanwalt grundsätzlich eine berufliche Betätigung nach § 3 BRAO darstellt,[37] gelten auch hier die berufsrechtlichen Pflichten und Sanktionen.[38] Dieser Grundsatz lässt sich wohl ebenso auf die Amtsübernahme durch einen Steuerberater übertragen, so dass in diesen Fällen solche Provisionszahlungen von vornherein unzulässig sein dürften.

Von diesen berufsrechtlichen Besonderheiten einmal abgesehen, sind derartige Gestaltungen ganz allgemein für alle Testamentsvollstrecker mit Blick auf die Vorschrift des § 2221 BGB höchst problematisch, denn der Testamentsvollstrecker kann grundsätzlich nur eine *„angemessene Vergütung"* verlangen. Es ist aber durchaus fraglich, ob eine Vergütung der Höhe nach angemessen ist, wenn diese zum Teil gar nicht an den eigentlichen Testamentsvollstrecker, sondern als „Vermittlungsgebühr" an einen Dritten fließt. Daraus lässt sich nämlich im Umkehrschluss in der Regel schließen, dass zur Vergütung der Leistungen des Testamentsvollstreckers bei objektiver Betrachtung eigentlich schon die Teilvergütung ausreichend und damit auch angemessen ist. Auch bei der Bezugnahme auf einschlägige Sätze von Vergütungstabellen betont die Rechtsprechung immer wieder, dass sich jede schematische Anwendung verbiete und es stets richterliche Aufgabe sei, die Angemessenheit der Vergütung im konkreten Fall zu ermitteln.[39]

Im Ergebnis wird man aus den genannten Gründen von der Vereinbarung solcher Vermittlungsprovisionen dringend abraten müssen. Nicht zuletzt auch deshalb, weil bei ungerechtfertigten Zahlungen aus dem Nachlass (!) stets auch eine strafrechtliche Verantwortung des Testamentsvollstreckers wegen Untreue (§ 266 StGB) im Raum steht.

---

37 Vgl. BFH ZEV 1998, 358.
38 Siehe nur *Bonefeld,* in: Mayer/Bonefeld (Hrsg.), Testamentsvollstreckung, 3. Aufl. 2011, § 23 Rn 1.
39 Siehe etwa LG Köln v. 26.9.2006, 18 O 140/05; *Rott/Kornau/Zimmermann,* Testamentsvollstreckung, 2. Aufl. 2012, § 9 Rn 31.

§ 10 Empirisches

Übersicht: Rn
A. Einführung 1
B Einzelheiten der Testamentsvollstreckungsanordnung 4
   I. Wie häufig kommen Testamentsvollstreckungen vor? 4
   II. Regionale Besonderheiten 5
   III. Spielt der Nachlasswert eine Rolle für den Erblasser, eine Testamentsvollstreckung anzuordnen? 6
   IV. Wer soll Testamentsvollstrecker werden? 8
C. Wie oft werden Vergütungsbestimmungen getroffen? 10
   I. Negative Bestimmungen 11
   II. Unwirksame und nichtssagende Vergütungsformulierungen 14
   III. Die positiven Vergütungsanordnungen im engeren Sinn 17
     1. Die gängigen Tabellen und Empfehlungen 18
     2. Die „klassischen" Vergütungsformen 19
     3. Die Häufigkeit der verschiedenen Vergütungsformen 22
   IV. Die Umsatzsteuer 23
D. Überlegungen zum Anlass für die geringe Anzahl von Vergütungsbestimmungen in letztwilligen Verfügungen 25
E. Fazit 28

A. Einführung

In den vorangegangenen Kapiteln wurde vor allem der Frage nachgegangen, welche Vergütung der Erblasser in welcher Höhe für den Testamentsvollstrecker festlegen kann und wie die Vergütung für einen Testamentsvollstrecker festzulegen ist, wenn eine Bestimmung durch den Testator fehlt und daher die angemessene Vergütung gefunden werden muss.

Nach der Intention des Gesetzgebers[1] und dem einhelligen Schrifttum ist eigentlich zu erwarten, dass der Erblasser die Vergütung festsetzt. Der Vergütungsbestimmung durch den Erblasser, für die es, wie vorstehend gezeigt wurde, mehr Varianten gibt, als gemeinhin angenommen, gebührt auf jeden Fall der Vorrang vor irgendwelchen Überlegungen in Bezug auf die Angemessenheit eines Honorars. Eine Grenze wird lediglich durch die allgemeinen Schranken, beispielsweise die Sittenwidrigkeit, gezogen.[2]

Wie sieht es aber in der **tatsächlichen Praxis** aus? Stimmt es, dass es nur in geringem Umfang vorkommt, dass ein Erblasser die Vergütung für den Testamentsvollstrecker selbst bestimmt? Stimmt es, wie man nach der Heftigkeit der Streitigkeiten der Erben mit ihrem Testamentsvollstrecker um die Höhe der Vergütung annehmen könnte, dass Erblasser, wenn sie Vergütungen selbst festsetzen, diese eher niedrig festsetzen?

---

1 Siehe § 3 Rn 1.
2 Vgl. § 2 Rn 4.

Zu dieser Frage und zahlreichen dazugehörigen Aspekten gibt es nunmehr eine rechtstatsächliche Untersuchung,[3] in welcher der Verfasser die Ergebnisse aus Recherchen vorstellt, die bei 171 Nachlassgerichten im gesamten Bundesgebiet durch Einsichtnahme in knapp 2.000 Testamente mit einer Testamentsvollstreckungsanordnung durchgeführt wurden.

3   Hierbei wurden die Erbfälle des Jahres 2004 untersucht. In diesem Zusammenhang ist zu beachten, dass die zugrunde liegenden Testamente naturgemäß aus zurückliegender Zeit stammen. Jedoch konnte anlässlich der Untersuchung festgestellt werden, dass zwischen der Testamentserrichtung und dem Erbfall in etwa 60–70 Prozent der Fälle kein längerer Zeitraum als 5 Jahre lag, die hier untersuchten und später beschriebenen sowie analysierten letztwilligen Verfügungen also zumeist aus den Jahren nach 2000 stammten.

Ob die in den vorangegangenen Kapiteln beschriebenen neueren Tendenzen (Zeithonorar, besondere Bedeutung der Vergütungsempfehlungen des Deutschen Notarvereins, Umsatzsteuerproblematik, etc.) inzwischen Niederschlag in den Formulierungen von Testamenten gefunden haben, die seit 2004 errichtet wurden, kann daher hier nicht gesagt werden. In den Jahren davor waren derartige Tendenzen nicht erkennbar.

B Einzelheiten der Testamentsvollstreckungsanordnung

I. Wie häufig kommen Testamentsvollstreckungen vor?

4   Im Jahr 2004 gab es bei den aufgesuchten Nachlassgerichten 88.000 eröffnete Testamente. Darunter fanden sich 1.837 letztwillige Verfügungen mit einer Testamentsvollstreckungsanordnung, das sind 2,1 %. Das ergibt den Durchschnitt im gesamten Bundesgebiet.

Bei den einzelnen Nachlassgerichten differieren die entsprechenden Prozentzahlen aber erheblich, sie liegen nämlich zwischen 0 % bei 13 Nachlassgerichten, bei denen die Nachlassverfahren im Jahr 2004 keine Testamentsvollstreckungsanordnung enthielten und 10,53 % bei einem Nachlassgericht mit einer offenbar ungewöhnlichen „Testamentsvollstreckungskultur".

II. Regionale Besonderheiten

5   Gibt es signifikante Unterschiede zwischen den Nachlassgerichten, geordnet nach Größe und nach der Region? Die Antwort lautet:

In Großstädten (über 500.000 Einwohner) liegt die Quote bei 1,86 %.

---

3 *Reinfeldt*, Die vom Erblasser bestimmte Vergütung des Testamentsvollstreckers, Diss. 2013, zerb verlag.

Bei städtisch geprägten (50.000–500.000 Einwohner) Nachlassgerichten kommt es in 2,12 % der Testamente vor, dass eine Testamentsvollstreckung angeordnet wurde.

Die Quote in ländlich-kleinstädtischen Gebieten (unter 50.000 Einwohner) sieht ähnlich aus, die liegt bei 2,18 %

Für die Nachlassgerichte geordnet nach ihrer Größe, ist daher kein signifikanter Unterschied bezüglich der Häufigkeit von angeordneten Testamentsvollstreckungen zu erkennen.

Für die fünf Regionen (Nord, Mitte, Süd, West, Ost) ergeben sich dagegen deutliche Unterschiede:
- Nord 3,44 %
- Mitte 1,58 %
- Süd 2,07 %
- West 2,37 %
- Ost 0,80 %

Im Osten – in den neuen Bundesländern – hat sich nach Aussagen zahlreicher Justizmitarbeiter (Amtsgerichtspräsidenten, Amtsgerichtsdirektoren, Nachlassrichter, Rechtspfleger und Geschäftsstellenmitarbeiter) eine „Testamentskultur", geschweige denn ein „Gespür" für das Wesen und die Vorteile einer Testamentsvollstreckung in der Zeit seit der Wende noch nicht richtig entwickelt. Eine Tendenz zu mehr Akzeptanz sei aber mittlerweile deutlich zu erkennen.

III. Spielt der Nachlasswert eine Rolle für den Erblasser, eine Testamentsvollstreckung anzuordnen?

Bei einer ersten und überschlägigen Überlegung könnte man annehmen, dass Testamentsvollstreckung aus Sicht der Erblasser nur bei größeren Vermögen angeordnet wird. Die nachfolgend dargestellten statistischen Erkenntnisse widerlegen jedoch eine solche Annahme, da diese nicht der Realität entspricht. Das ist auch nicht verwunderlich, wenn man manchen konkreten Einzelfall bedenkt: Die einsame Erblasserin, die weder Verwandte noch Freunde hatte und deren Bestattung organisiert sowie deren Wohnung aufgelöst werden musste, hatte ein Vermögen „nur" in Form eines Sparkontos von 20.000 DM. Diese Erblasserin hatte eigentlich gar keine andere Wahl, als einen Testamentsvollstrecker zu bestimmen, auch wenn auf den ersten Blick ein Nachlasswert von heute lediglich 10.000 EUR kaum geeignet erscheint, das Instrument der Testamentsvollstreckung zu bemühen. In ähnlicher Weise fielen mehrere Testamente auf, in denen bei verhältnismäßig geringen Nachlassvermögen ein behinderter Sohn oder eine behinderte Tochter Erbe sein sollte, dieser aber nicht in der Lage war, sich um die Erbschaft zu kümmern. Auch bei Erbengemeinschaften – z.B. 7 Nichten und Neffen – war es durchaus sinnvoll, einen von ihnen als Testamentsvollstrecker zu bestimmen, um eine praktikable Abwicklung zu gewährleisten, auch wenn es sich um verhältnismäßig „unbedeutendes" Nachlassvermögen handelte.

7   Der durchschnittliche Nachlasswert beläuft sich auf 483.157 EUR. Werden der höchste und der niedrigste Nachlasswert eliminiert, um statistische „Ausreißer" unberücksichtigt zu lassen, kommen wir auf einen durchschnittlichen Nachlasswert von 447.813 EUR pro Erbfall.

Derartige Durchschnittswerte sind aber im Endeffekt wenig aussagekräftig, weil die Bandbreite allzu groß ist: Sie liegt zwischen 5.000 EUR und 60 Mio. EUR. Bei immerhin 18 % der Erbfälle mit einer Testamentsvollstreckungsanordnung lag der Nachlasswert unter 50.000 EUR.

Mit einem Nachlasswert zwischen 50.000 EUR und 200.000 EUR sind es 36 % der Erbfälle.

Einen ähnlich großen Komplex gibt es bei den Nachlasswerten zwischen 200.000 EUR und 1 Mio. EUR, nämlich 37 %.

Bei den darüberhinausgehenden Nachlasswerten zwischen 1 Mio. EUR und 2 Mio. EUR kommen wir zu 5 %.

In 4 % der gesichteten Testamente lag der Nachlasswert bei über 2 Mio. EUR bis zu 60 Mio. EUR.

IV. Wer soll Testamentsvollstrecker werden?

8   In der für die empirische Untersuchung des Verfassers vorgesehenen Einteilung gibt es Verwandte, Lebensgefährten, Fremde, Institutionen und beruflich besonders Qualifizierte („prädestinierte"), die als Testamentsvollstrecker vom Erblasser benannt worden sind.

Der bei weitem größte Personenkreis sind die Verwandten. Sie sind in 40 % der Testamente als Testamentsvollstrecker vorgesehen, und zwar unabhängig davon, ob die letztwillige Verfügung notariell beurkundet oder handschriftlich verfasst wurde: Es entfallen jeweils 20 % auf jede dieser beiden Formen. Die Lebensgefährten machen daneben nur eine verschwindend kleine Gruppe mit gerade einmal 0,5 % aus.

Der zweitgrößte Personenkreis mit 28 % sind die „Fremden", deren Beziehung zum Erblasser aus der Nachlassakte nicht ersichtlich war. 15 % wurden in handschriftlichen Testamenten bestimmt, 13 % in notariellen.

Es folgt der Kreis der beruflich besonders Qualifizierten mit 25 % aller Testamente. Die Mehrzahl mit 13 % wird in notarieller Form benannt, 12 % in handschriftlicher Form.

9   Es ist interessant, dass die als besonders qualifiziert erscheinenden Testamentsvollstrecker sich in vier Gruppen unterteilen lassen: Rechtsanwälte, Notare, Steu-

erberater und eine Gruppe von sonstigen Berufen, wie beispielsweise Richter, Rechtspfleger, Bürovorsteher o.Ä. In Prozentsätzen ausgedrückt – bezogen allein auf diese Gruppe der Qualifizierten – handelt es sich um 58 % Rechtsanwälte, 25 % Steuerberater, 8 % Notare und 9 % Sonstige.

4 % der Erblasser haben bestimmt, dass das Nachlassgericht einen geeigneten Testamentsvollstrecker bestimmen soll. Eine solche Anordnung erscheint in 3 % der notariell beurkundeten Testamente und nur in 1 % der handschriftlich verfassten.

In 3 % der Nachlassakten mit einer Testamentsvollstreckungsanordnung finden sich Institutionen wie Banken, SOS Kinderdorf, der Verein Lebenshilfe oder eine Kirchengemeinde, die das Amt des Testamentsvollsteckers ausüben sollen, zu gleichen Teilen in notariell oder handschriftlich verfassten letztwilligen Verfügungen benannt.

C. Wie oft werden Vergütungsbestimmungen getroffen?

Nur in 30 % der Testamente mit einer Testamentsvollstreckungsanordnung gibt es eine Vergütungsbestimmung des Testators – mit den unterschiedlichsten Inhalten. Hierbei sind drei Komplexe zu unterscheiden:
– Negative Anordnungen, dass nämlich keine Vergütung gewährt werden soll
– unwirksame oder nichtssagende Bestimmungen
– positive Festsetzungen mit allen denkbaren Inhalten.

I. Negative Bestimmungen

8 % aller Testamente mit einer Testamentsvollstreckungsanordnung enthalten die Verfügung, dass keine Vergütung entrichtet bzw. das Amt unentgeltlich ausgeübt werden soll. Bezogen allein auf die 30 % der Testamente mit einer Vergütungsanordnung ist das immerhin etwas mehr als jedes vierte Testament. Zumeist handelt es sich um Verwandte des Erblassers, die als Testamentsvollstrecker benannt werden. Das ist nicht weiter verwunderlich, weil innerhalb des Familienzusammenhaltes die Tätigkeit wohl eher eine Art Ehrenamt ohne eine besondere Vergütung sein sollte, zumal es oft der Fall ist, dass der designierte Testamentsvollstrecker selbst Erbe ist oder später einmal werden wird oder Ehegatte eines Erben ist. Aber es ist durchaus nicht selbstverständlich, dass ein Verwandter das Amt unentgeltlich zu übernehmen hätte.

Schon in den Motiven und Materialien zum BGB wird darauf hingewiesen, dass ein Testamentsvollstrecker, der gleichzeitig Erbe oder Vermächtnisnehmer sei, durchaus auch noch zusätzlich eine Vergütung für die Amtsausübung erhalten könne.[4] Sei der Testamentsvollstrecker gleichzeitig Erbe oder Vermächtnisnehmer, so habe das allein noch keinen Einfluss auf seinen Vergütungsanspruch.[5] Auch bei *Reimann*[6] finden wir eine ähnliche Bewertung.

13 Es ist daher dringend anzuraten, dass ein Erblasser eine Vergütung ausdrücklich ausschließt, wenn das Amt unentgeltlich ausgeübt werden soll. Anderenfalls könnte ein sachkundig beratender Verwandter eine Vergütung verlangen, auch wenn der Testator stillschweigend davon ausgegangen sein sollte, dass das nicht der Fall sein würde.

II. Unwirksame und nichtssagende Vergütungsformulierungen

14 Nicht selten findet man in Testamenten – sowohl in notariell beurkundeten als auch in handschriftlich verfassten – dass die *„übliche"* oder auch die *„gesetzliche"* Vergütung gezahlt werden soll. Solche gibt es aber nicht. Auch eine Bestimmung, dass das Nachlassgericht die Vergütung festsetzen soll, ist unwirksam, weil ein solches Verfahren nicht zu den Aufgaben eines Nachlassgerichts gehört. Ebenso wenig sachdienlich, weil zu unbestimmt, sind Vergütungsformulierungen wie: *„nach Aufwand"*, *„alle Kosten"*, *„nach Rechnungserstellung für die Arbeit"*.

Auch der Hinweis darauf, dass der Testamentsvollstrecker eine *„angemessene"* Vergütung erhalten soll, ist wenig hilfreich, denn auch ohne eine solche Bestimmung besteht der Anspruch auf eine angemessene Vergütung – mit allen bekannten Problemen für die Berechnung.

15 Derartige unwirksame oder nichtssagende Festsetzungen sind aber nicht wirklich schädlich, weil im Sinne des § 2084 BGB an deren Stelle gemäß § 2221 BGB die angemessene Vergütung tritt.

Man kann sich aber nicht dem Eindruck verschließen, dass solche Formulierungen dem Wunsch eines juristischen Beraters oder eines beurkundenden Notars entspringen, eine Erörterung der sicher schwer zu vermittelnden, vielfältigen Gesichtspunkte für eine Vergütungsbestimmung und langwierige Diskussionen mit dem Erblasser zu vermeiden. Das gilt umso mehr, als in allen Fällen der „Notanker" des § 2221 BGB Platz greift.

16 Die hier soeben beschriebenen problematischen Formulierungen kommen immerhin in 6 % aller Testamente mit einer Testamentsvollstreckungsanordnung vor. Dennoch ist in diesem Zusammenhang festzustellen, dass der Erblasser sich wenigstens Gedanken bezüglich der Vergütung für den Testamentsvollstrecker gemacht hat, auch wenn sie nicht sonderlich kreativ waren.

---

4 *Mugdan*, Die gesamten Materialien zum BGB, S. 129.
5 Motive zu dem Entwurf eines BGB für das Deutsche Reich, S. 244 f. sowie *Jakobs/Schubert*, Die Beratung des BGB, S. 1429.
6 Staudinger/*Reimann*, § 2221 Rn 3.

Reinfeldt

III. Die positiven Vergütungsanordnungen im engeren Sinn

Die in den beiden vorangegangenen Ziffern behandelten problematischen Vergütungsformulierungen machen zusammen 14 % der letztwilligen Verfügungen mit einer Testamentsvollstreckungsanordnung aus. Auf die positiven, wirksamen, sozusagen echten, kreativen Vergütungsbestimmungen entfallen daher letzten Endes nur 16 %.

Die nachfolgenden Ausführungen befassen sich nur mit diesen verschiedenen Arten einer wirksamen, positiven Vergütungsbestimmung.

Aus statistischen Gründen werden in den nachfolgenden Ausführungen jedoch sämtliche positiven Vergütungsregelungen einschließlich der unwirksamen und nichtssagenden Verfügungen mit 100 % zugrunde gelegt, da der Aspekt im Vordergrund steht, ob und wie ein Erblasser sich auf eine Befassung mit der Vergütungsfrage überhaupt eingelassen hat.

1. Die gängigen Tabellen und Empfehlungen

In 6 % der hier behandelten Verfügungen wird auf die bekannten Tabellen und Empfehlungen verwiesen, beispielsweise auf die Empfehlungen des Deutschen Notarvereins („Neue Rheinische Tabelle"), auf die Tabelle „Möhring" oder auf eine der anderen.[7]

Eine solche Bestimmung ist unproblematisch, auch wenn dadurch die Schwierigkeit nicht beseitigt wird, die richtige Berechnung vorzunehmen, den geeigneten Zeitpunkt dafür zu finden und mit den Erben zu einer Einigung zu gelangen.

Zu erwähnen sind hier auch die einschlägigen Gebührenordnungen der Banken, wenn eine solche das Amt des Testamentsvollstreckers ausüben soll.

Auf die BRAGO oder die StBGebVO wird in 2 % der Testamente verwiesen, wenn auch ohne Spezifikation des Gebührentatbestandes mit der Folge, dass es schwierig sein dürfte, die „richtigen" Gebühren zu ermitteln.

2. Die „klassischen" Vergütungsformen

Zu den klassischen Vergütungsregelungen sind zu rechnen: ein Prozentsatz vom Nachlasswert, eine feste Geldsumme, ein Stundensatz oder auch die Zuwendung eines bestimmten Gegenstandes aus dem Nachlass, manchmal untereinander kombiniert oder mit einer Gewinnbeteiligung ergänzt, auch bei längerer Dauer der Testamentsvollstreckung oft jährlich zugesprochen.

Hier sind der Kreativität und den individuellen, sachbezogenen Festlegungen durch den Erblasser und einen juristischen Berater keine Grenzen gesetzt. Die

---

7 Vgl. § 3 Rn 10.

vorhandene Möglichkeit einer großen Bandbreite ist ein wichtiger Anlass dafür, dem Erblasser die Festsetzung zu empfehlen. Es kann in diesem Zusammenhang nur berichtet werden, welche Bestimmungen – auch extremer Art – es in der Praxis gibt, mangels konkreter Hinweise im Testament kann aber nicht gesagt werden, warum eine derartige Regelung getroffen wurde. Dazu einige Beispiele aus den untersuchten Testamenten:

Eine stundenweise Vergütung kommt nur selten vor. Sie liegt zwischen 50 EUR und 125 EUR pro Stunde.

Feste Honorarbeträge schwanken zwischen 500 EUR und 100.000 EUR. Sie machen – in Prozentsätze vom Nachlasswert umgerechnet – zwischen 0,7 % und 37 % aus. Wird die Vergütung sogleich in Prozentsätzen vom Nachlasswert vom Erblasser bestimmt, so liegen diese Sätze zwischen 2 % und 15 %.

20 Hin und wieder werden jährliche Vergütungen zugesprochen, und zwar mal als Festbetrag (z.B. 20.000 EUR jährlich) oder als Prozentsatz (z.B. 3 % jährlich). Gehört zu den Aufgaben eines Testamentsvollstreckers die Verwaltung eines Wertpapierdepots oder eines Mietobjektes oder auch der Verkauf eines Nachlassgegenstandes und soll es ein Anreiz sein, diese Aufgaben möglichst profitabel zu erledigen, werden die Bemühungen des Testamentsvollstreckers nicht selten durch eine Beteiligung am Erfolg besonders honoriert, beispielsweise durch 2 % der Nettomieten bei umfangreichem Grundbesitz, durch 1 % des jährlichen Überschusses aus der Verwaltung eines Nachlasses von immerhin 5 Mio. EUR oder durch die Zuwendung von 30 % vom Verkaufserlös eines Gewerbebetriebes. Schließlich sollen die Fälle Erwähnung finden, in denen der Testamentsvollstrecker einen konkreten Nachlassgegenstand erhalten soll, beispielsweise das Auto, den Hausstand oder drei Goldmünzen.

21 Ein System ist bei diesen individuellen Bestimmungen durch den Erblasser nicht erkennbar, auch wenn eine gewisse Abhängigkeit zwischen dem Nachlasswert und der Vergütung nicht zu übersehen ist. Eine diesbezügliche Interdependenz hat aber eine deutlich größere Bandbreite als es die Regelungsvorschläge für eine angemessene Vergütung aus den üblichen Tabellen und Empfehlungen vorsehen.

3. Die Häufigkeit der verschiedenen Vergütungsformen

22 Die zuvor erwähnten Vergütungsformen teilen sich prozentual wie folgt auf:
a) Ein Zeithonorar haben die Erblasser nur in 1 % der Vergütungsanordnungen festgesetzt. Insofern wird man sagen müssen, dass das oben in § 7 propagierte und als im Vordringen befindlich beschriebene Zeithonorar in dem hier zugrunde liegenden Zeitraum bis 2004 keine nennenswerte Bedeutung hatte.
b) Ein festes Honorar wird vom Erblasser in 20 % der Testamente mit einer positiven Vergütungsregelung festgesetzt.
c) Den weitaus größten Anteil mit 41 % machen die Vergütungen aus, die in einem Prozentsatz vom Brutto-Nachlasswert zu berechnen sind. Hierbei ist

festzustellen, dass die vom Erblasser dem Testamentsvollstrecker zugesprochenen Prozentsätze nur selten mit den Prozentsätzen übereinstimmen, die sich aus den Tabellen und Empfehlungen für die Berechnung des angemessenen Honorars ergeben.

> **Hinweis**
> Auf diesem Hintergrund wird man sagen können, dass die gängigen Tabellen und Empfehlungen allenfalls selten als Richtwerte für die vom Erblasser bestimmte Vergütung herangezogen zu werden pflegen.

d) 3 % der Vergütungsbestimmungen entfallen auf Honorierungen, die in kein Schema passen: beispielsweise die Zuwendung eines Autos, des Sterbegeldes des Erblassers, eines Anteils von 30 % vom Verkaufserlös für einen Gewerbebetrieb oder 40 % jährlich der Zinserträge aus einem Wertpapierdepot.
e) In 5 % der Vergütungsbestimmungen werden Mischformen festgesetzt, z.B. ein Festbetrag zzgl. einer prozentualen Beteiligung an den Zinsen oder ein Festbetrag zzgl. eines jährlichen Prozentsatzes vom Nachlasswert.
f) Eine Bezugnahme auf Tabellen, Empfehlungen und Gebührenordnungen gibt es in 8 % der hier behandelten Testamente.
g) Die statistisch verbleibenden 22 % entfallen auf die unwirksamen oder nichtssagenden Vergütungsbestimmungen.

IV. Die Umsatzsteuer

Ein besonderes Problem in der Praxis scheint die Umsatzsteuer auf die Vergütung zu bieten: Nur in 9 % der Fälle, in denen der Erblasser für den Testamentsvollstrecker eine positive Vergütungsregelung trifft, wird ausdrücklich erwähnt, dass die Mehrwertsteuer hinzuzurechnen sei. In 91 % aller Fälle wird also diese Frage einfach offen gelassen, obwohl der finanzielle Unterschied zzt. immerhin 19 % ausmacht. Die Frage, ob die Mehrwertsteuer hinzuzurechnen sei oder ob die Vergütung diese bereits einschließt, ist seit Jahrzehnten umstritten.

Immerhin wird im Palandt bis zur 69. Auflage aus dem Jahr 2010 betont, dass die Vergütung eine Bruttovergütung sei, so dass die Mehrwertsteuer nicht draufgeschlagen werden dürfe. Erst seit der 70. Auflage aus dem Jahre 2011 erklärt *Weidlich* im Palandt, dass inzwischen in der Rechtsprechung vereinzelt die Auffassung vertreten würde, dass es sich um eine Nettovergütung handele, auf welche die Mehrwertsteuer draufgeschlagen werden dürfe. *Reimann* vertritt im Staudinger seit langem die Auffassung, dass die herrschende Meinung die Vergütung als Nettovergütung ansieht, der die Umsatzsteuer hinzuzurechnen ist.[8]

---

8 Vgl. § 3 Rn 43 ff.

D. Überlegungen zum Anlass für die geringe Anzahl von Vergütungsbestimmungen in letztwilligen Verfügungen

25 Im Schrifttum und in der Praxis ist eine merkwürdige Ambivalenz zu erkennen, wenn es um die Frage geht, wie nachdrücklich ein Berater einem Erblasser empfehlen sollte, die Vergütung für den Testamentsvollstrecker in der letztwilligen Verfügung zu bestimmen.

Einerseits wird darauf hingewiesen, dass viele Menschen sich bei der Frage nach ihrem letzten Willen wie gelähmt fühlen.[9] Bei Gesprächen mit Notaren und Rechtsanwälten, die handschriftliche Testamente entworfen haben, wird immer wieder die Auffassung geäußert, dass manche Erblasser in einer emotional aufgeladenen Testamentserrichtung nicht bereit seien, sich noch mit den schwierigen Aspekten einer Vergütungsbestimmung zu befassen. Um nicht die Testamentserrichtung als Ganzes scheitern zu lassen, werde die Frage der Vergütung dann einfach nicht weiter thematisiert.

26 Andererseits wird im Schrifttum dankenswerterweise immer häufiger der dringende Rat gegeben, dem Erblasser die Vergütungsfrage nahe zu bringen und ihm die Regelung der Vergütung zu empfehlen. In den obigen Kapiteln wird wiederholt auf eine Beratungsnotwendigkeit in diesem Sinne hingewirkt.[10] Der dortige Hinweis ist so deutlich, dass er hier noch einmal zitiert werden sollte: *„Jeder, der mit der Gestaltung von Testamenten befasst ist, die eine Testamentsvollstreckung anordnen, sollte u.E. seinen Einfluss dazu nutzen, die Vergütungsfrage in der letztwilligen Verfügung im Interesse der Sache und der Beteiligten präzise zu regeln."* In ähnlicher Weise berichten *Schiffer/Rott*[11] über die Vehemenz, mit der oft zwischen Erben und Testamentsvollstrecker über die Vergütung gestritten wird, wenn es keine Festlegung durch den Erblasser gibt. Es wird geraten, schon in der letztwilligen Verfügung selbst für eine klare Vergütungsregelung zu sorgen. Auch *Reimann*[12] macht sich für ein solches Vorgehen stark: *„Die Vergütungsfrage sollte gerade bei notariell beurkundeten Verfügungen nicht tabuisiert oder übergangen werden."*

Auch aus der Praxis hört man immer wieder von Notaren oder Rechtsanwälten, die mit dem Entwurf von Testamenten öfter zu tun haben, dass eine einfühlsame und eingehende Aufklärung des Erblassers über die entstehenden Schwierigkeiten einerseits, aber auch über die vielfältigen Möglichkeiten sowie die Problemvermeidung andererseits, in den häufigsten Fällen dazu führt, dass der Testator die Vergütung für den Testamentsvollstecker in der letztwilligen Verfügung bestimmt. Danach – so wird berichtet – seien die Erblasser zumeist dankbar und

---

9 Vgl. § 1 Rn 1.
10 Vgl. § 2 Rn 45.
11 Vgl. § 5 Rn 1.
12 Vgl. § 4 Rn 16 f. und Rn 6 ff.

erleichtert, die Vergütungsfrage geregelt und damit Probleme von den Erben und dem Testamentsvollstrecker abgewendet zu haben.

Dennoch bleibt zu fragen, warum es trotz dieser Empfehlungen und Erfahrungsberichte verhältnismäßig selten vorkommt, dass die Vergütungsfrage geregelt ist. Könnte es daran liegen, dass die Berater lieber den Weg des geringsten Widerstandes gehen und die Erblasser damit beruhigen, dass der Testamentsvollstrecker ja sozusagen automatisch einen Anspruch auf eine angemessene Vergütung hätte?

Diese Annahme könnten *Schiffer/Rott*[13] auf den Punkt gebracht haben, wenn sie formulieren: *"Für die meisten Berater erweist es sich regelmäßig schlicht als einfacher und damit – aus ihrer Sicht – wirtschaftlich vernünftiger, die Frage der Vergütung des Testamentsvollstreckers überhaupt nicht anzusprechen und die Auseinandersetzung mit der Thematik auf die Zeit nach dem Ableben des Erblassers zu vertagen."*

Könnte die Bequemlichkeit vieler Berater wirklich zu der geringen Anzahl von Vergütungsbestimmungen des Testators beigetragen haben? Das wäre aus der Sicht der Testamentsvollstrecker und auch der auf einen Streit zusteuernden Erben geradezu frustrierend, weil die Beteiligten durch das mangelnde Engagement solcher Berater oft gezwungen werden dürften, alle bekannten Probleme mit der Berechnung und Durchsetzung der angemessenen Vergütung zu meistern.

E. Fazit

Alle Erkenntnisse und Erfahrungen aus der Praxis machen deutlich, dass kein Weg daran vorbeiführt, einem Berater dringend zu empfehlen, die Frage der Vergütung mit dem Erblasser in Ruhe zu erörtern und ihm alle positiven und negativen Aspekte zu schildern, um ihm den Nutzen nahe zu bringen, die Vergütungsfrage im Testament zu regeln.

---

13 Vgl. § 2 Rn 5.

Literaturspiegel für Testamentsvollstrecker

Armbrüster, Christian, Keine Sittenwidrigkeit eines Behindertentestaments sowie eines Pflichtteilsverzichtsvertrags – Anmerkung zum Urteil des OLG Köln vom 09.12.2009, ZEV 2010, 88–89

Armbrüster, Christian, Noch einmal: Zur Sittenwidrigkeit eines Behindertentestaments sowie eines Pflichtteilsverzichtsvertrags, ZEV 2010, 555–556

Balzer, Peter/Weidlich, Thomas, Estate Planning durch Banken und freie Finanzdienstleister, ZIP 2012, 349

Becker, Christian, Der Tod des Gesellschafters einer Personengesellschaft mit Familienstämmen: Gestaltungsinstrumente für den Gesellschaftsvertrag, ZEV 2011, 157

Bengel, Manfred/Spall, Lorenz, Zur Frage der Sittenwidrigkeit eines Behindertentestaments sowie eines Pflichtteilsverzichtsvertrags, ZEV 2010, 195–196

Bengel, Manfred/Reimann, Wolfgang, Handbuch der Testamentsvollstreckung, 5. Auflage 2013

Billig, Hildegard, Einkommensteuer für das Todesjahr des Erblassers als Nachlassverbindlichkeit, UVR 2012, 61–64

Bitz, Horst, Kommentar zu BFH, Urteil v. 5.6.2008 – IV R 76/05 (Betriebsaufspaltung: personelle Verflechtung trotz Testamentsvollstreckung), GmbHR 2008, 1047

Bonefeld, Michael, Auskunftsanspruch des Erben gegenüber Banken bei Testamentsvollstreckung, ZErb 2007, 142

Bothe, Peter, Probleme des § 199 Abs. 1 Nr. 2 BGB im Erbrecht, ZErb 2009, 259–264

Brandner, Hans Erich, Das Einzelkaufmännische Unternehmen unter Testamentsvollstreckung. Festschrift für Walter Stimpel, 1985

Brandner, Hans Erich, Die Testamentsvollstreckung am Kommanditanteil ist zulässig –Bemerkungen zu BGHZ 108, 187. Festschrift für Alfred Kellermann, 1991, S. 37

Dauner-Lieb, Barbara: Unternehmen im Sondervermögen (zugl. Habil.,), 1998

Dissel-Schneider, Nicola, Das Behindertentestament, AZO-ErbR 3/2011 Nr. 1

Dreher, Meinrad/Görner, André, Das Behindertentestament und § 138 BGB, NJW 2011, 1761

Drasdo, Michael, Neues zur Teilungsversteigerung, NJW-Spezial 2009, 561

Eckelskemper, Heinrich, Die Vergütung des Testamentvollstreckers eine „Nichtenden-wollende Geschichte"?, RNotZ 2010, 242–249

Farkas-Richling, Dirk, Testamentsvollstreckung im Wertpapierbereich – Rechte und Pflichten des Testamentsvollstreckers unter besonderer Berücksichtigung des Wirtschaftlichkeitsgebots, NWB F. 19, 3789 (2007)

Faust, Florian, Die Testamentsvollstreckung am Anteil des persönlich haftenden Gesellschafters, DB 2002, 189–195

Feiter, Gregor, Die Testamentsvollstreckung – Ein neues Geschäftsfeld für den steuerberatenden Beruf, DStR 2006, 484 ff.

Feiter, Gregor, Werbung von Steuerberatern im Bereich der Testamentsvollstreckung, NWB 36/2010, 2885

Feiter, Gregor, Werbung von Steuerberatern im Bereich der Testamentsvollstreckung, Fachberater und Zertifizierungsbezeichnungen, NWB 2010, 2885–2891

Frank, Michael Adam, Die Testamentsvollstreckung über Aktien, ZEV 2002, 389–394

Fritz, Stefan/Josten, Ralf/Lang, Volker/Werkmüller, Maximilian, Testamentsvollstreckung und Stiftungsmanagement durch Banken und Sparkassen, 2006

Fritz, Stefan/Prottengeier, Michael/Roller, Reinhold (Hrsg.), Gesteuerte Vermögensübertragung, 2011

Gehse, Oliver, Zur Anordnung einer Dauertestamentsvollstreckung über den hofgebundenen Nachlass, RNotZ 2009, 643–645

Gesmann-Nuissl, Dagmar, Unternehmensnachfolge – ein Überblick über die zivil- und gesellschaftsrechtlichen Gestaltungsmöglichkeiten, Betriebsberater Special 06/2006, 2 ff.

Goebel, Joachim, Probleme der treuhänderischen und der echten Testamentsvollstreckung über ein vermächtnisweise erworbenes Einzelunternehmen, ZEV 2003, 261–267

Götz, Hellmut, Abzug von Nachlassverbindlichkeiten gemäß § 10 Abs. 5 Nr. 3 ErbStG, ZEV 2010, 561–565

Groll, Klaus, Der Erbrechtler als Künstler und Psychologe?, ZEV 2011, 218–222

Grunewald, Barbara, Rechtliche Befugnisse und Werbemöglichkeiten von Testamentsvollstreckern, ZEV 2010, 69–72

Grunewald, Barbara, Die Entwicklung der Rechtsprechung zum anwaltlichen Berufsrecht in den Jahren 2009–2010, NJW 2010, 3551–3554

Grunewald, Barbara, Grenzen der Gestaltungsfreiheit bei der Einrichtung von Beiräten und der Schaffung von Vertreterklauseln im Recht der Kommanditgesellschaft, ZEV 2011, 283

Grunewald, Barbara/Henssler, Martin, Werbung von Rechtsanwälten mit von „Privaten" erworbenen Titeln, NJW 2003, 1099 f.

Halaczinsky, Raymond/Volquardsen, Christian, Außergerichtliche Rechtsbehelfe in Erbschaft- und Schenkungsteuerangelegenheiten – Feststellungs- und Festsetzungsverfahren, ErbStB 2010, 240–247

Halaczinsky, Raymond/Volquardsen, Christian, Rechtsbehelfsbefugnis in Erbschaft- und Schenkungsteuerangelegenheiten – Feststellungs- und Festsetzungsverfahren, ErbStB 2010, 274–281

Halaczinsky, Raymond, Der Erwerb von Urheberrechten. Erbschaftsteuerliche Behandlung nach der Reform, ErbStB 2010, 309–315

Halaczinsky, Raymond, Beerdigungs- und Grabpflegekosten, Grabdenkmal und Kosten der Nachlassregelung bei der Erbschaftsteuer, ZErb 2011, 147–153

Hannes, Frank/Onderka, Wolfgang/von Oertzen, Christian, ZEV-Report Gesellschaftsrecht/Unternehmensnachfolge, ZEV 2011, 303

Hartmann, Winfried, Vermögenszurechnung bei Liechtenstein-Stiftung, ErbStB 2010, 12–13

Heinze, Stefan, Zur Schiedsfähigkeit des Streits um die Abberufung eines Testamentsvollstreckers [Ablehnung von OLG Karlsuhe 11 Wx 37/09], RNotZ 2009, 663–666

Heinze, Stefan, Zur Frage der Offenkundigkeit der Eintragungsvoraussetzungen von § 29 Abs. 1 S. 2 GBO – Anmerkung zur Entscheidung des OLG Bremen vom 12.10.2010 – 3 W 14/10; ZfIR 2011, 108, ZfIR 2011, 109–111

Horn, Claus-Henrik, Ist die Testamentsvollstreckung nach Entlassung des namentlich benannten Testamentsvollstreckers beendet? ZEV 2007, 521

Jünemann, Matthias, Das Mietverhältnis über Wohnraum im Todesfall – Sonderproblem Testamentsvollstreckung, ZErb 2007, 394

Jahreis, Bernd, Verfügungsbefugnis des Testamentsvollstreckers bei der Verwaltungsvollstreckung nach § 2209 S. 1 Halbsatz 1 BGB, jurisPR-FamR 5/2013, Anm. 5 (zugleich Anm. zu OLG Bremen, Beschluss vom 24.1.2013, 3 W 26/12)

Kazemi, Robert, Anmerkung zur Rechtsprechung des Bundesgerichtshofs über die Frage der Hinderung der Zwangsversteigerung nach Anordnung der Testamentsvollstreckung trotz gepfändeten Nachlassanteils, ZflR 2009, 786

Keim, Christopher, Befugnisse des Nacherbentestamentsvollstreckers bei Verfügungen über Nachlassgegenstände, ZErb 2008, 5

Keim, Christopher, Testamentsgestaltung bei „missratenen" Kindern – Neue Möglichkeiten durch die geplanten Änderungen im Pflichtteilsrecht? NJW 2008, 2072

Keller, Christoph, Das Nachlassverfahren nach dem FamFG, NWB-EV 2009, 233–241

Kemter, Christian, Testamentsvollstreckung durch Banken und die Aufklärungs-, Beratungs- und Dokumentationspflichten nach § 31, § 34 Abs. 2a WpHg, BKR 2010, 23–26

Kempermann, Michael, Berufsbetreuer erzielen keine Einkünfte aus Gewerbebetrieb, sondern Einkünfte aus sonstiger selbständiger Arbeit, FR 2010, 1048–1049

Kiderlen, Bernd, Keine Grundstücksversteigerung zur Aufhebung einer Erbengemeinschaft bei Testamentsvollstreckung, ZEV 2009, 392—393

Kirnberger, Christian, Steuerliche Aspekte der Testamentsvollstreckervergütung, Festschrift für Sebastian Spiegelberger zum 70. Geburtstag, 2009, 270–281

Kleine-Cosak, Michael, Rechtsdienstleistungsgesetz, 2. Auflage 2008

Kleine-Cosak, Michael, Titelführung durch Steuerberater bei Spezialisierung, Stbg, 2007, 86

Klühs, Hannes, Beschränkung der vollstreckungsfreien Miterben durch Erbteilsvollstreckung, RNotZ 2010, 43–46

Klühs, Hannes, Das sog. „Bedürftigentestament" und seine Alternativen – Eine Bestandsaufnahme, ZEV 2011, 15–18

Klumpp, Hans-Hermann, Anmerkung zur Rechtsprechung hinsichtlich der Angemessenheit der Vergütung eines Testamentsvollstreckers, ZEV 2009, 632–633

Kühn, Michael, Amtsbeendigungsvereinbarungen bei Dauertestamentsvollstreckung, ZErb 2009, 140

Künzle, Hans Rainer, (Deutsche) Testamentsvollstreckung und (schweizerische) Willensvollstreckung, Beitrag auf dem 3. Deutschen Testamentsvollstreckertag in Bonn, 18.11.2009, veröffentlicht im Tagungsband der AGT, 2010

Kuhn, Johannes, Anforderungen an die Pflichtteilsbeschränkung nach § 2338 BGB, ZEV 2011, 288

Kroiß, Ludwig, Die Rechtsmittel im nachlassgerichtlichen Verfahren nach dem FamFG, ZEV 2009, 224

Krug, Walter/Rudolf, Michael/Kroiß, Ludwig/Bittler, Jan, Anwaltformulare Erbrecht, 4. Auflage 2010

Lange, Jerome, Auswirkungen eines Antrages auf Entlassung des Testamentsvollstreckers auf das Verfahren auf Erteilung eines Testamentsvollstreckerzeugnisses (Anmerkung zu OLG München 31. Zivilsenat, Beschluss vom 03.05.2010 – 31 Wx 34/10), jurisPR-FamR 25/2010 Anm. 7

Lange, Knut Werner/Werkmüller, Maximilian, Der Erbfall in der Praxis, 2002

Linnartz, Franz, Die Anordnung der Nachlassverwaltung, AZO-ErbR 3/2011, Nr. 2

Lohr, Jörg-Andreas/Görges, Alexandra, Die Behandlung des Pflichtteils in der Erbschaftsteuer, DStR 2011, 1939–1945

Lorz, Rainer, Einfluss einer Dauertestamentsvollstreckung auf die personelle Verflechtung – Anmerkung zu BFH, Urteil v. 5.6.2008 – IV R 76/05, ZEV 2008, 498

Lorz, Rainer, Steuerliche Plichten des Testamentsvollstreckers, Beitrag auf dem 3. Deutschen Testamentsvollstreckertag in Bonn, 18.11.2009, veröffentlicht im Tagungsband der AGT, 2010

Maluche, Robert, Auswirkungen des FamFG auf die Testamentsvollstreckung, ZEV 2010, 551–555

Marotzke, Wolfgang, Die insolvente GmbH im Erbgang, ErbR 2010, 115–121

Mayer, Jörg, Testamentsvollstreckung durch Steuerberater, Banken und Sparkassen, MittBayNot 2005, 366

Mayer, Jörg/Bonefeld, Michael, Testamentsvollstreckung, 3. Auflage 2011

Müller, Gabriele, Abänderung bindender Verfügungen bei schweren Verfehlungen des Bedachten, ZEV 2011, 240

Muscheler, Karlheinz, Die vom Testamentsvollstrecker erteilte Vollmacht, ZEV 2008, 213

Muscheler, Karlheinz, Testamentsvollstreckung bei Vor- und Nachvermächtnis, AcP 2008, 88

Muscheler, Karlheinz, Entlassung des Testamentsvollstreckers und letztwillige Schiedsklausel, ZEV 2009, 317

Muscheler, Karlheinz, Das neue Recht der Pflichtteilsentziehung in: Bayer/Koch (Hrsg.), Aktuelle Fragen des Erbrechts, Schriften zum Notarrecht Bd. 21 2010, S. 39–87

Muscheler, Karlheinz, Testamentsvollstreckung und Vermächtnis, ZEV 2011, 230

Neuhoff, Klaus, Testamentsvollstreckung bei Stiftungen als grundsätzliches Rechtsproblem, NSt 2008, 77

Nieder, Heinrich/Otto, Dirk-Ulrich, Münchener Vertragshandbuch, 6. Auflage 2010

Papenmeier, Thomas, Pflichtteilsergänzung bei der Lebensversicherung – ein Zwischenruf, ZErb 2011, 154

Pauli, Rudolf, Die Bewertung von unternehmensverbundenen Immobilien, ZEV 2011, 277

Palandt, Bürgerliches Gesetzbuch, 72. Auflage 2013

Pestke, Axel, Zur Frage der Zulässigkeit der Bezeichnung „Zertifizierter Testamentsvollstrecker", Stbg 2009, 283–286

Philipowski, Rüdiger, Ort der Leistung eines Testamentsvollstreckers, IStR 2008, 104

Ponath, Gerrit/Jestaedt, Clemens, Dauertestamentsvollstreckung und Stiftungen (unter besonderer Berücksichtigung der Stiftungserrichtung von Todes wegen), ZErb 2012, 281–289

Reimann, Wolfgang, Die Kontrolle des Testamentsvollstreckers, FamRZ 1995, 588

Reimann, Wolfgang, Vergütung des Testamentsvollstreckers bei Verwaltung von Unternehmen und Unternehmensbeteiligungen, in: Festschrift für Hans Flick, Sonderdruck 1997, 357 ff.

Reimann, Wolfgang, Ende der Testamentsvollstreckung durch Umwandlung?, ZEV 2000, 381 ff.

Reimann, Wolfgang, Die Testamentsvollstreckervergütung nach den Empfehlungen des Deutschen Notarvereins; DNotZ 2001, 344 ff.

Reimann, Wolfgang, Die Berechnung der Testamentsvollstreckungsvergütung nach den neueren Tabellen, DStR 2002, 2008 ff.

Reimann, Wolfgang, Gesamtschuldnerische Haftung sukzessiv tätiger Testamentsvollstrecker?, ZEV 2004, 234 ff.

Reimann, Wolfgang, Zur Beweislast im Testamentsvollstreckerhaftpflichtverfahren, ZEV 2006, 186 ff.

Reimann, Wolfgang, Muss der Testamentsvollstrecker die Erträge des Nachlasses an die Erben ausschütten?, ZEV 2010, 8–12

Reimann, Wolfgang, Zur Frage der Überprüfbarkeit der Ernennung eines Testamentsvollstreckers durch das Prozessgericht, FamRZ 2010, 501–502

Reithmann, Christoph, Die Vergütung des Testamentsvollstreckers im notariellen Testament, ZEV 2001, 385

Repasi, René, Die rechtliche Stellung des Testamentsvollstreckers im Binnenmarktrecht, GPR 2008, 199

Römermann, Volker, Vorsicht neue Rechtsdienstleister, RDG–Verstöße und die Folgen, AnwBl 2009, 22

Rößler, Eberhard, Eingriff in die Amtsführung eines Testamentsvollstreckers, jurisPR-FamR 5/2013, Anm. 6

Roth, Wolfgang/Maulbetsch, Thomas, Geltendmachung von Pflichtteilsansprüchen bei Testamentsvollstreckung, NJW-Spezial 2008, 711

Roth, Wolfgang, Teilungsplan versus Teilungsvertrag, NJW-Spezial 2010, 167

Roth, Wolfgang, Die Vollstreckung in Nachlasserträge bei Dauertestamentsvollstreckung, NJW-Spezial 2010, 743

Roth, Wolfgang, Möglichkeiten einer Beendigung der Testamentsvollstreckung, NJW-Spezial 2011, 39

Roth, Wolfgang, Probleme der Grabpflege in der erbrechtlichen Praxis, NJW-Spezial 2011, 103

Rott, Eberhard/Kornau, Michael, Testamentsvollstreckung: Ertragreiches Geschäftsfeld nicht nur für mutige Kreditinstitute, Bankmagazin 2007, 50 ff.

Rott, Eberhard/Schiffer, K. Jan, Moderne Formen der Vergütung von Testamentsvollstreckern in der Praxis, BBEV 2008, 102

Rott, Eberhard/Schiffer, K. Jan, Testamentsvollstreckung: Haftungsgefahren erkennen und vermeiden!, BBEV 2007, 391–397

Rott, Eberhard/Kornau, Michael/Zimmermann, Rainer, Testamentsvollstreckung, Vermögensnachfolgegestaltung für Steuerberater und Vermögensverwalter, 2. Auflage 2012

Rott, Eberhard, Handlungsmaximen bei überschuldetem Nachlass, Erbfolgebesteuerung 2007, 291–294

Rott, Eberhard, Ist der Steuerberater von heute der Testamentsvollstrecker von morgen?, Die Steuerberatung, 2007, 415–422

Rott, Eberhard, Kommentierung zu §§ 2197–2220; 2222–2228 BGB in Frieser (Hrsg.), Fachanwaltskommentar Erbrecht, 4. Auflage 2013

Rott, Eberhard, Erbrechtsreform 2008 – Neuerungen im Pflichtteils- und Pflichtteilsergänzungsrecht, Stiftung & Sponsoring 2008, 24–25

Rott, Eberhard, Nachlassverwaltung – 1. Teil: Grundsätze, Anordnung und Beendigung, BBEV 2008, 320–326

Rott, Eberhard, Nachlassverwaltung – 2. Teil: Die ordnungsgemäße Verwaltung durch den Nachlassverwalter, BBEV 2008, 340–347

Rott, Eberhard, Nachlassverwaltung – 3. Teil: Haftung und Vergütung des Nachlassverwalters, BBEV 2008, 389–394

Rott, Eberhard in Frieser, Formularbuch für den Fachanwalt für ErbR, Teil B VI Unternehmensnachfolge, 2. Auflage 2013

Rott, Eberhard, Wer kontrolliert den Testamentsvollstrecker? Instrumentarien zur Kontrolle des Testamentvollstreckers, NWB-EV 2009, 389–397

Rott, Eberhard, Die Entlassung des Testamentsvollstreckers wegen Pflichtverletzungen, AZO-ErbR Ausgabe Juli 2010

Rott, Eberhard/Jansen, Evelyn, Alles Gute im neuen Jahr! Das neue Erbrecht 2010, NWB-EV 2010, 17–29

Rott, Eberhard, Bereits Tradition: Der Deutsche Testamentsvollstreckertag in Bonn, NWB-EV 2010, 54

Rott, Eberhard/Kornau, Michael Stephan, Der Testamentsvollstrecker als Gehilfe der Stiftung, NWB-EV 2010, 386–391

Rott, Eberhard/Schiffer, K. Jan, Testamentsvollstreckung: Modernes Mittel zur Vermögensnachfolgegestaltung – Geschäftsfeld, Haftungsvermeidung, Vergütung, Beiträge zum Tagungsband der AGT zum 3. Deutschen Testamentsvollsteckertag, Oktober 2010, S. 105–168.

Rott, Eberhard/Jansen, Evelyn, Gestaltungsgrenzen bei Testamenten – Teil 2; Behinderten- und Bedürftigentestament, Bindungswirkung und Pflichtteilsrecht, NWB-EV 2011, 21–26

Rott, Eberhard, Quo vadis Testamentsvollstreckervergütung? Anmerkungen zur Praxis und modernen Vergütungsansätzen, (Teil 8), AnwZert ErbR 8/2011 Anm 2

Rott, Eberhard, Quo vadis Testamentsvollstreckervergütung? Anmerkungen zur Praxis und modernen Vergütungsansätzen, (Teil 7), AnwZert ErbR 2/2011 Anm 2

Rott, Eberhard, Quo vadis Testamentsvollstreckervergütung? Anmerkungen zur Praxis und modernen Vergütungsansätzen, (Teil 6), AnwZert ErbR 4/2011 Anm 1

Rott, Eberhard, Quo vadis Testamentsvollstreckervergütung? Anmerkungen zur Praxis und modernen Vergütungsansätzen, (Teil 5), AnwZert ErbR 6/2011 Anm 1

Rott, Eberhard/Schiffer, K. Jan, Quo vadis Testamentsvollstreckervergütung? Anmerkungen zur Praxis und modernen Vergütungsansätzen, (Teil 4), AnwZert ErbR 20/2010 Anm 1

Rott, Eberhard, Quo vadis Testamentsvollstreckervergütung? Anmerkungen zur Praxis und modernen Vergütungsansätzen, (Teil 3), AnwZert ErbR 24/2010 Anm 1

Rott, Eberhard/Schiffer, K. Jan, Quo vadis Testamentsvollstreckervergütung? Anmerkungen zur Praxis und modernen Vergütungsansätzen, (Teil 2), AnwZert ErbR 22/2010 Anm 2

Rott, Eberhard/Schiffer, K. Jan, Quo vadis Testamentsvollstreckervergütung? Anmerkungen zur Praxis und modernen Vergütungsansätzen, (Teil 1), AnwZert ErbR 18/2010 Anm 1

Rott, Eberhard, Die steuerlichen Pflichten des Testamentsvollstreckers (Teil 1), AnwZert ErbR 12/2010 Anm 1

Rott, Eberhard, Die steuerlichen Pflichten des Testamentsvollstreckers (Teil 2), AnwZert ErbR 14/2010 Anm 1

Rott, Eberhard, Die Entlassung des Testamentsvollstreckers wegen Pflichtverletzungen, AnwZert ErbR 3/2009 Anm 2

Rott, Eberhard, „Miteinander – nicht gegeneinander", Bericht vom 4. Deutschen Testamentsvollstreckertag in Bonn, NWB-EV 2011, 107

Rott, Eberhard, Aktuelles zur Testamentsvollstreckung – Die Entwicklung im Jahr 2010, NWB-EV 2011, 285–291

Rott, Eberhard, Aktuelles zur Testamentsvollstreckung – Die Entwicklung im Jahr 2011, NWB-EV 2012, 219–224

Rott, Eberhard, Aktuelles zur Testamentsvollstreckung – Die Entwicklung im Jahr 2012, NWB-EV 2013, 194–199

Rott, Eberhard/Rott, Alexander, Wem gehört die E-Mail? Rechts- und Praxisprobleme beim digitalen Nachlass, NWB-EV 2013, 160–168

Rott, Eberhard, Neue Sprossen in der Qualifikationsleiter?, AnwBl. 2012, 131–134

Rott, Eberhard/Sünnemann, Silvia, Patientenverfügung – Organspende – Bestattungsanordnung. Keine letztwillige Verfügung ohne begleitende Regelungen, NWB-EV 2012, 412–419

Rudy, Mathis, Zu den Grenzen der durch die Testierfreiheit an sich gedeckten Kombination erbrechtlicher Gestaltungselement, ErbR 2009, 197–198

Sarres, Ernst, Das ist neu bei Nachlasssachen, Erbrecht effektiv, 2009, 73

Sahrmann, Abziehbarkeit von Einkommensteuerschulden des Erblassers, FR 2012, 1104–1109

Schelske, Uwe, Vollmachten in der Kreditwirtschaft, BBEV 2008, 119

Schiffer, K. Jan/Rott, Eberhard, Testamentsvollstreckung: Grundlagen der richtigen Gestaltung der Vergütung, BBEV 2008, 13–20

Schiffer, K. Jan/Rott, Eberhard, Testamentsvollstreckung: Modernes Mittel zur Vermögensnachfolgegestaltung und neues Geschäftsfeld für Steuerberater, BBEV 2007, 351–358

Schiffer, K. Jan, Stiftungen und Familienstiftungen in der Unternehmensnachfolge – Eine Bestandsaufnahme – Jubiläumsschrift zum zehnjährigen Bestehen der DVEV, 2005

Schiffer, K. Jan, Mandatspraxis, Schiedsgerichtsbarkeit und Mediation, 2. Auflage 2005, S. 160

Schiffer, K. Jan, Stiftungsbrief 2012, S. 223

Schindler, Andreas, Zur Abfindung für einen Erbteilsverzicht, ZEV 2009, 80–81

Schmidl, Stephan, Entlastung, Haftungsfreizeichnung und -beschränkung des Anwalts als Testamentsvollstrecker, ZEV 2009, 123

Schmidl, Stephan, Die Doppeldeutigkeit der „beaufsichtigenden" Testamentsvollstreckung, NJW-spezial, 2010, 615

Schmitz, Karl Heinrich, Erwerb von Nachlassgegenständen auf Grund eines Rechtsgeschäftes mit dem Testamentsvollstrecker, ErbR 2010, 306–313

Schmitz, Alexander, Interessenkollisionen bei der Anlage von Nachlassvermögen durch Kreditinstitute bei Testamentsvollstreckung, ZErb 2005, 74

Scholz, Elmar/Schmidt, Heinz-Theo (Hrsg.), Praktikerhandbuch Marktfolge Passiv, 2011

Seibert, Holger (Hrsg.), Praktikerhandbuch Private Banking, 2013

Selzener, Wilhelm, Zur Entlassung des Testamentsvollstreckers durch ein testamentarisch eingesetztes Schiedsgericht, ZEV 2010, 285–288

Siebert, Holger, Der Testamentsvollstrecker und das Steuerrecht, ZEV 2010, 121–125

Siebert, Holger, Probleme der Testamentsvollstreckung bei Handelsgeschäften und persönlich haftenden Gesellschaftsanteilen, ErbR 2011, 98–104

Steiner, Anton, Die Steuerhaftung des Testamentsvollstreckers, ErbStB 2011, 201–205

Stockmann, Roland, Kein Verstoß gegen die Erbrechtsgarantie bei Dauertestamentsvollstreckung, jurisPR-FamR 17/2009 Anm. 3

Storz, Thomas, Miterbenvereinbarungen und ihre Auswirkungen auf die Auseinandersetzungsvollstreckung, ZEV 2011, 18–21

Storz, Thomas, Anmerkung zur Rechtsprechung über zwei grundlegende Fragen aus der Testamentsvollstreckung [Nachlasspfleger bei angeordneter Testamentsvollstreckung und zur Abwicklung von Pflichtteilsansprüchen, Zustimmung zu LG Stuttgart 1 T 61/2009], ZEV 2009, 397–398

Storz, Thomas, Zur Erbteilspfändung bei Testamentsvollstreckung, EWiR 2009, 695–696

Storz, Thomas, Autonomie und Heteronomie des Testamentsvollstreckers (jur. Dissertation), 2009

Storz, Thomas, Befugnis des Testamentsvollstreckers zur authentischen Interpretation unklarer erbrechtlicher Verfügungen, ZEV 2009, 265–270

Storz, Thomas, Kann ein Erblasser die Entlassung des Testamentsvollstreckers (§ 2227 BGB) testamentarisch einem Schiedsgericht übertragen?, SchiedsVZ 2010, S. 200–203

Süß, Rembert, Der Vorschlag der EG-Kommission zu einer Erbrechtsverordnung (Rom IV-Verordnung) vom 14. Oktober 2009, ZErb 2009, 342–348

Tersteegen, Jens, Sozialhilferechtliche Verwertbarkeit von Vermögen bei Anordnung von Verwaltungstestamentsvollstreckung, ZEV 2008, 121

Tersteegen, Jens, Gestaltungsmissbrauch bei der Testamentsgestaltung zulasten des Sozialhilfeträgers?, MittBayNot 2010, 105–108

Theiss, Wolfram/Bogner, Michael, Testamentsvollstreckung durch Banken und Sparkassen und deren Vergütung, BKR 2006, 401

Tiling, Johann, Die Vergütung des Testamentsvollstreckers, ZEV 1998, 335

Wachter, Thomas, Zur Handelsregisteranmeldung durch den Testamentsvollstrecker beim Tod des Kommanditisten, EWiR 2009, 773–774

Wälzholz, Eckhard, Erbauseinandersetzung und Teilungsanordnung nach der Erbschaftsteuerreform, ZEV 2009, 113–120

Weidlich, Dietmar, Zur Frage der Beschwerdebefugnis des Testamentsvollstreckers im Falle der Bestellung eines Ergänzungspflegers, MittBayNot 2009, 236–237

Weidlich, Dietmar/Dittmer, Jana, Noch weitgehend unbekannt: Die Kombination von Stiftung und Behindertentestament, ZStV 2010, 68–70

Wefers, Ulrike, Steuererklärungen bei der Erbschaft- und Schenkungsteuer (§ 31 ErbStG i.V.m. §§ 149 ff. AO), ErbR 2008, 266–268

Wefers, Ulrike, Erbschaft- und schenkungsteuerrechtliche Besonderheiten bei der Anwendung der AO, ErbR 2008, 307–310

Wefers, Ulrike, Bekanntgabe des Steuerbescheids an Vertreter (§ 32 ErbStG, § 122 AO) und Rechtsbehelfsbefugnis, ErbR 2008, 346–347

Wendt, Roland, Von der Erblasserfreiheit zur Erbenfreiheit – Anmerkungen aus höchstrichterlicher Sicht, ERbR 2010, 142–152

Werner, Olaf, Verwirklichung des Erblasserwillens durch den Testamentsvollstrecker bei ungenauer Erbenbestimmung, ErbR 2010, 121–126

Werner, Rüdiger, Die Testamentsvollstreckung im Recht der GmbH und GmbH & Co. KG. Geeignetes Instrument der Unternehmensnachfolge?, NWB 2007, 4545–4558

Werner, Rüdiger, Wie man einen Testamentsvollstrecker los wird, ZEV 2010, 126–130

Werner, Rüdiger, Der Beirat als Instrument der Unternehmensnachfolge, ZEV 2010, 619–622

Wigand, Klaus/Andersson, Falco/Martin, Jörg, Generationen- und Stiftungsmanagement für Kreditinstitute und Finanzdienstleister, 2012

Winkler, Karl, Der Testamentsvollstrecker, 21. Auflage 2013

Wolf, George Alexander, Zulässigkeit von Zusätzen zur Berufsbezeichnung „Steuerberater", DStR 2008, 1403

Walloschek, Miriam, Die Bedeutung der Testamentsvollstreckung im Grundbuchverkehr, ZEV 2011, 167–173

Zimmer, Maximilian, Die Fortdauer der Testamentsvollstreckung über den Zeitraum von 30 Jahren hinaus, NJW 2008, 1125

Zimmer, Maximilian, Demenz als Herausforderung für die erbrechtliche Praxis, NJW 2008, 1713

Zimmermann, Walter, Das neue Nachlassverfahren nach dem FamFG, ZEV 2009, 53

Zimmermann, Walter, Zur Höhe der Testamentsvollstreckervergütung: BGH-Rechtsprechung und Neue Rheinische Tabelle, in: Festschrift für Damrau, 2007, S. 37–61

Zimmermann, Walter, Die angemessene Testamentsvollstreckervergütung, ZEV 2001, 334

Zimmermann, Walter, Die Testamentsvollstreckung, 3. Auflage 2008

Zimmermann, Walter, Die Testamentsvollstreckung im FamFG, ZErb 2009, 86

Zimmermann, Walter, Gold und Silber im Nachlass, ZErb 2010, 278–281

Zinger, Georg/Urich-Erber, Heike, Der Testamentsvollstreckervermerk in der Gesellschafterliste, NZG 2011, 286–291

Stichwortverzeichnis

Fette Zahlen = §§, magere Zahlen = Randnummern

Abfärbe-Theorie
– des § 15 Abs. 3 Nr. 1 EStG **8** 9
Abwicklungsvollstreckung
– Vergütung **3** 27 ff.
Andeutungstheorie 6 13
– Vergütung des Testamentsvollstreckers **5** 4
Äquivalenzprinzip
– Vergütung **3** 23

Bank
– als Testamentsvollstrecker **6** 1 ff.
– Haftungsrisiko **6** 7
– Reputationsrisiko **6** 7
– Testamentsvollstreckung, All-in-fee **6** 25
– Testamentsvollstreckung, Honorarhöhe **6** 23 ff.
– Testamentsvollstreckung, Honorarmodelle **6** 23 ff.
– Testamentsvollstreckung, Verhältnis zu anderen Bankleistungen **6** 27 ff.
Berliner Praxis Tabelle 3 14
Berufshaftpflichtversicherung
– Tätigkeit als Testamentsvollstrecker **1** 50
Beurkundung
– Pflichten des Notars **4** 5
Bevollmächtigte
– eines Testamentsvollstreckers, Gewerbetreibender **8** 15
Bezugswert
– Ermittlung **3** 4 ff.

Dauertestamentsvollstreckung
– Abrechnung **9** 17
– Stiftung **1** 27
Dauervollstreckung
– Vergütung **3** 32

Differenzierungsgebot
– Vergütung **3** 23
DNotV-Empfehlungen 3 16

Eckelskemper'sche Tabelle 3 15
Erbe
– Vergütungsstreit mit Testamentsvollstrecker **5** 1 ff.
Erblasser
– Vereinbarung der Vergütung mit dem Testamentsvollstrecker **9** 1 ff.
Erblasseranordnung
– Zeitvergütung bei Testamentsvollstreckung **7** 9 ff.
Erblasserwille
– Vorrang hinsichtlich Testamentsvollstreckervergütung **3** 1 ff.
Erbschaftsteuer
– Zahlung **1** 67
Estate Planning
– Testamentsvollstreckung **1** 17 f.

Fachberater
– Führung der Bezeichnung **1** 61

Geschäftsbank
– Testamentsvollstreckungsabteilung **6** 2
Groll'sche Tabelle 3 17
Gutachtenkosten
– Abzugsfähigkeit beim Erben **8** 36

Haftpflichtversicherung 1 82 ff.
Haftungsbegrenzungsvereinbarung 1 81
Haftungsstreit
– zuständiges staatliches Gericht **1** 72

Infektions-Theorie
– des § 15 Abs. 3 Nr. 1 EStG **8** 9

InsVV 3 18

Kleinunternehmerregelung
- Umsatzsteuer 8 30

Klingelhöffer'sche Tabelle 3 13

Laientestament
- Testamentsvollstreckung durch Bank 6 20

Möhring'sche Tabelle 3 12

Nachfolgegestaltung
- Dreistufenkonzept 1 24

Nachlass
- Tragung der Kosten bei verlorenem Prozess 9 9
- Zeitpunkt der Vergütungsentnahme 9 10

Neue Rheinische Tabelle 3 16
- Anwendung im Bankbereich 6 24

Notar
- Einfluss bei der Testamentsgestaltung 4 2 f.
- Einkünfte aus freiberuflicher Tätigkeit 8 5

Profitestament
- Testamentsvollstreckung durch Bank 6 17

Rechtsanwalt
- Einkünfte aus freiberuflicher Tätigkeit 8 5

Rechtsberatungskosten
- Abzugsfähigkeit beim Erben 8 36

Rheinische Tabelle 3 11

Schiedsgerichtsbarkeit 1 74

Schlussrechnung
- Testamentsvollstreckung 9 11

Schuldner
- der Testamentsvollstreckungsvergütung 9 6

Sparkasse
- als Testamentsvollstrecker 6 1 ff.
- Haftungsrisiko 6 7
- Reputationsrisiko 6 7

Steuerberater
- Eigenmandatierung 1 60
- Einkünfte aus freiberuflicher Tätigkeit 8 5
- treuhänderische Tätigkeit 1 58
- Vergütung als Testamentsvollstrecker 1 60

Steuerberatungskosten
- Abzugsfähigkeit beim Erben 8 36

Stiftung
- Dauertestamentsvollstreckung 1 27
- Testamentsvollstreckung 1 25

Testamentsgestaltung
- Belehrung über Testamentsvollstreckung 4 11
- Einfluss der Notare 4 2 f.
- Willensforschung durch den Notar hinsichtlich Testamentsvollstreckung 4 6

Testamentsvollstrecker
- Angemessenheit der Vergütung 2 6 ff.
- Aufgaben 1 4 ff.
- Aufrechnung 1 80
- Auswahl 1 30 ff.
- Auswahl und Einteilung 10 8 f.
- besondere Qualifikationen, höheres Honorar 9 4
- Bonität 1 50 ff.
- bösgläubiger 2 41
- Durchsetzung des Vergütungsanspruchs 5 14 ff.
- Durchsetzungsfähigkeit 1 45
- Einkünfte aus freiberuflicher Tätigkeit 8 5
- Einkünfte aus mehrjähriger Tätigkeit 8 16
- Einkünfte aus sonstigen Leistungen 8 6

- Einkünfte aus sonstiger selbstständiger Arbeit 8 4
- Einkünfteerzielung 8 2
- Einsetzung 1 2 f.
- Entlastung 1 78
- Erben, Haftpflichtprozess 1 64 ff.
- Erbschaftsteuer für unangemessene Vergütung 8 19
- Erfolgshonorar 2 34
- Erstellung der Erbschaftsteuererklärung, erbschaftsteuerliche Behandlung der Kosten 8 35
- fachliche Fähigkeiten 1 37 ff.
- Festvergütung 4 18
- gewerbliche Einkünfte 8 7 ff.
- gutgläubiger 2 40
- Haftung 1 62 ff.
- Haftung wegen nicht ausreichender Überwachung 1 71
- Haftungsvermeidungsstrategien 1 77
- Körperschaftsteuer 8 17
- mehrere 3 38 ff.
- mehrere, parallele Tätigkeit 3 39
- mehrere, sukzessive Tätigkeit 3 39
- mehrere, Vergütung 9 15
- menschliche Aspekte 1 47
- Muster für Abrechnung 7 28
- Pauschalhonorar 2 31
- professionelle Infrastruktur 1 55
- Sorge für Zahlung der Erbschaftsteuer 1 67
- tatsächliche Aufgaben in der Praxis 1 8 ff.
- Unabhängigkeit 1 48
- Vergütung, Bemessungsgrundlage 4 19
- Vergütung, Formel der Rechtsprechung 2 7 f.
- Vergütung, Interessenlage des Erblassers 2 12
- Vergütung nach berufsständischen Gebührenordnungen 4 18
- Vergütung nach Zeitaufwand 9 7
- Vergütung, Nachweis der geleisteten Stunden 7 22 ff.
- Vergütung, Rechnungsstellung 9 16
- Vergütung, Stundensatz 7 18
- Vergütung, tabellenmäßige Vergütung 2 13 ff.
- Vergütung, tatsächliche Praxis 10 1 ff.
- Vergütung, Verjährung des Anspruchs 9 13
- Vergütung, Vorrang des Erblasserwillens 3 1 ff.
- Vergütungsempfehlungen des Deutschen Notarvereins 2 19
- Vergütungsschuldner 4 21
- Vergütungsstreit mit Erben 5 1 ff.
- vermeintlicher, Honorar 9 12
- vermeintlicher, Vergütungsanspruch 2 37 ff.
- Vermögensschadenhaftpflichtversicherung 9 2
- Vertrauen 1 42 ff.
- Verwirkung des Vergütungsanspruchs 9 13
- vom Nachlassgericht legitimierter 2 42
- Wertvergütung 4 18
- zeitbezogene Vergütung 7 1 ff.
- Zeithonorar 2 32
- Zeitvergütung 4 18
- Zeitvergütung kraft Erblasseranordnung 7 9 ff.
- Zertifizierung 1 37 ff.

Testamentsvollstreckervergütung
- Abzugsfähigkeit beim Erben 8 32 ff.
- Besteuerung beim Testamentsvollstrecker 8 1 ff.
- Ertragsteuern 8 2 ff.
- Nachlassverbindlichkeit 8 33

Testamentsvollstreckung
- Abrechnung für Einsatz von Hilfskräften 9 8
- Abrechnung für Einsatz von weiteren Fachleuten 9 8
- an Unternehmen, Vergütung 2 26
- angemessene Vergütung gemäß § 2221 BGB 9 1
- Bankentabellen 2 29
- Bedeutung des Nachlasswerts für die Anordnung 10 6 f.
- Beendigung 9 11
- Bestimmungen hinsichtlich Vergütung 10 10 ff.
- Dienstleistung 2 1
- Erfolgsfaktoren 1 28 ff.
- Erfolgsparameter 1 36 ff.
- erlaubte Nebenleistung nach § 5 Abs. 2 Nr. 1 RDG 6 1
- Estate Planning 1 17 f.
- Formulierungen im Testament 4 13 ff.
- Gewerbesteuer 8 18
- Häufigkeit der verschiedenen Vergütungsformen 10 22
- Häufigkeit im Jahr 2004 10 4
- im Bereich des privaten Vermögens 1 20 ff.
- Kosten als Werbungskosten oder Betriebsausgaben 8 37 ff.
- Pauschalierung von Kosten 9 14
- positive Vergütungsanordnung 10 17 ff.
- regionale Besonderheiten 10 5
- Schlussrechnung 9 11
- Schuldner der Vergütung 9 6
- Stiftung 1 25
- Umsatzsteuer 8 22 ff.
- Umsatzsteuer, Ort der Leistungserbringung 8 28 f.
- Umsatzsteuer, Regelsteuersatz 8 31
- Unternehmen, Vergütung 3 34 f.
- Unternehmensbeteiligungen, Vergütung 3 34 f.
- Unternehmensnachfolge 1 11 ff.
- Unterschiede bei der Vergütungsanordnung 10 18 ff.
- Vergütung, negative Bestimmungen durch Erblasser 10 11 ff.
- Vergütung, nichtssagende Vergütungsformulierung 10 14 ff.
- Vergütung, unwirksame Vergütungsformulierung 10 14 ff.
- Vergütung, Vorsteuerabzug beim Erben 8 44
- Vermittlungsvergütung 9 18
- Zeitpunkt der Vergütungsentnahme aus Nachlass 9 10

Testamentsvollstreckungsvertrag
- zwischen Bank und Erblasser 6 12

Testierfreiheit 4 9

Umsatzsteuer 3 43
- Berücksichtigung durch den Erblasser bei Vergütungsregelung 10 23 f.
- Kleinunternehmerregelung 8 30
- Testamentsvollstreckung 8 22 ff.
- Vorsteuerabzug 8 30

Unternehmen
- Testamentsvollstreckung, Vergütung 3 34 f.

Unternehmensbeteiligung
- Testamentsvollstreckung, Vergütung 3 34 f.

Unternehmensnachfolge
- Testamentsvollstreckung 1 11 ff.

Verantwortungsgebühr 3 23

Vergütung
- angemessene 3 2
- außergerichtliche Durchsetzung des Anspruchs 5 14 f.
- bankspezifische Fragen 6 11
- Berechnung nach den einzelnen Tabellen 3 19 f.
- Berechnung nach Notartabellen 9 5

Stichwortverzeichnis

- berufsdienstliche Leistungen 3 41
- des Testamentsvollstreckers, Besteuerung 8 1 ff.
- gerichtliche Durchsetzung des Anspruchs 5 16 f.
- mehrere Erschwerungsgründe 3 42
- Nachweis der geleisteten Stunden 7 22 ff.
- Tabellen als Grobraster 3 23 f.
- Umsatzsteuer 3 43
- Vereinbarung mit den Erben 5 11 ff.
- Zeitpunkt der Entnahme aus Nachlass 9 10
- Zuständigkeit der Gerichte bei gerichtlicher Durchsetzung 5 21

Vergütungsanordnung
- Formulierungen im Testament 5 2 ff.

Vergütungsbestimmung
- Überlegungen hinsichtlich der geringen Anzahl 10 25 ff.

Vergütungsgrundbetrag
- Abschläge 3 37
- Zuschläge 3 26 ff.

Vergütungsstreit
- zwischen Erben und Testamentsvollstrecker 5 1 ff.

Vergütungstabellen
- Funktion 3 9

Vermögensschadenhaftpflichtversicherung
- Abrechnung der Kosten 9 3
- Testamentsvollstrecker 9 2

Vermögensverwaltungsmandat
- Alternative zur Testamentsvollstreckung 6 3
- Bank, Kostenbelastung 6 31

Vervielfältigertheorie 8 7

Verwaltungsvollstreckung
- Abrechnung 9 17

Vorsteuerabzug
- Umsatzsteuer 8 30

Wertvergütung
- Drei-Schritt-Verfahren 3 3

Wirtschaftsprüfer
- Einkünfte aus freiberuflicher Tätigkeit 8 5

Zeitvergütung
- Höhe des Stundensatzes 7 18
- Nachteile 7 15
- Vorteile 7 13
- Zulässigkeit 7 4 ff.

Zertifizierter Testamentsvollstrecker
- Führung der Bezeichnung 1 61